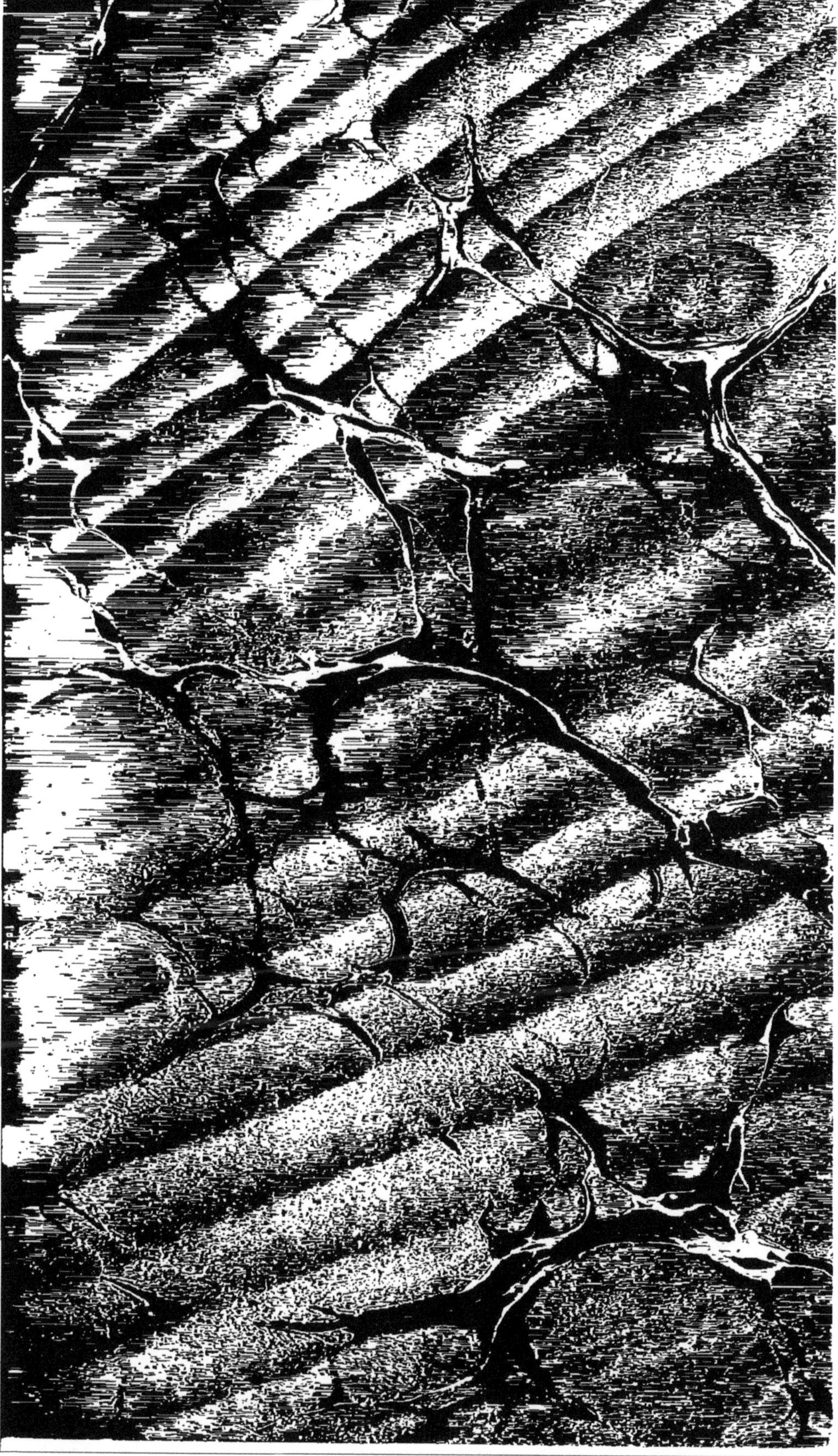

LA

PHILOSOPHIE

DE VOLTAIRE.

Sous presse :

LA PHILOSOPHIE DE J.-J. ROUSSEAU, avec une Introduction et des Notes, par Ernest Bersot.

Paris. — Imprimerie Bonaventure et Ducessois, 55, quai des Grands-Augustins.

LA PHILOSOPHIE DE VOLTAIRE,

AVEC

UNE INTRODUCTION ET DES NOTES,

PAR

ERN. BERSOT,

Ancien élève de l'École Normale,

Professeur de philosophie au Lycée de Versailles.

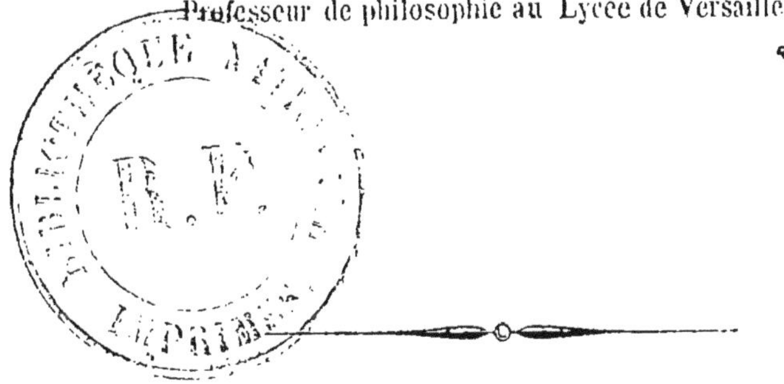

PARIS.

LIBRAIRIE PHILOSOPHIQUE DE LADRANGE,

19, quai des Augustins.

1848

INTRODUCTION

> La Vérité [1] est la fille du Temps, et son pere doit la laisser aller à la fin dans le monde.
>
> VOLTAIRE.

Grâce à de violentes attaques contre la philosophie, on s'est rappelé que Voltaire l'a défendue. Il a été remis en honneur, l'Académie française elle-même en a provoqué l'éloge, et le voilà reparu. Celui qui en recueille ici quelques pensées a pu partager l'émotion commune, il n'entend pas faire œuvre de parti. Voltaire lui a semblé être mieux qu'un auxiliaire dans la lutte d'un moment, mieux qu'un nom redoutable à jeter dans les rangs ennemis, et tenir sa place entre les grands esprits qui ont transmis jusqu'à nous la tradition toujours vivante de la philosophie.

[1] Lettre à M. de Taulès, 1768. Édition Baudouin, t. IX, p. 170.

Dans un temps où l'on donne aux plus petits d'entre les philosophes grecs le rang qui leur est dû, pourquoi donc négliger Voltaire ? Est-ce parce qu'il est illustre, notre compatriote, et presque notre contemporain ? Je n'ignore pas combien son nom est désagréable à beaucoup d'oreilles ; mais il serait digne des esprits honnêtes de lui rendre justice, malgré leur ressentiment. Quant aux autres, on n'y doit pas prendre garde : ils ne font pas qu'on le loue ici, ils n'empêchent pas de le louer. Il est des exigences qui, par trop de ménagements, deviennent intraitables, et qu'on modère quand on le veut bien.

I.

Il y a dans Voltaire le philosophe, et l'apôtre de la raison. C'est ce dernier personnage, et le plus grand, que nous considérerons d'abord.

Pour comprendre ce qu'il a accompli, il faut se représenter la société du dix-huitième siècle. Tout le monde sait que la pensée alors était loin d'être libre ; on n'a pas oublié cette foule d'ouvrages étouffés ou mutilés par la censure, brûlés par la main du bourreau, l'Encyclopédie plus d'une fois suspendue, reprise différente d'elle-même, et achevée à travers mille obstacles, le secret des lettres violé, les livres étrangers arrêtés à la frontière, le théâtre tout entier remis au premier gentilhomme de la Chambre. Le sort de trente millions d'hommes est entre les mains d'un seul, et celui-là entre les mains d'une femme; au lieu de la raison, c'est le bon plaisir qui règne, gouverné par le plaisir. La liberté de conscience, la liberté sainte par excellence, est violée audacieusement; on passe tour-à-tour du régime de l'astuce au régime de la violence, et l'on ne sait que choisir de la griffe des renards [1] ou de la dent des loups. La justice... on n'ose plus parler de ses méprises, de Calas, de Sirven, de Lally, quand on songe au supplice de la Barre. Aveugle, elle est terrible, plus terrible encore quand elle voit clair. Les finances sont dilapidées, et la vie des Français prodiguée dans des guerres stériles ou funestes. Voilà le tableau que Voltaire avait sous les yeux. Il entendait aussi parler d'hérétiques brûlés la veille en Espagne, et sa mémoire frappée lui rappelait dans tous les siècles et dans tous les pays de semblables désordres : partout des persécutions religieuses, les dragonnades, la Saint-Barthélemy, les Albigeois, les martyrs, Hypathie et Socrate, partout la pensée humaine opprimée, partout des guerres avec leur cortége d'injustices et de barbaries, partout les individus malheureux et méchants. Sans doute, il ne voyait pas l'humanité en beau, il était en France un mécontent; mais dix ans après sa mort éclatait la Révolution française, et ceux qui la firent étaient aussi des mécontents. Il en faut pour remettre sur pied la justice renversée; révolutions politiques, scientifiques, religieuses, qui font marcher le monde, naissent du mécontentement.

En l'absence de l'équité, la vérité a de quoi consoler une âme. Oui, mais Voltaire la cherchait en vain autour de lui. La philosophie dominante devait lui inspirer une médiocre estime. Descartes avait bien recommandé de ne croire qu'à l'évidence, mais il avait déserté sa maxime, et emporté par l'esprit de système, il avait entraîné avec lui Malebranche, Spinoza, Leibniz, pour ne citer que les plus grands d'entre ses disciples. Jamais école n'afficha tant de

[1] Lettre à M. de la Chalotais, 1762, t. VI, p. 513.

scrupules, et ne fournit tant d'hypothèses. Voltaire assistait à sa décadence. Les systèmes du moyen-âge et de l'antiquité, les religions non plus n'étaient pas faites pour le séduire. L'érudition qui les exposait n'était pas assez forte, ni au service d'une critique philosophique assez profonde et assez équitable ; elle ne montrait que contradictions entre les doctrines, et dans chacune d'elles que des extravagances. Ainsi, désordre réel ou apparent partout, dans les institutions et les idées.

Que la raison vienne donc rétablir l'ordre. Mais quoi ! n'est-elle pas déjà venue ? Bossuet n'a-t-il pas institué en France la royauté du bon sens ? Et alors que reste-t-il qu'à commenter sa pensée et la mettre en vigueur ? Voilà donc le rôle de Voltaire tout tracé, s'il possède vraiment ce bon sens que lui accorde l'opinion universelle. C'est toute une question ; mais il est inutile de l'examiner, si l'on n'y doit pas apporter une entière bonne foi. A notre époque, on parle beaucoup de jésuitisme ; je sais bien où il est, mais je ne sais pas où il n'est pas. Dieu veuille qu'il ne soit pas dans cet article. Oui, le bon sens de Bossuet est exquis, mais celui de Voltaire n'est pas méprisable ; et pourtant leurs pensées sont ennemies. Est-ce donc que le bon sens se combat lui-même ? ou n'est-ce pas plutôt que le bon sens de Voltaire n'est pas celui de Bossuet ? Et en effet, l'un de ces hommes est le théologien qui organise une doctrine reçue, et met une raison admirable au service d'un principe qui la surpasse ; l'autre est le philosophe qui pousse droit aux principes, et ne reçoit rien que sur la foi de l'évidence. Ce sont en présence la discipline et la lumière. Arrêtons-nous un moment devant ce contraste. Aussi bien je ne crains pas d'associer ici les noms de ces deux grands personnages qui, contraires par la vie, la doctrine et l'instinct, mais pareils par le génie, ont régné chacun sur tout un siècle avec une égale puissance, et conduit l'esprit humain.

D'abord Bossuet. Le bon sens, chez lui, est cette sagesse qui, placée au cœur d'une doctrine, pénétrée de son essence, admet ce qu'elle appelle, rejette ce qu'elle repousse, en conserve l'unité, et à-la-fois pénétrée de ses intérêts, retient tous les principes dans la mesure, les tempère les uns par les autres, et les empêche de se dévorer; comme la vie, recevant les éléments amis et excluant les éléments ennemis, animant chaque organe, et maintenant le tout en équilibre, conserve la forme du corps, son organisation, sa santé et sa puissance. Croyez-l'en lui-même, il n'aime pas ces hommes plus capables de pousser les choses à l'extrémité, que de tenir le raisonnement sur le penchant, et plus propres à commettre ensemble les vérités chrétiennes, qu'à les réduire à leur unité naturelle. Supprimez, dans le catholicisme, l'intermédiaire universel entre Dieu et l'homme, Jésus-Christ et son Église, et vous supprimez le catholicisme lui-même; or le quiétisme tend là : il porte l'âme jusqu'en présence de Dieu par la seule vertu de l'amour. Bossuet le voit : « Il y va, dit-il, du tout pour la religion »; et il accable Fénelon par ce mot d'une énergie sublime : « Il marche comme à tâtons sur Jésus-Christ. » Sans les miracles, le catholicisme n'est plus; il naît d'un miracle, et s'établit par des miracles, il suppose constamment l'action particulière de la Providence dans la nature et dans l'âme humaine; l'idée que la création est conduite par des lois générales, immuables, le ruine donc entièrement. Malebranche, dans son traité *de la Nature et de la Grâce*, établit fortement cette constance des lois universelles, puis il tente d'expliquer la providence particulière par un tour forcé et inintelligible. Il faut voir comme Bossuet reprend ce système, avec quelle assurance il repousse [1] et le principe si dangereux des lois uniformes, et les explications naturelles des miracles, condamnant ainsi par avance, dans un seul homme, toute cette école de théologiens qui devait, un siècle plus tard, ôter aux miracles le miraculeux, et les ranger dans la physique. Il remonte plus haut ; reconnaissant dans le disciple son maître Descartes, et dans le principe de l'école distinguant ce qu'il renfermait secrètement encore et que le temps devait en faire sortir, il prophétise le grand combat qui se prépare contre l'Eglise. La perfection sévère de la vie chrétienne s'accommode mal des émotions du théâtre, de tous ces plaisirs qui excitent les passions de feu ; aussi il condamne sans pitié les tendresses de Racine, les accents passionnés de Lulli, et tonne contre Molière expirant la sentence terrible : Malheur à ceux qui rient. Dans la politique, il croit au droit divin de César. Dans l'histoire, il ne voit que le peuple juif, dépositaire de la tradition. Enfin, pour sauver l'unité de la foi compromise par les dissidents, il « pousse [2] au plus loin la doctrine des contraintes ».

Que de génie dépensé pour soutenir ces maximes ! Quelle merveilleuse pénétration, qui devine dans les effets l'action secrète des causes, et dans les causes elles-mêmes les effets qu'elles retiennent encore ! Quelle science de l'homme, science impitoyable, qui démêle au fond de notre esprit et de notre cœur tous les mouvements opposés à sa doctrine, les pensées, les instincts ennemis, inconnus à celui qui les porte, et les traîne au grand jour pour

[1] Lettre à un disciple du P. Malebranche. Lettre 159.
[2] Lettre à M. de Basville. Lettre 257.

en faire justice ! Et pourtant, qui de nous, à cette heure, oserait conseiller ou justifier la contrainte envers les dissidents ? La génération qui a élevé un monument à Molière ne souscrira pas sans doute à l'anathème si cruel que Bossuet lance contre lui ; elle se met avec Racine auteur de *Bérénice* contre Racine repentant, avec Lulli contre Bossuet qui proscrit la musique passionnée ; elle absout tous les grands artistes de tous les temps, les applaudit et les honore ; elle sait qu'il est dangereux d'agiter les passions, elle le défend à l'immoralité, mais elle le permet à l'art, qui purifie ce qu'il touche, et n'éveille les passions que pour les élever. L'auteur de l'*Histoire Universelle* n'a jamais trouvé plus d'admirateurs, moins de disciples. Le principe d'où procède la politique entière de Bossuet, le droit divin de la royauté, a été ruiné par deux révolutions. La liberté de penser, qu'il contenait sévèrement, s'étend de nos jours à tout ; l'autorité suprême, dans ce siècle, est l'évidence. Voilà ce que nous pensons à cette heure, et le génie de Voltaire est de l'avoir pensé comme nous, cent ans avant nous.

La raison de Bossuet est l'interprète de la tradition catholique; au-dessus de cette raison, aussi haute qu'elle soit, est celle qui, ne s'arrêtant que devant l'évidence des axiomes, est l'interprète de la tradition universelle du genre humain.

Voltaire s'asseoit au centre du sens commun, comme Bossuet au centre de l'Eglise ; de là l'un et l'autre foudroie l'ennemi. Des deux côtés pareille ardeur, pareille puissance, pareil scrupule à ne rien admettre contre la tradition que l'on conserve, à n'avancer rien qu'elle n'appuie manifestement, mépris du sens particulier, amour du grand et du solide, dégoût des subtilités, peur des ténèbres. Mais, tandis que l'une de ces traditions est achevée, l'autre se développe sans fin, et donne aux plus hardis d'entre ses disciples la gloire d'inventeurs et de réformateurs. Ce fut la gloire de Voltaire.

Liberté de conscience, liberté d'écrire, liberté personnelle, impôt pesant sur tous, abolition du droit d'aînesse, la vénalité des charges flétrie, et aussi la torture, et la confiscation des biens, nécessité d'un code uniforme et plus doux pour des mœurs plus douces, des dépositions publiques des témoins et des arrêts motivés, toutes vérités fondées sur l'immuable raison, trop longtemps méconnues, trouvent en lui leur protecteur. Du même fonds de bon sens il défend la civilisation et les spectacles contre Rousseau, Dieu contre d'Holbach, la morale contre Locke, l'immortalité de l'âme contre La Mettrie, la liberté contre Frédéric, le désintéressement contre Helvétius, la pitié contre un optimisme inexorable, les vertus des sages antiques contre la Sorbonne, Newton contre Descartes, l'inoculation contre la routine, le bon contre le mauvais goût.

La sagesse a vaincu, et, en ce moment, nous vivons sous le régime plus équitable qu'il nous a préparé ; nous avons de la peine à comprendre la grandeur de son rôle, mais il y a des temps malheureux où les vérités éternelles sont des nouveautés, et le sens commun du génie.

Il est tout raison. Il est amoureux, et, si on le peut dire, fanatique d'évidence. L'obscur et le faux lui sont ennemis. Ce n'est plus ici la raison de Luther, de Rabelais, de Montaigne, de Bayle, de Rousseau : la raison révoltée pour le choix des mystères, enveloppée de folie, capricieuse, sceptique, paradoxale ; c'est la raison. Elle n'est elle-même qu'ici, pure de toute alliance compromettante, pure de ces complaisances pour les opinions singulières, d'où naissent les hypothèses et les utopies; elle parle seule, elle parle à tous, entendue de tous. La langue universelle est trouvée : rêve de fous et d'esprits sublimes, qui ne devaient pas la rencontrer, pour l'avoir cherchée où elle n'est pas, dans une combinaison artificielle de signes convenus, et n'avoir pas compris que si nous avons chacun notre langue, à notre image, empreinte de notre raison particulière, la seule langue universelle est la langue de la raison universelle. Ouvrez cette encyclopédie en quatre-vingts volumes, où toutes les questions sont remuées, vous n'y trouverez pas une seule hypothèse. Fénelon rêve une aristocratie sentimentale, Bossuet un despotisme paternel, Pascal une humanité sans passions humaines, d'Holbach une société d'athées vertueux, Rousseau la perfection de l'homme sauvage, etc., etc.; Voltaire n'a point de ces enfants infirmes et chéris : « Je m'en rapporte [1] toujours à la nature qui en sait plus que nous, et je me défie de tous les systèmes. Je ne vois que des gens qui se mettent sans façon à la place de Dieu, qui veulent créer un monde avec la parole. Qu'ils disent donc [2] comme lui : *Fiat lux.* »

Il est grand par la raison, il l'est aussi par le cœur. « Malheur [3] aux cœurs durs ! s'écrie-t-il; Dieu bénira les âmes tendres. Il y a je ne sais quoi de réprouvé à être insensible; aussi sainte Thérèse définissait-elle le diable, le malheureux qui ne sait point aimer. » Et ce n'est pas chez lui une saillie. Profondément touché des maux gratuits qu'ajoutent à notre misère naturelle toutes les oppressions, il n'en prit jamais son parti. Cet homme qui soutenait sa vie par la gaieté [4], et la regardait comme le remède univer-

[1] Lettre à M. de la Sauvagère, 1776, t. XI, p. 451.
[2] Lettre à Condorcet, 1772, t. X, p. 449.
[3] Lettre à Frédéric, 1739; Corr. avec les souv., t. I, p. 366.
[4] Lettre à d'Argental, 1760, t. V, p. 618.

sel; cet homme à qui prenait un jour une envie de rire qui ne le quittait plus pendant six mois, quand il songeait à Calas, à Sirven et à La Barre, écrivait, dans l'amertume de son cœur : « Je crains [1] que Protagoras (d'Alembert) ne soit trop gai au milieu des horreurs qui nous environnent. Le rôle de Démocrite est fort bon quand il ne s'agit que des folies humaines; mais les barbaries font des Héraclites. Je ne crois pas que je puisse rire de longtemps. » Et ce qu'il écrit à son vieil ami d'Argental, est-ce une déclamation ou l'explosion éloquente du sentiment? « Et c'est là [2] ce peuple si doux, si léger et si gai. Arlequins anthropophages! je ne veux plus entendre parler de vous. Courez du bûcher au bal, et de la Grève à l'Opéra-Comique, rouez Calas, pendez Sirven, brûlez cinq pauvres jeunes gens qu'il fallait, comme disent mes anges, mettre six mois à Saint-Lazare; je ne veux pas respirer le même air que vous... L'inquisition est fade en comparaison de vos jansénistes de grand'chambre et de tournelle. » Enfin, ce terrible lutteur, debout et en armes depuis cinquante années, fut un moment abattu : « J'avoue [3] que la tempête qui a fait périr ce jeune fou de chevalier de La Barre m'a fait plier la tête. » Ce n'était pas le spectacle qui le touchait, il pleurait le sang répandu deux siècles avant lui, et la Saint-Barthélemi [4] lui faisait autant de peine que si elle était arrivée la veille. Il déteste du plus profond de son âme l'intolérance; il assure [5] que s'il faisait une religion, il la mettrait au rang des sept péchés mortels. « Puissent [6] tous vos con-

1 Lettre à Damilaville, 1766, t. VIII, p. 200.
2 Lettre à d'Argental, 1766, t. VIII, p. 194.
3 Lettre au duc de Richelieu, 1766, t. VIII, p. 227.
4 Lettre à d'Argental, 1767, t. VIII, p. 557.
5 Lettre au comte de Schomberg, 1769, t. IX, p. 515.
6 Lettre à M. Vernes, 1757, t. V, p. 113.

frères », écrit-il à un ministre protestant « perpétuer cette heureuse paix, cette humanité, cette tolérance qui console le genre humain de tous les maux auxquels il est condamné. Qu'ils détestent le meurtre abominable de Servet, et les mœurs atroces qui ont conduit à ce meurtre, comme le parlement de Paris doit détester l'assassinat infâme dont on fit périr Anne Dubourg, et comme les Hollandais doivent pleurer sur la cendre des Barnevelt et de Witt. Chaque nation a des horreurs à expier, et la pénitence qu'on en doit faire est d'être humain et tolérant. » Voilà de belles paroles, mais quelle amertume dans celles-ci. Dans une lettre au marquis d'Argence, évaluant le nombre des victimes de la Saint-Barthélemy à quatre-vingt-dix mille, égorgées pour l'amour de Dieu, il ajoute : « Il est bon [1] pourtant, mon cher ami, que de si grands exemples de charité n'arrivent pas trop souvent. Il est beau de venger la religion ; mais, pour peu qu'on lui fît de tels sacrifices deux ou trois fois chaque siècle, il ne resterait enfin personne sur la terre pour servir la messe. »

Un tel homme dans un tel temps ne pouvait être que ce qu'il fut, l'apôtre de la raison et de la tolérance.

Pour sauver la raison d'abord, il n'y avait qu'un parti à prendre : la dégager des questions obscures et controversées, et ramasser toute sa vigueur dans certaines vérités manifestes, comme un jardinier habile, quand un arbre se meurt, élague les branches, et le réduisant au tronc, y concentre la sève. Voltaire abattit de bonnes branches avec les mauvaises, mais ce n'était pas le moment des scrupules : à l'extrême péril, il faut des remèdes extrêmes ; l'exacte justice eût tout perdu. Autrefois, dans la Grèce, Socrate,

1 Lettre au marquis d'Argence, 1768, t. IX, p. 272.

trouvant la philosophie compromise par les philosophes, tente pareillement de la réduire ; il lui interdit les hautes spéculations, et y ramène, avec les vérités éternelles du sens commun, la salutaire défiance qui les protége. Lui aussi, il combat toute sa vie pour établir l'existence de Dieu, de la Providence, de la beauté et de la justice. Plus timide encore, et de beaucoup, il s'interdit toute explication, toute conciliation, il ne veut pas s'aventurer, et ne tente jamais quelqu'une de ces excursions dans la métaphysique, d'où Voltaire a rapporté, quoiqu'il s'en défende, de bonnes vérités. Il faut condamner l'un avec l'autre, ou les absoudre tous les deux. Voltaire, retrempant la philosophie dans le sens commun, et arrêtant l'esprit de système, est l'héritier non dégénéré de Socrate. Leur devise est la même : le philosophe grec répète qu'il ne sait rien, sinon cela même qu'il ne sait rien ; le philosophe français écrit à madame du Deffand : « Si vous voulez [1] m'apprendre à ignorer, je suis votre homme. »

Avec la métaphysique, l'intolérance tombe ; si l'on persécute ses semblables, ce n'est point pour les forcer d'admettre l'existence de Dieu ou de la Providence, ou de la liberté, ou de la morale, mais la Trinité, le péché originel ou la grâce, en un mot des dogmes métaphysiques. Si donc on parvenait à les dégoûter de ces dogmes et de la métaphysique qui les enfante, les armes tomberaient de leurs mains, et on n'aurait plus à craindre le retour de pareilles fureurs : l'indifférence tue l'intolérance. Il s'agissait de mettre dans tout leur ridicule les choses [2] pour lesquelles on ne se tolérait pas, et Voltaire se jeta tout entier dans cette œuvre.

[1] Lettre à Mme du Deffand, 1770, t. X, p. 77.

[2] Lettre à M. Allamand, 1770, t. X, p. 275 ; — lettre à d'Argental, 1764, t. VII, p. 592.

« Les opinions [1] ont causé plus de maux sur ce petit globe que la peste ou les tremblemens de terre. Et vous ne voulez pas qu'on attaque, à forces réunies, ces opinions!... J'espère [2] que dans sept ou huit cents ans les hommes ne se persécuteront plus pour savoir : *Utrum chimœra bombinans in vacuo possit comedere secundas intentiones.* » Ailleurs il rapproche ce terme un peu éloigné : « Dans vingt ans, Dieu [3] aura beau jeu.... On verra [4] bientôt en France, en Espagne, en Portugal, une génération d'hommes très-instruits, qui sentiront vivement combien il est affreux de se tourmenter pour des subtilités métaphysiques, et de faire un enfer anticipé de ce monde, qui ne devrait être, pendant le peu d'instants que nous nous y arrêtons, que le séjour des plaisirs et de la vertu. » Il vit, pour sa récompense, cette génération ; il vit la liberté de conscience envahir le monde, et il put, avant sa mort, humilier la Sorbonne, sa vieille ennemie. « La Sorbonne [5] n'a raison que dans deux mille cinq cents pieds carrés qui composent la belle salle où elle donne ses beaux décrets. Certainement le genre humain l'emportera à la fin sur la Sorbonne. »

Mais aussi quel combattant fut jamais mieux préparé à un tel combat. Il y apporte une audace indomptable. Elle croît avec l'âge ; il trouve, lui [6] aussi, qu'il n'appartient qu'aux gens de quatre-vingts ans de conspirer, et vers la fin de sa carrière il écrit ces énergiques paroles : « Comme [7] je n'ai pas longtemps à ramper sur ce globe, je me suis

1 Lettre à M.***, 1759, t. V, p. 237.
2 Lettre à M. de Pomaret, 1774, t. XI, p. 99.
3 Lettre à d'Alembert, 1758, p. 69
4 Lettre à l'abbé Duvernet, 1765, t. VII, p. 518.
5 Lettre à M. de Chabanon, 1768, t. IX, p. 100
6 Lettre à d'Argental, 1764, t. VII, p. 408.
7 Lettre au duc de Richelieu, 1771, t. X, p. 268.

mis à être plus naïf que jamais : je n'ai écouté que mon cœur ; et si on trouvait mauvais que je suivisse ses leçons, j'irais mourir à Astracan, plutôt que de me gêner, dans mes derniers jours, chez les Welches. J'aime passionnément à dire des vérités que d'autres n'osent pas dire, et à remplir des devoirs que d'autres n'osent pas remplir. Mon âme s'est fortifiée à mesure que mon pauvre corps s'est affaibli. » Il inspire sa hardiesse à ses amis. « Il faut [1] savoir oser, la philosophie mérite bien qu'on ait du courage : il serait honteux qu'un philosophe n'en eût point, quand les enfans de nos manœuvres vont à la mort pour quatre sous par jour. » Et si Damilaville fléchit, il le relève par ce beau mot : « Votre ami, monsieur, prétend [2] qu'il n'y a qu'à vouloir, que les hommes ne veulent pas assez, que les petites considérations sont le tombeau des grandes choses. »

L'audace n'est pas tout dans les affaires de ce monde. Avec elle seule on triomphe quelquefois en des temps extraordinaires; mais souvent on se perd, et avec soi la cause qu'on défend. Cette mâle vertu est aveugle, et a besoin d'une autre vertu qui la dirige, la modère et la couvre, je veux dire de la prudence. Le rigide d'Alembert désespère même du courage, et ne consent pas à subir un moment un régime odieux, même pour le renverser. Déplorant tant d'arbitraire, il se renferme avec dignité dans sa conscience; résolution honorable et stérile! Voici une fière profession de foi : « Quant [3] à moi, qui par bonheur ou par malheur (comme il vous plaira) n'ai pas la plus petite obligation à aucun de ceux qui gouvernent aujourd'hui, et à qui ils n'ont fait proprement ni bien ni mal, j'ai

[1] Lettre à Helvétius, 1760, t. V, p. 476.
[2] Lettre à Damil., 1766, t. VIII, p. 217.
[3] Lettre de d'Al. à Voltaire, 1762, p 204.

pris pour devise à leur égard ce beau passage de Tacite : *Mihi Galba, Otho, Vitellius, nec beneficio nec injuria cogniti.... sed incorruptam fidem professis nec amore quisquam, et sine odio dicendus est.* Je [1] n'aime les grands que quand ils le sont comme vous, c'est-à-dire par eux-mêmes, et qu'on peut vraiment se tenir pour honoré de leur amitié et de leur estime; pour les autres, je les salue de loin, je les respecte comme je dois, et je les estime comme je peux. » Voltaire lui écrit à son tour : « Mon cher [2] philosophe, vous vous déclarez l'ennemi des grands et de leurs flatteurs, et vous avez raison; mais ces grands protégent dans l'occasion; ils peuvent faire du bien.... ils ne persécuteront jamais les philosophes, pour peu que les philosophes daignent s'humaniser avec eux. » Il fait mieux que de le prêcher, il lui montre les fruits de sa politique. Les hardiesses de l'*Ingénu* avaient été bien reçues; il vante complaisamment à d'Alembert le petit-fils [3] de l'abbé Gordon, ce fin courtisan, qui a appris à ses semblables qu'avec un petit mot d'éloge on fait passer bien de la contrebande. Selon lui, on peut [4] accoutumer les hommes à tout; il n'y a que manière de s'y prendre. Il ne disait point comme Fontenelle : Si j'avais la main pleine de vérités, je ne l'ouvrirais pas; mais il pensait qu'il ne fallait pas l'ouvrir tout d'un coup, que les vérités [5] sont des fruits qui ne doivent être cueillis que bien mûrs. C'était Socrate, mais décidé à ne pas boire la ciguë, trouvant, comme d'Alembert [6], que la crainte des fagots est très-

1 Lettre à Voltaire., 1763, p. 209.
2 Lettre à d'Al., 1761, p. 145.
3 Lettre à d'Al., 1767, p. 410.
4 Lettre à Frédéric, Corr. avec les souv., 1749, t. I, p. 702.
5 Lettre à la comt. Bassaritz, 1761, t. VI, p. 296.
6 Lettre à Voltaire, 1762, p. 182.

rafraîchissante, et au lieu de se présenter comme novateur, affichant cette maxime qui éloigne le soupçon : « Je tâcherai [1] de me conduire de façon que je ne sois point le martyr de ces vérités dont la plupart des hommes sont fort indignes. Ce serait vouloir attacher des ailes au dos des ânes, qui me donneraient des coups de pied pour récompense. »

Tel était son plan, que lui traçaient les circonstances et le sentiment de son génie : par ministres et gens puissants avoir Louis XV ; par Louis XV quelque liberté ; à la faveur de cette liberté faire passer en France les hardiesses de la philosophie ; par cette philosophie séduire les juges, et se donner pour disciples les rois, que sa poésie lui avait donnés pour admirateurs ; enfin s'appuyer sur les rois pour soulever le monde. Le projet était gigantesque, mais non au-dessus de ses forces.

Pour gagner les puissants, il fallait d'abord la richesse, c'est-à-dire l'indépendance, et un bel établissement dans ce monde, avec la clientèle que donne une large hospitalité. Il fallait saisir dans chaque personnage la passion maîtresse, et pénétrer par là dans son cœur ; distribuer avec art l'éloge à-la-fois intrépide et délicat, et relever sa faveur par le don de l'épigramme mortelle ; savoir, dans l'occasion, ne point voir, ne point entendre, savoir même oublier, ou du moins le paraître ; il fallait une activité, une habileté, une audace prodigieuse, et des trésors d'esprit, en un mot tout ce qu'avait Voltaire.

Quant à la France, elle sera à lui, car il la connaît. C'est « une [2] drôle de nation, *quæ sola constans in levitate sua est*. Elle ressemble à l'Euripe, qui a plusieurs flux et reflux. sans qu'on ait jamais pu en assigner la cause.... Les Pari-

[1] Lettre à Frédéric, 1740, Corr, avec les souv., t. I, p. 429.
[2] Lettre à M. de Belloi, 1772, t. X, p. 419.

siens[1] passent leur temps à élever des statues et à les briser; ils se divertissent à siffler et à battre des mains.... Nous[2] autres Français, nous valons mieux que les Turcs : nous disons prodigieusement de sottises, nous en faisons beaucoup, mais tout cela passe bien vite; on ne s'en souvient plus au bout de huit jours. La gaieté de la nation semble inaltérable. On apprend à Paris le tremblement de terre qui a bouleversé trente lieues de pays à Saint-Domingue; on dit : C'est dommage; et on va à l'Opéra. » Que ceci est toujours vrai chez nous, et que c'est bien le train des choses! « Le public[3] s'amusera, disputera, s'échauffera; dans un mois tout finira, dans cinq semaines tout s'oubliera. » Auprès de ce peuple ne réussit pas qui veut : « Il faut[4] plaire en France; dans le reste du monde, il faut instruire.... Il est bon[5] de n'être pas toujours sur le ton sérieux, qui est fort ennuyeux, à la longue, dans notre chère nation. Il faut des intermèdes. Heureux les philosophes qui peuvent rire et même faire rire!.... Dire[6] la vérité sans déplaire aux gens de mauvaise humeur, c'est la pierre philosophale. »

De là cette forme légère et charmante de la philosophie voltairienne, la perpétuelle clarté, la variété perpétuelle, la grâce provoquante, parfois trop libre pour nous, mais au goût d'une société elle-même très-libre. L'art tout entier passe au service de la raison : romans, contes, poésie épique, poésie légère. Ses tragédies, pour une bonne part, sont des

1 Lettre à d'Argental 1758, t. V, p. 128.
2 Lettre à Catherine de Russie, 1770, Corr. avec les souv., t. II, p. 499.
3 Lettre à M. Tabareau, 1771, t. X. p 120.
4 Lettre à d'Argental, 1754, t. IV, p. 219.
5 Lettre à M. Gaillard, 1769, t. IX, p. 497.
6 Lettre à d'Argental, 1763, t. VII, p. 6.

thèses; quelques-unes même, de son aveu [1], ne sont faites que pour les notes. Dans le livret d'un opéra [2], il trouve le moyen de traiter de l'origine du mal. En outre, il est le chef d'un parti nombreux et actif qu'il faut tour-à-tour contenir et exciter; le voilà donc changeant de tactique suivant les circonstances, entreprenant quand autour de lui on est timide, se repliant sur lui-même si la cause est compromise par quelque témérité, cachant et reniant [3] son nom pour les coups les plus hardis, lançant une tragédie en même temps qu'un pamphlet pour prouver son *alibi*, couvrant des hardiesses plus tempérées et aussi plus irritantes par quelque pseudonyme transparent pour tous les lecteurs, où Omer de Fleury seul n'a pas le droit de le reconnaître, enfin signant en plein soleil ces manifestes qui représentent un parti sous ses traits les plus favorables, sans ses misères et ses excès, et en deviennent l'expression officielle, toujours faux et toujours opposés avec avantage au parti contraire.

Aussi il réussit. Il changea la France; Frédéric II donna la Prusse à la libre pensée; un ministre d'Espagne [4] abolit

[1] *Lois de Minos, Olympie,* etc. Lettre à d'Al., 1762, p. 168. — J'ai choisi ce sujet (Olympie), moins pour faire une tragédie que pour faire un livre de notes à la fin de la pièce, notes sur les mystères, sur la conformité des expiations anciennes et des nôtres, sur les devoirs des prêtres, sur l'unité de Dieu prêchée dans tous les mystères... Cela m'a paru curieux et susceptible d'une hardiesse honnête.

[2] *Pandore,* lettre à M. de Laborde, 1765, t. VIII, p. 5.

[3] Lettre à Damilaville, 1768, t. IX, p. 125. — « Dès qu'il paraît un ouvrage, ils crient tous : *C'est de lui, c'est de lui!* Ils devraient crier au contraire : *Ce n'est pas de lui, ce n'est pas de lui!* » — Voyez lettre de Frédéric à Voltaire, 1770, Corr. avec les souv., t. II, p. 21.

[4] Lettre à M. Audibert, 1770, t. X, p. 42. « Le pouvoir de l'inquisition vient d'être anéanti en Espagne ; il n'en reste plus que le nom : c'est un serpent dont on a empaillé la peau. »

l'inquisition; les rois de Danemark[1], de Pologne et la moitié des princes d'Allemagne établirent la liberté de conscience dans leurs États; le premier y ajouta la liberté de la presse; Catherine décréta la tolérance dans son immense empire; elle mit bravement la philosophie au préambule de son code nouveau, et bientôt l'Assemblée constituante en allait traduire les principes dans un autre code qui sera celui du genre humain. Voltaire a été le plus grand, le plus puissant des ancêtres de la révolution française. D'autres, et, à leur tête, Rousseau et Montesquieu, contribuèrent à fonder l'empire de la raison universelle, à donner aux Français la conviction de leurs droits; mais qu'importe si chaque citoyen est en même temps convaincu de son isolement et de son impuissance! Là où une province ignore une autre province, et ne sent pas avec elle, il y a, si l'on veut, une administration unique, il n'y a pas de nation, la royauté peut tout oser impunément; on s'émeut dans les Cévennes des dragonnades des Cévennes; l'intendance du Limousin bénit son intendant, et trouve le royaume suffisamment heureux. Mais voici qu'il arrive qu'à l'extrémité de ce royaume, un innocent est condamné; une voix proteste, le bruit se répand de province en province, et un jour, des Pyrénées et des Alpes jusqu'à l'Océan, tous les esprits sont soulevés; ce jour il y a dans le monde une nation de plus, le cœur de la France commence de battre, et sa conscience s'éveille : noble nation, dont la première pensée est une pensée de justice, le premier sentiment la blessure de l'iniquité. Or, qui suscita cette croisade contre l'arbitraire et la violence? Ce ne fut ni Montesquieu ni Rousseau, ce

1 Lettre à Damilaville, 1767, t. VIII, p. 483; — lettre à d'Arg., 1771, t. X, p. 203.

fut Voltaire ; j'ose le dire, c'est à son âme que la France s'anima.

II.

Il est temps de pénétrer dans l'intérieur de la philosophie de Voltaire, et de l'interroger sur les grandes questions que pose obstinément l'esprit humain. Avant tout, que pensait-il de la perfection du monde ? Croyait-il que tout est mal, par une injure envers la Providence, ou avait-il de plus consolantes convictions ?

Il n'est pas ennemi de l'optimisme, mais de l'optimisme de Leibniz. Lorsque Leibniz prétend que ce monde est le meilleur des mondes possibles, Voltaire est d'accord avec lui, et avec tous ceux qui croient que Dieu existe. Évidemment, si Dieu a conçu un monde plus parfait, s'il pouvait le créer et ne l'a point créé, il a choisi le mauvais parti, il est imparfait, il n'est plus Dieu. C'est un raisonnement tout simple et tout géométrique, que Voltaire, en maint endroit, reconnaît excellent. Mais quand on a dit cela, tout n'est pas dit encore ; on est optimiste comme le premier venu et non comme Leibniz. Dans cette grande religion du genre humain, il y a des sectes, et voici les questions d'où elles naissent. Ce monde, le meilleur par comparaison avec ceux qui pouvaient être, qu'est-il en lui-même ? A-t-il ou non des défauts ? S'il en a, sont-ils légers ou graves ? Est-il bon pour l'ensemble des créatures, ou spécialement pour l'humanité, ou, plus spécialement encore, pour chaque homme ? Est-il bon par l'heureux arrangement des événements particuliers, ou par la beauté des lois générales, ou par le dessein que ces lois exécutent ? Parle-t-on enfin de la vie présente uniquement, ou de la vie future avec elle ? L'optimisme est aussi divers que les réponses à ces problèmes. Voici celui de Leibniz : le monde, collection de toutes les existences passées, présentes et futures, enfermant la vie présente et la vie à venir, est, dans l'ensemble, le meilleur que Dieu pût créer. Les mondes possibles étaient en nombre infini, car les événements possibles et leurs combinaisons sont innombrables ; parmi ces combinaisons Dieu a choisi celle qui recevait le plus de bien. Elle admet le mal, sans doute, mais comme condition inévitable d'un bien qui le surpasse ; *tout compté, tout rabattu*, c'est encore là qu'il s'en rencontre le moins. De là, en toute circonstance, la nécessité pour Leibniz d'atténuer le mal, d'exagérer le bien, parfois des efforts désespérés pour faire rendre au mal le bien qu'il doit contenir ; et aussi, lorsqu'il rencontrera quelque dogme où la bonté de Dieu semble compromise, il ne s'effraiera pas et se montrera facile à l'admettre, sauf à se rejeter sur les conséquences heureuses. Ne les voit-il pas, il est sûr qu'elles existent, et le voilà en repos. La faute heureuse d'Adam nous a valu le Rédempteur, *felix culpa* ; les châtiments éternels et le petit nombre des élus l'inquiètent d'abord, mais il se rassure en songeant que ces événements entrent, de toute nécessité, dans le plan du meilleur des mondes. Arrivé là, on est tout près de les trouver conformes à la raison et à la justice ; aussi il découvre des principes philosophiques qui justifient l'éternité des peines.

Tel est le danger de l'optimisme : après avoir trouvé ce beau principe, l'esprit cesse d'agir, ou, s'il agit encore, il se met à l'aise, et perd ces scrupules qui sauvent la vérité ; après ce brillant éclair, la raison s'endort, pour ne jeter plus qu'une lumière incertaine ou trompeuse. Ajoutez qu'une fois notre parti si bien pris de tout ce qui peut survenir, les misères de ce monde nous trouvent très-calmes ;

les excès des partis, le renversement de la justice, au lieu de nous frapper douloureusement, de nous irriter, de nous armer, nous laissent le cœur froid, la volonté inerte, et n'ont de contre-coup que dans notre raison inaltérable. L'optimisme de Leibniz risque donc d'engourdir et l'intelligence et la sensibilité. Il ne produit ces effets ni toujours ni partout entièrement ; ils en sont une conséquence extrême, mais naturelle, et il est naturel aussi qu'on tente de les prévenir. Enfermé dans l'optimisme qui l'enchante, Leibniz n'entend pas les gémissements de l'humanité : ni cette plainte partie de l'Orient : « L'homme né de la femme vit peu de jours, tout pleins de misères » ; ni ce soupir mélancolique de la riante Grèce : « Le mieux pour l'homme est de ne pas naître, et, quand il est né, c'est de mourir » ; ni enfin, tout près de lui, Bossuet qui remercie Dieu d'avoir mêlé une goutte de joie à la vie humaine, pour en tempérer l'amertume infinie. Il oublie les maladies de l'intelligence et de la liberté, tant d'erreurs, tant de doutes, la volonté se débattant entre l'ivresse des passions et l'impuissance. Et pourtant, c'est là l'homme éternellement.

Ce que Leibniz n'entend pas et ne voit pas, Voltaire le voit et l'entend : de là *Candide*. En un sens, c'est un livre diabolique ; il semble voir l'Esprit du mal lui-même qui enveloppe les hommes dans un réseau inextricable de folies et de misères, et se rit de leur peine. La fin adoucit cette impression ; après tant d'infortunes, les héros, ou si l'on veut, les victimes, trouvent un bonheur estimable dans la solitude et la médiocrité, cultivant en paix leur jardin. M. Cousin[1] a dit : « Espérons que ce triste livre n'exprime

[1] Cours de l'histoire de la philosophie moderne.

qu'une opinion passagère, un de ces moments d'humeur qu'aura traversés Voltaire lorsqu'il errait, comme il le dit, dans le labyrinthe du problème de la liberté. » Il nous encourage à l'espérer, il ne l'affirme pas; on reconnaît là le tact du critique. En effet, c'est bien l'opinion constante de Voltaire sur la vie humaine (sa correspondance entière en fait foi), et l'impression qu'il a emportée de son long voyage dans le monde : « Après avoir bien réfléchi[1] à soixante ans de sottises que j'ai vues et que j'ai faites, j'ai cru m'apercevoir que le monde n'est que le théâtre d'une petite guerre continuelle, ou cruelle, ou ridicule, et un ramas de vanité à faire mal au cœur... Les hommes sont tous Jean qui pleure et qui rit[2]; mais combien y en a-t-il malheureusement qui sont Jean qui mord, Jean qui vole, Jean qui calomnie, Jean qui tue!... Il y a[3] des aspects sous lesquels la nature humaine est la nature infernale. On sécherait d'horreur si on la regardait toujours par ces côtés. » Il peint[4] d'abord le genre humain de profil dans la première édition de l'*Histoire générale*; dans une autre, de trois quarts; *Candide* le peint de face et en raccourci. C'est l'Enfer de Dante remonté sur la terre, *Tartarus hic nobis est*. Son expérience personnelle est là; insulté par un grand seigneur, puis battu par ses valets, et contraint de dévorer cet affront, emprisonné à la Bastille pour des couplets qu'il n'avait pas faits, forcé d'abandonner la France, privé par la mort d'une ancienne et douce affection, éprouvant trois années près du roi de Prusse, et toute sa vie avec le duc de Richelieu et ses pareils, l'amitié difficile des

[1] Lettre à Mme du Deffand, 1761, t. VI, p. 62.
[2] Lettre à Mme du Deffand, 1771, t. X, p. 444.
[3] Lettre à M. Pinto, 1762, t. VI, p. 456.
[4] Lettre à d'Al., 1763, p. 220 ; — à d'Arg., 1761, t. VI, p. 65.

grands, dupé par des fourbes, trahi par de lâches amis, calomnié et poursuivi sans cesse, il ne trouve le repos que sur la fin de ses jours à la campagne, parmi ses bœufs[1], qui lui font des mines. Disciple de Pythagore, dans[2] la tempête, il adore l'écho. « Vive[3] la campagne, ma chère nièce; vivent les terres et surtout les terres libres où l'on est chez soi maître absolu, et où l'on n'a point de vingtièmes à payer ! C'est beaucoup d'être indépendant; mais d'avoir trouvé le secret de l'être en France, cela vaut mieux que d'avoir fait *la Henriade.* » « Le monde[4] est un grand naufrage; la devise des hommes est : *sauve qui peut.* » C'est bien là son dernier mot sur le monde, et le résumé de la sagesse humaine. Mais, une fois sauvé, que faire? Se réjouir, sans nul souci des malheureux que battent les vents contraires, et laisser aller les choses comme elles vont, content d'échapper à la fortune? Voltaire le dira : « J'en reviens[5] toujours à Candide : il faut finir par cultiver son jardin; tout le reste, excepté l'amitié, est bien peu de chose; et encore, cultiver son jardin n'est pas grand'chose. » Ailleurs, c'est mieux encore : « Mon Dieu, que si j'ai[6] de bon foin cette année, je serai heureux ! » Ne croyez pas ses paroles, et croyez sa vie. Quoi qu'il en dise, la destinée de l'homme n'est pas de cultiver son jardin; il ne l'a jamais cru. La liberté l'a visité[7] déjà vieux, mais non désarmé : *Libertas quæ sera tamen respexit, sed non inermem.* Pourquoi donc ces armes? Ce n'est déjà plus là

1 Lettre à d'Arg., 1761, t. VI, p. 66.
2 Lettre à d'Al., 1774, p. 657.
3 Lettre à Mme de Fontaine, 1761, t. VI, p. 59.
4 Lettre au chev. de R...x, 1760, t. V, p. 527, et *passim.*
5 Lettre à d'Argental, 1763, t. VII, p. 42.
6 Lettre à d'Arg., 1760, t. V, p. 595
7 Lettre à Algarotti, 1760, t. V, p. 569.

Candide. Est-ce Candide encore qui envoie[1] du pied des Alpes à Paris des fusées volantes qui crèvent sur la tête des sots? A quelle époque de sa vie Voltaire a-t-il été plus actif, plus audacieux, a-t-il remué plus fortement le monde qu'il avait déserté? Mais, pour le remuer, il ne faut pas proclamer qu'on le remue, et le doux Candide ne sera jamais soupçonné.

L'étrange roman dont il est le héros est bien un portrait réduit de l'humanité, comme la voyait Voltaire; mais, qu'on ne l'oublie pas, c'est aussi un livre de polémique, armé en guerre contre l'optimisme de Leibniz, de Pope, de Shaftesbury et de Bolingbroke, principalement contre Leibniz, le premier et le plus grand, avec qui Voltaire avait bien d'autres querelles. Dans plus d'un écrit il combat l'optimisme par la raison, dans son poëme *sur le désastre de Lisbonne* par le sentiment, ici par le ridicule. Il pensait que le ridicule[2] vient à bout de tout; que le ton[3] de la plaisanterie est, de toutes les clefs de la musique française, celle qui se chante le plus aisément; qu'on doit être sûr du succès quand on se moque gaiement de son prochain. Sa prière à Dieu est originale: «O Dieu[4] des bons esprits! Dieu des esprits justes, Dieu des esprits aimables, répands ta miséricorde sur tous nos frères, continue à confondre les sots, les hypocrites et les fanatiques! Plus nos frères feront de bons ouvrages, en quelque genre que ce puisse être, plus la gloire de ton saint nom sera étendue. Fais toujours réussir les sages, fais siffler les impertinents.»

[1] Lettre à Mme du Deffand, 1760, t. V, p. 490.

[2] Lettre à d'Al., 1766, p. 354.

[3] Lettre à Mme du Deffand, 1766, t. VIII, p. 325 ; — lettre à Helvétius, 1763, t. VII, p, 86.

[4] Lettre à M. Saurin, 1761, t. VI, p. 44 ; — lettre à Damilaville, 1767, t. VIII, p. 548.

« Je ne me[1] souviens plus, dit-il quelque part, quel était l'honnête homme qui priait Dieu tous les matins que ses ennemis fissent des sottises. » Il le connaissait pourtant bien.

Il savait la puissance de cette arme du ridicule, il l'avait assez essayée; il la mit au service de ce qui lui semblait être le vrai. Il porta des coups terribles sans doute; mais quand on se bat, il ne faut pas se battre mollement. La modération louable qui dans un duel entre hommes s'arrête au premier sang, n'est pas de mise dans un duel entre doctrines ennemies; des engagements qui se reprennent toujours, qui ne décident jamais rien, sont funestes à la vérité. Platon n'a pas craint de blesser la sophistique, ni Pascal le jésuitisme. Dans de telles luttes, l'ironie tempérée n'est qu'impuissance.

Comme on reconnaît bien, dans *Candide*, la main qui a fait la *Diatribe du docteur Akakia*, cette raillerie cruelle qui exila Le Franc de Pompignan dans sa province, empoisonna le reste des jours de Maupertuis, fit huer Fréron par le public de tout un théâtre, et, quoique injuste, peut-être, l'accable encore aujourd'hui. C'est le secret, formidable en France, d'attacher à un système, à un personnage, un mot qui désormais fait corps avec lui. Parle-t-on devant quelqu'un des cantiques sacrés de Le Franc de Pompignan, ah! oui, répond-il aussitôt :

Sacrés ils sont, car personne n'y touche.

Se présente-t-il à la cour, le dauphin lui-même répète le vers :

Et l'ami Pompignan pense être quelque chose.

[1] Lettre à d'Al., 1765, p. 307.

Les laquais fredonnent le refrain :

> Vive le Roi et Simon le Franc,
> Son favori.

Si on n'a lu l'*Akakia*, on ne se fait pas une idée de ce que peut la malice humaine. C'est toujours, il est vrai, le même ridicule qui revient, toujours la malheureuse entreprise de disséquer des cervelles de Patagons pour connaître la nature de l'âme ; de creuser un trou jusqu'au centre de la terre pour connaître ce qui s'y passe ; la pensée étrange que la mort n'est que la maturité des animaux, et que pour empêcher un homme de mûrir, il faut l'enduire de résine ; mais cette même plaisanterie est toujours nouvelle par le lieu où elle est placée, par la fable qui l'introduit. Comme ces motifs de musique, qui reviennent les mêmes par des chutes diverses, elle s'empare de l'oreille et s'imprime dans l'esprit. Dans *Candide* aussi, ce n'est qu'un mot, qui reparaît à chaque page, à chaque infortune nouvelle : « Tout est pour le mieux dans le meilleur des mondes possibles. » Du roman il a passé dans le monde, dans la conversation, on l'a répété sans en connaître l'origine, il est devenu populaire, et l'optimisme, qui avait tenu contre des arguments énormes, a été tué par ce petit mot.

Est-ce à dire que Voltaire soit pessimiste? Non ; il répétait après Leibniz que Dieu a choisi le meilleur monde, c'est-à-dire le plus sage; mais il ne pensait pas pour cela que nous vivons dans l'ordre et le bonheur. « La fin [1] de la vie est triste, le commencement doit être compté pour rien, et le milieu est presque toujours un orage. » La condition de l'homme ici-bas lui paraissait tout simplement

[1] Lettre à d'Arg., 1768, t. IX, p. 149.

passable. En butte à mille maux, la frivolité[1], la gaieté, le travail l'empêchent de se pendre. Le secret contre le suicide est d'avoir toujours quelque chose à faire. Creech, commentateur de[2] Lucrèce, mit sur son manuscrit : «N. B. *Qu'il faudra que je me pende quand j'aurai fini mon commentaire.* » Il se tint parole. S'il avait entrepris un commentaire sur Ovide, il aurait vécu plus longtemps. Grâce à ces remèdes peu héroïques, il est vrai, mais efficaces, Voltaire s'accommode de son sort. Malade toute sa vie, il ne se regarde pas comme la plus heureuse de toutes les créatures, mais[3] il n'y a point de malade plus heureux que lui. Il passe[4] son temps à faire des gambades sur le bord de son tombeau, et c'est, en vérité, ce que font tous les hommes. Il faut[5] jouer avec la vie jusqu'au dernier moment,... c'est un enfant qu'il faut bercer jusqu'à ce qu'il s'endorme.

Pauvre idée, usage médiocre de la vie, assurément; mais il y a dans Voltaire une conception plus haute et plus équitable de notre destinée. Il l'a dit :

Un jour[6] *tout sera bien*, voilà notre espérance;
Tout est bien aujourd'hui, voilà l'illusion.

Et plus loin :

Un calife autrefois, à son heure dernière,
Au Dieu qu'il adorait dit pour toute prière :

1 Lettre à Mme du Deffand, 1760, t. V, p. 521 ; — lettre à d'Arg., 1767, t. VIII, p. 494

2 Dictionn. phil., art. de *Caton* et du *Suicide*.

3 Lettre à Fréd., 1738, Corr. avec les souv., t. I, p. 275.

4 Lettre à Mme du Deffand, 1771, t. X, p. 444.

5 Lettre à Mme du Deffand, 1761, t. VI, p. 19; — lettre à Mme du Deffand, 1761, t. VI, p. 165.

6 Poëme sur le désastre de Lisbonne, ou examen de cet axiome « *Tout est bien.* »

Je t'apporte, ô seul roi ! seul être illimité !
Tout ce que tu n'as pas dans ton immensité,
Les défauts, les regrets, les maux et l'ignorance,
Mais il pouvait encore ajouter *l'espérance*.

Par-dessus toutes les fables que nous ont laissées les Grecs, il aimait la fable de Pandore. A cette doctrine consolante répondait une maxime de pratique hardie et salutaire : que tout soit bien ou mal, tâchons que tout soit mieux.

Telle est l'opinion de Voltaire sur le monde. Il croit que cet univers est le meilleur qui pût être; mais, pour être le meilleur de tous, il ne le trouve pas irréprochable, et en exagère les défauts; il ne conçoit pas pourquoi le mal existe, et pense volontiers que Dieu n'a pu mieux faire; il espère que tout sera bien un jour, et voit le progrès s'accomplir sous ses yeux, sans se pénétrer de la beauté de cet ordre qui tire le bien du mal; la vérité est dans sa main, il n'ose la saisir. Le sentiment des problèmes, à ce degré-là, n'est plus une qualité, c'est une maladie : « La sagesse doute où il faut douter, et affirme où il faut affirmer. »

Il n'y a que deux grandes doctrines sur la perfection de ce monde, et il n'est pas si difficile de choisir. Suivant l'une, Dieu conçoit le plan magnifique de l'univers et l'exécute lui-même, il n'appelle l'homme que comme spectateur : vois et admire, garde-toi de critiquer. Ces ombres qui te déplaisent avivent le jour; ce personnage difforme qui te choque fait ressortir la beauté qui t'enchante; chaque couleur, chaque trait est pour l'ensemble : pris à part, il peut être blâmé; rapporté au tout, il est irréprochable. Pénétré de cette vérité, contemple ce chef-d'œuvre en silence, et prends garde d'y rien mettre du tien. Suivant l'autre doctrine, Dieu encore conçoit le plan du monde avec sa sagesse infinie; il achève lui-même l'univers physique, impose à la matière les lois d'où dériveront fatalement tous ses mouvements et leur harmonie; quant au monde des esprits, il lui fixe sa destinée, il veut qu'un jour la vérité et la justice y résident, mais il ne les y place pas lui-même et il donne à l'homme cette mission. Que parle-t-on de Prométhée, qui, dérobant le feu du ciel, encourt la colère de Jupiter et un châtiment terrible! Dieu, quand il nous a formés, a gravé dans notre raison l'idéal d'un monde parfait où règnent sans ennemis la vérité et la justice; il nous a communiqué le plan conçu par sa souveraine sagesse; il a fait plus, il a mis dans notre cœur l'amour de cet idéal, l'enthousiasme de cette perfection, une portion de ce feu divin qui crée, qui anime les formes mortes de l'intelligence. Cette ardeur secrète, sans cesse renaissante, qui nous dévore, est notre gloire, elle n'est point notre châtiment. Poursuivi par le rêve de l'idéal, l'homme s'agite et ne peut goûter le repos; les yeux fixés sur cet exemplaire immortel, il tente de le traduire; mécontent de ses ébauches, il efface, il corrige, souvent, dans son impatience, remplaçant une erreur par une erreur, une injustice par une injustice, qui sera emportée à son tour, quelquefois par une vérité solide, par une pratique équitable qui ne périront point. Ainsi, à travers ces tentatives avortées et reprises, l'œuvre avance, la science s'accroît, les institutions s'améliorent, la cité de Dieu se dessine dans la nuit. Quel spectacle! et qu'il est vraiment divin! Dieu pouvait d'un coup achever le monde, il ne l'a pas voulu; il s'est adjoint l'homme, et c'est une créature ignorante et vicieuse qui enfante la vérité et la justice. Nous ne sommes donc pas à Dieu des rivaux mais des associés, car il est exempt d'envie. Le père qui a formé l'âme de son fils, lorsque ce fils fait une belle action, n'en est point jaloux. Qui pourrait à ce moment lire dans son cœur, y verrait le contentement sévère de la sagesse qui a porté ses fruits et la douceur de la tendresse paternelle avec ses ineffables complaisances. Or qu'est-ce que Dieu, sinon un père, sans nos aveuglements et nos lâchetés.

Cette doctrine est-elle donc si abstraite, si compliquée, qu'elle doive effaroucher une raison amie de la clarté et de la simplicité? Non sans doute; mais encore faut-il oser croire ce que l'œil ne voit pas, ce que la main ne touche pas. Voltaire croit à Dieu, à la liberté, à la vertu; c'est fort bien, ce n'est pas assez. Où tend ce travail si dur de l'homme sur lui-même? Dans quel but tant de fatigues, de privations, de sacrifices? Si tout finit avec le corps, qu'importe que je tombe un peu plus ou un peu moins parfait dans le néant? Quoi! Dieu nous donne une part de sa raison et de sa liberté, il fait briller devant nous l'idéal éclatant de la vertu, il descend lui-même dans la conscience avec ses douceurs et ses terreurs; et nous n'avons que quelques pas à faire entre deux abîmes! quelle contradiction! et quel danger encore pour la société, si les méchants ont l'impunité assurée! Voltaire le sentait bien, il comprenait que la destinée humaine est incomplète ici-bas, et qu'elle se dénoue dans l'invisible; mais pour la suivre jusque-là il fallait consentir à perdre terre, et son esprit n'avait pas ce courage. Il accable la Sorbonne qui damne Trajan et Marc-Aurèle; mais lui, que fait-il de ces âmes généreuses? il veut des peines pour les méchants et sauverait l'enfer pour y loger Fréron, mais il n'ouvre pas le ciel aux héros; il ressent une profonde aversion pour le dogme de la vie future, telle que le catholicisme l'entend: sa raison rejette ces récits intrépides d'un monde d'où personne n'est revenu, et sa compassion s'émeut pour des misères innombrables et infinies; devant un tel monde il goûte le néant, mais le néant à son tour le repousse, et il reste suspendu dans le vide, trop craintif pour se faire une doctrine suivant ses instincts, et garder la vie future en la consolant. Et pourtant, si l'on veut juger de l'excellence ou des défauts de la création, c'est de là, c'est de cette région invisible qu'il faut l'observer. Attaché au globe, on est emporté par son mouvement, on ne voit que le commencement et le milieu des choses, sans la fin qui les achève, et l'on s'agite tristement, comme Voltaire, dans un monde mutilé.

III.

Le reste de ses opinions philosophiques n'est pas ce qu'on attend d'après la renommée. Il n'est pas ce que trop souvent on imagine, un sceptique qui doute absolument de tout et ne se plaît qu'à détruire. Il a ruiné plus d'une croyance, mais au profit des vérités naturelles, et de la tolérance, qui lui était la meilleure des vérités. Il a constamment, et en mille endroits, soutenu avec énergie l'existence d'un Dieu qui a fait et gouverne le monde; et il avait le droit de le dire : « Il y a eu des gens [1] qui m'ont appelé *athée*, c'est appeler Quesnel *moliniste*. » Il a soutenu avec la même opiniâtreté l'existence d'une loi morale, règle absolue des actions humaines. La liberté l'a embarrassé plus d'une fois comme bien d'autres philosophes; il se rappelle avec complaisance le mot de Locke, avouant [2] qu'il était là comme le diable de Milton pataugeant dans le chaos, mais, même dans ses plus mauvais

[1] Lettre à M. Contant d'Orville, 1766, t. VIII, p. 99.
[2] Lettre à Helv., 1759, t. II, p. 481.

moments, loin de la nier, il s'offensait qu'on la niât, et devenait affirmatif pour la défendre. Sa polémique contre Frédéric est un chef-d'œuvre. Il croyait volontiers que Dieu peut donner la pensée à la matière, et il a eu le malheur de railler l'âme spirituelle; mais il avait horreur du matérialisme, qui ne voit et n'estime dans l'homme que l'animal. Enfin il n'est pas très-ferme sur l'immortalité de l'âme : il mêlait trop l'esprit avec le corps, et dans la décomposition des organes il avait peine à le retrouver; mais sauf quelques propos assez légers sur cette matière, dans les discussions sérieuses qui reviennent souvent, il ne permet point qu'on supprime ce dogme : selon lui, affirmer est téméraire, nier l'est plus encore. Il a été téméraire, à son honneur : rapportant toutes ses croyances à la pratique, et sentant bien que la crainte des châtiments futurs est nécessaire pour contenir le crime, que, sans les punitions de l'autre vie, la morale dans la vie présente n'a plus de sanction, il a plaidé l'immortalité de l'âme et a été éloquent. Que de doutes devront lui être pardonnés pour cette noble protestation contre le fatalisme du roi de Prusse! « Vous [1] m'épouvantez; j'ai bien peur, pour le genre humain et pour moi, que vous n'ayez tristement raison. Il serait affreux pourtant qu'on ne pût pas se tirer de là. Tâchez, sire, de n'avoir pas tant raison; car encore faut-il bien, quand vous faites de Potsdam un paradis terrestre, que ce monde-ci ne soit pas absolument un enfer. Un peu d'illusion, je vous en conjure. Daignez m'aider à me tromper honnêtement..... Je me doute bien que l'article des remords est un peu problématique; mais encore vaut-il mieux dire avec Cicéron, Platon, Marc-Aurèle, etc., que

[1] Lettre à Frédéric, 1752. Corr. avec les souv., t. I, p. 738.

la nature nous donne des remords, que de dire avec La Mettrie qu'il n'en faut point avoir. »

Voltaire semble sensualiste contre Descartes comme il semble pessimiste contre Leibniz ; mais le Descartes qu'il combat n'est pas le vrai, et au fond, sans le savoir, il est de son école. Voyant bien qu'il y a dans l'esprit humain des vérités nécessaires, éternelles et immuables, Descartes avait dit qu'elles ne nous viennent pas du dehors, qu'elles sortent du fond de notre nature, se forment au-dedans de nous, dans notre raison, par une opération naturelle et mystérieuse; pour marquer sa pensée par un mot énergique, il les nommait *idées innées*. La doctrine était incontestable, mais l'expression prêtait à la méprise, et, comme il arrive souvent, le mot étouffa la chose. On lui attribua l'opinion bizarre que nous naissons avec certaines idées toutes faites, comme nous naissons avec des yeux et des mains ; un tel système ne pouvait obtenir d'autre fortune que la fortune du ridicule. Qu'on ouvre les *Essais* de Locke, que de temps et de peine il perd à prouver contre Descartes que nous n'apportons pas d'idées en venant au monde; dans Voltaire, que d'esprit vainement dépensé contre une théorie fabuleuse! Il a ses antipathies en fait de systèmes comme en fait de personnes, celle-là en est une. L'idée innée prête au ridicule, il l'en couvrira. Voyez, par exemple, comme il l'expose et la juge dans *Micromégas* : « Le cartésien prit la parole et dit : L'âme est un esprit pur, qui a reçu dans le ventre de sa mère toutes les idées métaphysiques, et qui, en sortant de là, est obligée d'aller à l'école, et d'apprendre tout de nouveau ce qu'elle a si bien su, et ce qu'elle ne saura plus. Ce n'était donc pas la peine, répondit l'animal de huit lieues, que ton âme fût si savante dans le ventre de ta mère, pour être si ignorante quand tu aurais de la barbe au menton. » Voltaire est sensualiste contre Descartes, ou plutôt contre le Descartes qu'il imagine; le voilà donc sous les drapeaux de Locke, mais je crains bien qu'on ne l'y retienne malaisément; un soldat si clairvoyant, qui veut toujours savoir au juste pourquoi il se bat, n'est pas commode à gouverner. Si Locke, dans la chaleur de la lutte, se laisse emporter trop loin, si un coup destiné à Descartes atteint le bon sens, Voltaire désertera. Le *philosophe ignorant* qui ignore tant de choses, ce philosophe si peu dogmatique qui n'affirme qu'en parlant des bornes étroites de notre intelligence, des découvertes impossibles, du désespoir fondé, de la faiblesse des hommes, ce philosophe ose annoncer, en tête de deux chapitres, qu'il va combattre Locke, son maître. Ce maître si écouté a, par malheur, prétendu que la justice est arbitraire; son disciple le corrige sévèrement. La loi morale peut être plus d'une fois mal appliquée dans les détails, mais elle-même est universelle et nécessaire. « Dieu [1] nous a donné une raison qui se fortifie avec l'âge, et qui nous apprend à tous, quand nous sommes attentifs, sans préjugés, qu'il y a un Dieu et qu'il faut être juste..... En abandonnant Locke en ce point, je dis, avec le grand Newton : *Natura est semper sibi consona*, la nature est toujours semblable à elle-même. La loi de la gravitation qui agit sur un astre agit sur tous les astres, sur toute la matière; ainsi la loi fondamentale de la morale agit également sur toutes les nations bien connues. Il y a mille différences dans les interprétations de cette loi en mille circonstances; mais le fond subsiste toujours le même, et

[1] Le Philosophe ignorant, 1766, ch. XXXIV, et sq.

ce fond est l'idée du juste et de l'injuste. On commet prodigieusement d'injustices dans les fureurs de ses passions, comme on perd sa raison dans l'ivresse ; mais quand l'ivresse est passée, la raison revient. La société n'est fondée que sur ces notions, qu'on n'arrachera jamais de notre cœur. Quel est l'âge où nous connaissons le juste et l'injuste ? L'âge où nous connaissons que deux et deux font quatre. »

Est-ce Voltaire, est-ce Descartes qui parle ainsi ? Et ce n'est point chez lui une saillie, il y revient partout avec une décision et une vigueur qui ne se démentent point. L'homme qui croit à Dieu, à la liberté et à la justice absolue n'est pas un sensualiste assurément. Un véritable sensualiste, c'est d'Holbach, et Voltaire écrivait en tête d'un exemplaire du *Bon sens* de cet auteur : « Il prend [1] quelquefois ses cinq sens pour du bon sens. »

Interrogez Voltaire sur l'existence de l'âme ; c'est bien lui qui écrit : « Je suis en peine [2], monsieur, de toute âme et de la mienne. » Il prie [3] l'honnête homme qui fera *Matière* (dans l'Encyclopédie) de bien prouver que le je ne sais quoi qu'on nomme *matière* peut aussi bien penser que le je ne sais quoi qu'on appelle *esprit*. Il soutient sans faiblir une fois, d'accord avec Locke, que Dieu peut donner la pensée à la matière. Qu'est-ce, au juste, que cette opinion ? Les spiritualistes se récrient comme s'ils étaient en présence du matérialisme. Non, disent-ils, Dieu ne saurait faire ce qui est contradictoire ; or il est contradictoire que la pensée incorporelle appartienne

1 Corr, avec d'Al., 1775, p. 658.
2 Lettre à l'abbé Spallanzani, 1776, t. XI, p. 410.
Lettre à d'Al., 1757, p. 54.

à la nature palpable, que la matière, toujours divisible, ait conscience de son unité, comme il arrive dans l'homme. On ne peut mieux, si en effet la matière est toujours divisible; mais si, comme le veut Leibniz, les derniers éléments sont simples, elle peut donc penser tout comme l'esprit dont elle a la nature. Or sommes-nous en plein matérialisme avec Leibniz? On n'a pas osé le dire, on ne l'osera pas. Plusieurs docteurs de la primitive Église ont cru l'âme corporelle; étaient-ils donc à-la-fois matérialistes et chrétiens? Quoi! la proposition de Locke et de Voltaire, si suspecte chez eux, devient-elle ici innocente et perd-elle son venin en changeant de lieu? Parlons franchement; cessons, comme dirait Descartes, de nous battre dans des caves : on n'est point matérialiste pour prétendre que la matière est capable de penser, ni spiritualiste pour prétendre qu'elle en est incapable.

Entre le spiritualisme et le matérialisme, l'éternelle question n'est pas, en dépit des apparences, de savoir s'il n'y a qu'une seule nature d'êtres ou s'il y en a deux, seulement de l'étendue, seulement de l'esprit, ou ensemble de l'esprit et de l'étendue, mais si dans l'homme il n'y a qu'une seule vie, qu'une seule destinée. Admettez-vous qu'en nous tout tende vers un but unique, la perfection du corps, le bon état et le bien-être de cette machine qui digère, respire, change de place; que nous devions n'avoir qu'une seule préoccupation : respirer à notre aise, digérer sans peine, nous mouvoir librement, donner à nos sens le plus possible de jouissances, en écarter avec le plus grand soin la douleur, nous établir dans ce monde en telles conditions de fortune, de puissance qui nous rendent cette tâche facile, cultiver notre esprit dans la mesure que réclame cet art du bien vivre; rapporter tout à ce centre, sans autre pensée, sans autre souci, vous êtes matérialiste. Si, au contraire, la destinée physique vous semble étroite, la pensée trop noble pour se mettre tout entière au service du corps; si le cœur humain vous semble renfermer d'autres désirs que ceux qui ont le corps pour objet; si au-dessus de la perfection des organes vous concevez une autre perfection de tout autre nature; si vous rêvez de science infinie, de dévouement; si vous vous sentez soulevé de terre vers un monde supérieur, peuplé de grandes pensées, de sentiments généreux; si vous comprenez qu'on doit sacrifier le bien-être et même la vie du corps pour vivre de cette autre vie, vous êtes spiritualiste. Cet être qui pense et cet être qui respire sont-ils de même nature? Dussé-je toujours l'ignorer, ce que je sais de science certaine, c'est qu'il y a en moi un double mouvement, une double destinée : l'une de conserver, de perfectionner en moi l'animal qui est né il y a quelques jours et dans quelques jours va mourir; l'autre, de conserver et de perfectionner en moi l'être intelligent, sensible et moral, avec ses aspirations infinies; ce que je sais de science certaine, c'est que la première de ces destinées est subordonnée à la seconde, comme la raison l'atteste, comme la loi morale le veut; et ainsi je suis un être immortel, de passage dans un corps mortel.

Voltaire a tort de croire que la matière peut penser, que l'âme a la nature du corps; mais pour être matérialiste, il faut qu'il ajoute que l'âme dépend entièrement du corps. Ne le dit-il pas en effet? « La disposition [1] des organes fait tout..... La manière dont on digère décide presque toujours de notre manière de penser. » Voici en-

[1] Lettre à Mme du Deffand, 1772, t. X, p. 415.

core un mot qui plairait à La Mettrie : « On a[1] une fluxion sur l'âme comme sur les dents. » Mais ce n'est pas son dernier mot : « C'est une plaisante[2] chose que la pensée dépende absolument de l'estomac, et que malgré cela les meilleurs estomacs ne soient pas les meilleurs penseurs. » La Mettrie regarderait à deux fois avant de signer cette pensée, et il ne signerait certes pas celle-ci : « On fait aller[3] son corps comme l'on veut. Lorsque l'âme dit : Marche, il obéit. » Au fond il la regardait comme un atome, une particule matérielle sans doute, mais d'une extrême ténuité et indivisible. On trouve souvent cette idée dans ses ouvrages philosophiques, et la lettre suivante au comte de Tressan exprime bien ses plus secrètes sympathies. « Vous me paraissez tenir pour ce feu élémentaire que Newton se garda bien toujours d'appeler corporel. Ce principe peut mener loin ; et si Dieu, par hasard, avait accordé la pensée à quelques monades de ce feu élémentaire, les docteurs n'auraient rien à dire : on aurait seulement à leur dire que leur feu n'est pas bien lumineux, et que leur monade est un peu impertinente. » Un pas de plus, et la monade de feu élémentaire se tournait en pur esprit; Voltaire ne l'a pas fait. Mais il est entièrement des nôtres quand il accorde à l'âme la liberté, la connaissance de la loi morale qu'elle doit accomplir, et de Dieu sur qui la vertu s'appuie. Son instinct est moins matérialiste encore que sa raison. « Il faut donner[4] à son âme toutes les formes possibles. C'est un feu que Dieu nous a confié, nous devons le nourrir

[1] Lettre à d'Al., 1757, p. 35.
[2] Lettre à d'Al., 1770, p. 515.
[3] Lettre de Fréd. à Voltaire, Corr. avec les souv., t. I, 672.
[4] Lettre à Cideville, 1738, t. II, p. 156.

de ce que nous trouvons de plus précieux. Il faut faire entrer dans notre être tous les modes imaginables, ouvrir toutes les portes de son âme à toutes les sciences et à tous les sentimens; pourvu que tout cela n'y entre pas pêle-mêle, il y a place pour tout le monde. »

IV.

Il faudrait, ce me semble, renoncer à voir dans Voltaire le disciple de Locke. Il souffre de l'avoir trop vanté. Au fond, il n'a de commun avec lui que l'aversion de la métaphysique, aversion qui se trouve également chez Rousseau, et qui est moins le fait des hommes que du siècle; et aussi l'opinion que la matière peut penser par un don de Dieu. Pour le reste, qui a bien son importance, il se met très-à l'aise avec ce maître si respecté. L'homme qui reconnaît, au-dessus de l'expérience et de la réflexion, une raison, organe infaillible de vérités nécessaires, qui place la liberté dans la résolution invisible et la soumet à une règle morale invariable et universelle, cet homme n'est pas sans doute un pur disciple de Locke. Il pense comme Rousseau, le Rousseau de la *Profession de foi*, qui força son admiration. Les mots diffèrent chez eux, le fond est identique. L'un appelle sentiment ce que l'autre appelle raison universelle; tous deux relèvent du même maître et prêchent les mêmes enseignements.

Pourtant, malgré cette justice si volontiers rendue à Voltaire, s'il revenait tel qu'il a été autrefois, nous ne serions pas en tout des siens. Sa raison, sûre et excellente, est trop timide : instrument merveilleux qui ploie dès qu'il enfonce. Il faut le garder et le retremper. Voltaire a du cœur assurément; l'humanité, voilà le principe de cette ardente révolte contre l'intolérance et les abus, sources de misères; personne ne lui souhaitera une autre vertu devant les criantes injustices dont elle a triomphé, et tant qu'il y aura de grandes oppressions dans ce monde, on devra écouter avec recueillement cette énergique protestation de la conscience indignée contre l'arbitraire. Mais cependant l'amour du droit n'est pas le cœur humain tout entier, et surtout n'en est pas le fond. La passion de Voltaire est la raison émue, c'est toujours la raison, ce n'est que la raison; elle n'entend que les gémissements causés par l'injustice, et ne plaint que les maux qu'elle peut guérir: chaleur inaltérable et inépuisable que la lumière verse d'en haut, moins aimable toujours que la mobile chaleur de la vie, avec son foyer dans nos entrailles. La vraie humanité n'est pas si étroite et si logique: elle souffre de toutes les souffrances; ce qui la touche dans la douleur, c'est la douleur, séparée de sa cause, méritée ou imméritée, guérissable ou sans espoir; elle pleure de voir pleurer, et console; elle recueille l'enfant abandonné et le vieillard redevenu enfant, l'idiot et le fou, et cherche à exciter en eux l'intelligence affaiblie ou absente, relève les créatures tombées, aide l'ouvrier, veille les malades; elle dit avec Térence: « *Je suis homme et rien d'humain ne m'est étranger*; » elle n'est pas la démonstration des écoles, mais ce cri de l'âme poussé par le christianisme, ce cri qui troublera toujours le bonheur égoïste et nous réveille dans les nuits d'hiver, ce cri que Gerson a entendu, qui a percé le cœur de Vincent de Paul, et met à cette heure sur pied toute une armée d'hommes et de femmes pour panser les blessés de la vie. — Voltaire est théiste parce que l'athéisme est absurde; Dieu est plutôt pour lui une vérité qu'un être: il en comprend la nécessité, il ne semble pas en sentir la présence ; on ne trouve pas chez lui ces élans religieux si touchants dans Rousseau, son rival, ici son maître. — Il est spiritualiste assez pour n'être pas matérialiste. Mais on n'est pas spiritualiste à demi. C'est une doctrine jalouse qui ne souffre rien d'ennemi, rien d'étranger ; c'est mieux qu'une doctrine, car les doctrines sont multiples, c'est l'esprit unique qui réside dans toutes, les pénètre et les crée : le respect de l'âme habitante et maîtresse du corps, la passion de l'invisible, l'aspiration hardie vers l'idéal, l'enthousiasme de la vérité, de la beauté, de la liberté et de la vertu, essence éternelle de Dieu et avenir de l'homme.—Le temps de la polémique passionnée contre les religions est passé. La philosophie, délivrée du joug, n'a plus ces violentes haines. Dégagée des préventions de parti, les oppositions la choquent moins, et elle sait reconnaître et respecter dans des doctrines étrangères les dogmes généreux qui seuls et partout soumettent les âmes.—L'antique tradition de la philosophie, calomniée dans un temps de révolution, de nos jours scrupuleusement étudiée, consacre les grandes croyances du rationalisme nouveau.—L'histoire ne nous paraît plus, comme à Voltaire, le récit des folies et des atrocités du genre humain ; confiants dans une science plus vraie, plus équitable et dans la providence directrice du monde, nous croyons au progrès accompli à travers les désordres, et à la perfection, étoile de l'humanité. — La tactique de Voltaire, admirable dans son temps, n'est plus à notre usage. La liberté de la presse existe aujourd'hui ; pour dire ce qu'on pense, il n'est plus besoin de se réfugier en Angleterre, en Hollande ou à Ferney ; de s'envelopper de pseudonymes ; la censure et la Sorbonne ne sont plus là qui nous épient ; on ne meurt pas de l'index ; il n'y a plus de bourreau, il y a des livres qui ne se lisent pas; s'ils meurent, c'est l'auteur qui les tue. L'audace et la ruse ont été bonnes pour conquérir la liberté : une fois conquise, elle se garde par d'autres secours. Nous ne sommes ni des esclaves, ni des affranchis à qui on fait grâce de la servitude; nous sommes des hommes libres par droit de nature et rentrés dans leur droit : agissons donc en hommes libres. Prêchez-vous l'audace? contre qui? N'êtes-vous pas à vous? L'astuce? quelle surprise méditez-vous donc? S'agit-il d'une intrigue de palais? La vérité est reine des esprits; qu'elle se présente en reine, on la reconnaîtra. Maintenant tout se passe en plein jour; les partis se connaissent, ils se sont éprouvés mille fois, toutes les mines sont éventées, la vieille diplomatie s'affaisse; la puissance qui fait vaincre, c'est la raison.

Notre profession de foi est très-simple. Si l'on appelle voltairien un homme épris de la raison et de la justice, nous sommes voltairien, et à peine osons-nous nous vanter de l'être; si l'on entend par là un spiritualiste plus que modéré, un théiste moins le sentiment religieux, un adversaire aveugle des révélations, nous ne sommes pas voltairien assurément; et c'est chez nous une conviction profonde, que pour faire aujourd'hui l'œuvre de Voltaire, avant toutes choses, il faut ne point être voltairien.

On peut dire le mal sans crainte, il reste assez de bien pour le racheter. Voltaire, le vrai Voltaire, et non celui que les préventions ont défiguré, est respectable, dans la philosophie, pour avoir défendu la liberté, la Providence et le devoir; et partout incomparable pour le bon sens. Il règne en ce moment dans le monde une espèce de bon sens équivoque et bâtard qui n'est que l'absence de foi et d'enthousiasme; on méprise les principes, on se traîne après les faits, on proscrit la passion, comme s'il y avait quelque part de la vie sans chaleur et sans une vertu originale qui exclut et reçoit selon sa nature, et impose sa forme à tout ce qu'elle reçoit. Non, Bossuet ne reconnaîtra pas le « maître de la vie humaine » dans cette sagesse servile qui attend sa leçon des caprices du hasard ; non, Voltaire ne se contiendra pas devant cette prudence engourdie. Bonnes gens qui, pour vous assurer de la raison, lui avez coupé les ailes, vivez tranquilles, elle ne s'envolera pas, elle est déjà envolée.

Avouons-le donc, nous admirons Voltaire ; nous admirons ce qu'il a, à chaque page, d'esprit naturel, charmant, inépuisable, cette raison lucide, cette passion toute française de la clarté, cette foi ardente en la justice, ce grand combat de la tolérance soutenu jour et nuit durant soixante années, enfin, cette vigueur de l'âme qui pousse un corps toujours mourant et le force de vivre.

Mais quoi ! l'homme qu'on loue ici n'est-il pas celui qui a toute sa vie combattu les religions ? Assurément il a attaqué la révélation, ce que nombre d'hommes considèrent comme une source de vérité ; mais qu'en veut-on conclure ? Qu'il faut désormais taire son nom, ou ne le citer que pour le flétrir ? Mais il est une autre source de vérité, respectable sans doute, et respectée d'une bonne partie du genre humain, la raison. Assez de Pères de l'Église l'ont attaquée ; l'auteur des *Pensées* a engagé sa vie dans cette lutte ; on a argumenté contre elle, on l'a raillée, comme saint Jérôme argumente, comme Pascal raille ; eh bien ! chez nous, serviteurs de la raison, ne parle-t-on de ces terribles ennemis qu'à voix basse, ou ne les nomme-t-on qu'avec colère ? Qui donc, si ce n'est un philosophe, a donné au public le vrai Pascal, et livré dans leur puissance originale ses réflexions énervées ? Le beau jour pour le genre humain, celui où partisans de la raison et partisans de la révélation, réunis pour une paix durable, conviendraient de supprimer une bonne fois tout ce qui a jamais entretenu la guerre, et se livreraient des échanges ! On donnerait Bossuet contre Spinoza, Pascal contre Voltaire, Strauss contre Joseph de Maistre ; une page de Bayle rachèterait la page voisine, et l'*Esquisse d'une philosophie* l'*Essai sur l'indifférence.* Et alors nous jouirions des douceurs de la paix.

Parlons sérieusement de choses sérieuses. Nous ne recueillons pas tout l'héritage de Voltaire ; nous lui empruntons ce qu'il a de solide philosophie ; et laissons à d'autres la polémique contre les révélations. Frappé du désordre profond des esprits et des âmes dans la société présente, de l'absence de principes fermes et élevés et de passions généreuses, plus préoccupé du bien commun que de la philosophie et de sa fortune, toute doctrine qui relève les hommes vers la perfection nous est une doctrine amie ; mais pour le bien commun encore, nous tenons à ce que la philosophie saisisse sa juste part d'influence. Or, un grand nombre d'intelligences viennent vers elle et lui demandent la solution de certains problèmes d'un éternel intérêt. Si elle se tait par peur des interprétations perfides, si elle ne bouge pas, crainte des méchants bruits, et se dilate dans le lieu commun, alors elle fait défaut à l'humanité et se trahit elle-même : ces goûts simples et paisibles ne sont point des vertus de gouvernement. Elle est autre chose, ou Platon, Aristote, Descartes, Malebranche, Leibniz sont des aventuriers. On cherche la philosophie sur les chemins de la vérité, on la voit dévorée d'ambition, rendant d'héroïques

3.

combats pour des conquêtes lointaines. Avec une destinée si haute et une telle vertu, on n'est point pour demeurer chez soi et surveiller l'ordre public dans la république des lettres. Il n'y a que deux moyens de passer dans ce monde, se faire petit ou se faire grand. Vous pouvez prendre le premier parti, mais si par hasard on vous écrase, personne ne le saura, personne ne s'émouvra. Êtes-vous grand, on vous suit, et le jour où un ennemi porte la main sur vous, il s'élève entre vous et lui tout un peuple. Que la philosophie soit donc grande, qu'elle se présente hardiment avec son autorité antique, son cortége de vérités certaines, son ardeur et ses espérances pour de nouvelles vérités ; en un mot, si elle veut être quelque chose dans le monde, qu'elle ose être ce qu'elle est.

V.

Puisqu'elle défend les grandes vérités du sens commun, pourquoi ne pas leur apporter l'appui de Voltaire. Quelle bonne fortune de rencontrer un allié dans cet esprit d'une clarté puissante, qui donne à la raison un visage familier. Pour nous, il nous a paru qu'il serait utile de publier aujourd'hui le meilleur de ses pensées sur Dieu, la liberté et la morale, un recueil classique et populaire de sa philosophie. En l'entreprenant, nous avons dû nous imposer certaines lois rigoureuses : d'abord, retrancher toute polémique contre les religions ; puis ne donner que la philosophie sérieuse, distinguant ce qui est un jeu et ce qui est sincère ; enfin supprimer les saillies d'une imagination trop libre.

Il est bon de retrancher la critique des religions dans un livre qui doit pénétrer partout pour porter partout les bonnes vérités communes aux religions et aux philosophies.

Quant à cette suppression des libertés que se permet trop souvent Voltaire, je n'ignore pas que c'est chose délicate. Nous goûtons peu en France les auteurs expurgés, encore moins les éditeurs qui expurgent. Cette sagesse où l'on réduit un pauvre écrivain lui donne un air de victime, à l'éditeur un air de vertu farouche et de pudeur aisément alarmée qu'il est difficile de soutenir dans le monde, ne laissant de choix qu'entre la sainteté et le ridicule. J'ai plaint, plus que bien d'autres, l'aimable Horace renonçant aux Grâces entre les mains du Père Jouvency, l'amant de Lalagé au doux sourire, au doux parler :

Dulce ridentem Lalagen amabo, dulce loquentem,

jurant de n'attendre plus désormais que de la vertu seule sa sûreté et son bonheur :

Sola me virtus dabit usque tutum, sola beatum,

en vers dont il eût fait pénitence éternelle. Mais il y a loin, Dieu merci, de quelques suppressions, rares et toujours nécessaires, aux licences d'un éditeur qui se met sans façon à la place d'un auteur, et lui prête généreusement ses idées et son style. Ces suppressions sont imposées par la société présente, plus sévère, je crois, dans ses mœurs, que la société du dix-septième et du dix-huitième siècle, certainement moins libre de parole. Il est des ouvrages de talent, même de génie, dont nous n'avouons plus la lecture, disons mieux, que nous ne lisons plus; l'imagination à qui il est tant pardonné, cette fois ne trouve point de pardon : Voltaire l'a éprouvé. On vante Rabelais sans doute, mais comme on vante Apulée ou Pétrone : par l'antiquité de sa langue, il est étranger pour tout ce qui n'est pas érudit, et les érudits le louent, parce qu'ils sont presque seuls à le lire. Autrefois les idées sérieuses avaient, en France, besoin de ce voile ou de cet assaisonnement; aujourd'hui elles peuvent se présenter sans crainte, et se soutenir par leur poids, ou, si les grâces les accompagnent, nous les voulons décentes : *gratiæ decentes*. Voltaire écrivant à cette heure, avec son tact exquis, sa connaissance profonde du public, se ferait autre pour d'autres lecteurs, et, en supprimant certaines libertés indiscrètes, on serait sûr de le livrer, tel qu'il se livrerait lui-même.

Sans doute aussi il choisirait entre ses pensées. Maintenant ce choix est difficile, il n'est pas impossible pourtant. A parcourir les quatre-vingts volumes où sa philosophie est répandue, rien de plus variable que l'apparence, et l'entreprise de discerner le fond semble folie; mais une lecture assidue familiarise avec l'auteur et donne le mot de bien des contradictions. D'abord il faut faire la part de la tactique dans un chef de parti, deviner la note diplomatique sous l'apparente candeur d'une dissertation, reconnaître pour ainsi dire l'état du ciel à l'heure de sa naissance, les influences qui y ont présidé.

Puis, parmi les variations de cette pensée, il en est de naïves que la politique n'explique point. C'est un esprit altéré de lumière, qui dans chaque question voit les difficultés par une sorte de délicatesse maladive, et, au lieu de les résoudre, s'y résigne ; inébranlable sur trois ou quatre points ; dans les autres recherches, *errant, cassant son fil,* et, après ces aventures, revenant simplement au sens commun, à ces simples croyances, où la pensée et l'action trouvent la règle et le repos. Ces erreurs et ces retours donnent aux ouvrages philosophiques de Voltaire l'intérêt d'une confession : c'est la pensée humaine avec ses alternatives de défaillance et de vigueur, sa sécurité aisément troublée, ses scrupules qui, d'un moment à l'autre, l'effrayent et lui font pitié; l'heureux instinct qui, après un vol superbe, la ramène au sentiment, aux arguments de bonne femme. Quand on doit arriver là avec lui, on peut tenter fortune sur la route. Le sentiment des problèmes n'est pas une médiocre part de l'esprit philosophique.

Enfin, Voltaire était poëte en même temps que philosophe : esprit irritable, tout ouvert aux impressions du dehors. Il entre tant d'humeur dans cette raison, qu'on est perpétuellement déconcerté ; il glisse entre les mains, et on renoncerait sérieusement à le poursuivre, s'il ne vous fascinait toujours par quelque nouveau prestige. Avez-vous entendu un homme d'esprit et d'imagination causer tour-à-tour sur le même sujet avec des personnes différentes? Il semble changer aussi souvent d'opinion que d'auditeur. Si son avis n'est pas partagé, la froideur de son adversaire tantôt le gagne, tantôt l'anime par réaction; tantôt, gardant sa conviction à l'intérieur, il fait, pour la forme, une retraite polie, et se raille lui-même. Son opinion est-elle admise par un homme considérable, cette approbation l'enflamme; un sot la lui prend, il s'en dégoûte ; un indiscret l'exagère, il la combat. Comment donc saisir, dans ces fluctuations, la véritable pensée? Cet art ne s'enseigne point ; mais, pour qui a vécu avec ce personnage, et l'a longtemps étudié, il y a du sérieux dans le rire et du rire dans le sérieux, de la froideur dans l'enthousiasme, et quelque chose d'ardent sous la froideur du dehors, où il ne se trompe pas.

Celui qui ferait un choix habile entre les ouvrages philosophiques de Voltaire, laisserait au temps ce qui est du temps, et conserverait, pour le donner au public, l'éternel et le solide, rendrait assurément quelque service à la philosophie. Nous serions très-heureux de mériter cet éloge, et ce nous serait une suffisante récompense de notre travail, dût-on nous appliquer un mot de Voltaire lui-même sur un malheureux écrivain de son temps. « Il a trouvé le secret de faire un livre très-utile, où il n'y a de mauvais que ce qui est uniquement de lui. »

ERNEST BERSOT.

Octobre 1847.

LIVRE I.

DE DIEU.

ÉLÉMENS DE PHILOSOPHIE

DE NEWTON [1].

Newton était intimement persuadé de l'existence d'un Dieu, et il entendait par ce mot, non seulement un être infini, tout-puissant, éternel et créateur, mais un maître qui a mis une relation entre lui et ses créatures : car sans cette relation, la connaissance d'un Dieu n'est qu'une idée stérile qui semblerait inviter au crime, par l'espoir de l'impunité, tout raisonneur né pervers.

Aussi ce grand philosophe fait une remarque singulière à la fin de ses *Principes* : c'est qu'on ne dit point *mon éternelle, mon infini,* parce que ces attributs n'ont rien de relatif à notre nature ; mais on dit et on doit dire *mon Dieu*, et par là il faut entendre le maître et le conservateur de notre vie et l'objet de nos pensées. Je me souviens que, dans plusieurs conférences que j'eus en 1726 avec le docteur Clarke, jamais ce philosophe ne prononçait le nom de Dieu qu'avec un air de recueillement et de respect très remarquable. Je lui avouai l'impression que cela fesait sur moi ; il me dit que c'était de Newton qu'il avait pris insensiblement cette coutume, laquelle doit être en effet celle de tous les hommes.

Je ne sais s'il y a aucune preuve métaphysique plus frappante, et qui parle plus fortement à l'homme, que cet

[1] 1738. Première partie, chap. I.

ordre admirable qui règne dans le monde, et si jamais il y a eu un plus bel argument que ce verset : *Cœli enarrant gloriam Dei*. Aussi vous voyez que Newton n'en apporte point d'autre à la fin de son *Optique* et de ses *Principes*. Il ne trouvait point de raisonnement plus convaincant et plus beau en faveur de la Divinité que celui de Platon, qui fait dire à un de ses interlocuteurs : Vous jugez que j'ai une âme intelligente, parce que vous apercevez de l'ordre dans mes paroles et dans mes actions ; jugez donc, en voyant l'ordre de ce monde, qu'il y a une âme souverainement intelligente.

Cet Être suprême est-il souverainement bienfesant ? C'est ici le grand refuge de l'athée. Si j'admets un Dieu, dit-il, ce Dieu doit être la bonté même ; qui m'a donné l'être me doit le bien-être : or je ne vois dans le genre humain que désordre et calamité ; la nécessité d'une matière éternelle me répugne moins qu'un Créateur qui traite si mal ses créatures. Nulle raison ne peut apaiser les murmures qui s'élèvent dans mon cœur contre les maux dont ce globe est inondé. Je suis donc forcé de rejeter l'idée d'un Être suprême, d'un Créateur, que je concevrais infiniment bon, et qui aurait fait des maux infinis ; j'aime mieux admettre la nécessité de la matière, et des générations et des vicissitudes éternelles, qu'un Dieu qui aurait fait librement des malheureux.

On répond à cet athée : Le mot de *bon*, de *bien-être*, est équivoque. Ce qui est mauvais par rapport à vous est bon dans l'arrangement général. L'idée d'un Être suprême, tout puissant, tout intelligent, et présent partout, ne révolte point votre raison. Nierez-vous un Dieu parce que vous aurez un accès de fièvre ? Il vous devait le *bien-être*, dites-vous : quelle raison avez-vous de penser ainsi ? pourquoi vous devait-il ce bien-être? quel traité avait-il fait avec vous? Il ne vous manque donc que d'être toujours heureux dans la vie pour reconnaître un Dieu? Vous qui ne pouvez être parfait en rien, pourquoi prétendriez-vous être parfaitement heureux? Mais je suppose que dans un bonheur continu de cent années vous ayez un mal de tête, ce moment de peine vous fera-t-il nier un Créateur? Il n'y a pas d'apparence. Or, si un quart d'heure de souffrance ne vous arrête pas, pourquoi deux heures, pourquoi un jour, pourquoi une année de tourmens vous feront-ils rejeter l'idée d'un Artisan suprême et universel?

Il faut qu'il y ait plus de bien que de mal dans ce monde, puisqu'en effet peu d'hommes souhaitent la mort : vous avez donc tort de porter des plaintes au nom du genre humain, et plus grand tort encore de renier votre Souverain, sous prétexte que quelques uns de ses sujets sont malheureux.

On aime à murmurer : il y a du plaisir à se plaindre; mais il y en a plus à vivre. On se plaît à ne jeter la vue que sur le mal et à l'exagérer. Lisez les histoires, nous dit-on, ce n'est qu'un tissu de crimes et de malheurs. D'accord, mais les histoires ne sont que le tableau des grands événemens. On ne conserve que la mémoire des tempêtes; on ne prend point garde au calme; on ne songe pas que depuis cent ans il n'y a pas eu une sédition dans Pékin, dans Rome, dans Venise, dans Paris, dans Londres; qu'en général il y a plus d'années tranquilles dans toutes les grandes villes que d'années orageuses; qu'il y a plus de jours innocens et sereins que de jours marqués par de grands crimes ou par de grands désastres.

Lorsque vous avez examiné les rapports qui se trouvent dans les ressorts d'un animal et les desseins qui éclatent de toutes parts dans la manière dont cet animal reçoit la vie, dont il la soutient et dont il la donne, vous connaissez sans peine cet Artisan souverain. Changerez-vous de sentiment parce que les loups mangent les moutons, et que les araignées prennent des mouches? Ne voyez-vous pas au contraire que ces générations continuelles, toujours dévorées et toujours reproduites, entrent dans le plan de l'univers! J'y vois de l'habileté et de la puissance, répondez-vous, et je n'y vois point de bonté. Mais quoi! lorsque dans une ménagerie vous élevez des animaux que vous égorgez, vous ne voulez pas qu'on vous appelle *méchant*, et vous accusez de cruauté le Maître de tous les animaux, qui les a faits pour être mangés dans leur temps! Enfin, si vous pouvez être heureux dans toute l'éternité, quelques douleurs dans cet instant passager qu'on nomme la vie, valent-elles la peine qu'on en parle? et si cette éternité n'est pas votre partage, contentez-vous de cette vie, puisque vous l'aimez.

Vous ne trouvez pas que le Créateur soit *bon*, parce qu'il y a du *mal* sur la terre. Mais la nécessité, qui tiendrait lieu d'un Être-suprême, serait-elle quelque chose de meilleur? Dans le système qui admet un Dieu, on n'a que de grandes difficultés à surmonter; et dans tous les autres systèmes on a des absurdités à dévorer.

ÉPITRE LXV.

A Mme LA MARQUISE DU CHATELET.

SUR LA PHILOSOPHIE DE NEWTON.

Tu m'appelles à toi, vaste et puissant génie,
Minerve de la France, immortelle Émilie;
Je m'éveille à ta voix, je marche à ta clarté
Sur les pas des Vertus et de la Vérité.
Je quitte Melpomène et les jeux du théâtre,
Ces combats, ces lauriers, dont je fus idolâtre;
De ces triomphes vains mon cœur n'est plus touché.
Que le jaloux Rufus, à la terre attaché,
Traîne au bord du tombeau la fureur insensée
D'enfermer dans un vers une fausse pensée;
Qu'il arme contre moi ses languissantes mains
Des traits qu'il destinait au reste des humains;
Que quatre fois par mois un ignorant Zoïle
Élève en frémissant une voix imbécile:
Je n'entends point leurs cris que la haine a formés,
Je ne vois point leurs pas, dans la fange imprimés:
Le charme tout puissant de la philosophie
Élève un esprit sage au-dessus de l'envie;
Tranquille au haut des cieux que Newton s'est soumis,

[1] Publiée en 1738. (E. B.)

Il ignore en effet s'il a des ennemis :
Je ne les connais plus. Déjà de la carrière
L'auguste Vérité vient m'ouvrir la barrière :
Déjà ces tourbillons, l'un par l'autre pressés,
Se mouvant sans espace, et sans règle entassés,
Ces fantômes savans à mes yeux disparaissent.
Un jour plus pur me luit ; les mouvemens renaissent.
L'espace qui de Dieu contient l'immensité
Voit rouler dans son sein l'univers limité,
Cet univers si vaste à notre faible vue,
Et qui n'est qu'un atome, un point dans l'étendue.
Dieu parle, et le chaos se dissipe à sa voix ;
Vers un centre commun tout gravite à la fois.
Ce ressort si puissant, l'âme de la nature,
Était enseveli dans une nuit obscure ;
Le compas de Newton, mesurant l'univers,
Lève enfin ce grand voile, et les cieux sont ouverts.
Il déploie à mes yeux par une main savante
De l'astre des saisons la robe étincelante ;
L'émeraude, l'azur, le pourpre, le rubis,
Sont l'immortel tissu dont brillent ses habits :
Chacun de ses rayons dans sa substance pure
Porte en soi les couleurs dont se peint la nature ;
Et confondus ensemble ils éclairent nos yeux,
Ils animent le monde, ils emplissent les cieux.
Confidens du Très-Haut, substances éternelles,
Qui brûlez de ses feux, qui couvrez de vos ailes
Le trône où votre maître est assis parmi vous,
Parlez ; du grand Newton n'étiez-vous point jaloux ?

La mer entend sa voix. Je vois l'humide empire
S'élever, s'avancer vers le ciel qui l'attire :
Mais un pouvoir central arrête ses efforts ;
La mer tombe, s'affaisse, et roule vers ses bords.
Comètes que l'on craint à l'égal du tonnerre,
Cessez d'épouvanter les peuples de la terre :
Dans une ellipse immense achevez votre cours ;
Remontez, descendez près de l'astre des jours ;
Lancez vos feux, volez, et, revenant sans cesse,
Des mondes épuisés ranimez la vieillesse.
Et toi, sœur du soleil, astre qui dans les cieux,
Des sages éblouis trompais les faibles yeux ;
Newton de ta carrière a marqué les limites :
Marche, éclaire les nuits ; tes bornes sont prescrites.
Terre, change de forme, et que la pesanteur
En abaissant le pôle élève l'équateur.
Pôle immobile aux yeux, si lent dans votre course,
Fuyez le char glacé des sept astres de l'Ourse :
Embrassez dans le cours de vos longs mouvemens [1],
Deux cents siècles entiers par-delà six mille ans.
Que ces objets sont beaux ! que notre ame épurée
Vole à ces vérités dont elle est éclairée !
Oui, dans le sein de Dieu, loin de ce corps mortel,
L'esprit semble écouter la voix de l'Éternel.
Vous à qui cette voix se fait si bien entendre,
Comment avez-vous pu, dans un âge encor tendre,
Malgré les vains plaisirs, ces écueils des beaux jours,

[1] C'est la période de la précession des équinoxes, laquelle s'accomplit en vingt-six mille neuf cents ans, ou environ.

Prendre un vol si hardi, suivre un si vaste cours?
Marcher après Newton dans cette route obscure
Du labyrinthe immense où se perd la nature?
Puissé-je auprès de vous, dans ce temple écarté,
Aux regards des Français montrer la vérité!
Tandis qu'Algarotti [1], sûr d'instruire et de plaire,
Vers le Tibre étonné conduit cette étrangère,
Que de nouvelles fleurs il orne ses attraits,
Le compas à la main j'en tracerai les traits:
De mes crayons grossiers je peindrai l'immortelle.
Cherchant à l'embellir, je la rendrais moins belle:
Elle est, ainsi que vous, noble, simple, et sans fard,
Au-dessus de l'éloge, au-dessus de mon art.

[1] M. Algarotti, jeune Vénitien, faisait imprimer alors à Venise un traité sur la lumière, *Newtonianismo per le Dame*, dans lequel il expliquait l'attraction. M. de Voltaire fut le premier en France qui expliqua les découvertes de Newton.

POËME

SUR LE DÉSASTRE DE LISBONNE.

EN 1755. (PUBLIÉ EN 1756.)

PRÉFACE.

Si jamais la question du mal physique a mérité l'attention de tous les hommes, c'est dans ces événemens funestes qui nous rappellent à la contemplation de notre faible nature ; comme les pestes générales qui ont enlevé le quart des hommes dans le monde connu, le tremblement de terre qui engloutit quatre cent mille personnes à la Chine en 1699, celui de Lima (1746) et de Collao (1747), et en dernier lieu celui du Portugal et du royaume de Fez. L'axiome *tout est bien* paraît un peu étrange à ceux qui sont les témoins de ces désastres. Tout est arrangé, tout est ordonné sans doute par la Providence ; mais il n'est que trop sensible que tout depuis longtemps n'est pas arrangé pour notre bien-être présent.

Lorsque l'illustre Pope donna son *Essai sur l'Homme,* et qu'il développa dans ses vers immortels les systèmes de Leibnitz, du lord Shaftesbury [1], et du lord Bolingbrocke, une foule de théologiens de toutes les communions attaqua

[1] C'est peut-être la première fois qu'on a dit que le système de Pope était celui du lord Shaftesbury ; c'est pourtant une vérité incontestable. Toute la partie physique est presque mot à mot dans la première partie du chapitre intitulé *les Moralistes*, section III : *Much is alleg'd in answer*

ce système. On se révoltait contre cet axiome nouveau, que *tout est bien*, que *l'homme jouit de la seule mesure du bonheur dont son être soit susceptible*, etc. Il y a toujours un sens dans lequel on peut condamner un écrit, et un sens dans lequel on peut l'approuver. Il serait bien plus raisonnable de ne faire attention qu'aux beautés utiles d'un ouvrage, et de n'y point chercher un sens odieux : mais c'est une des imperfections de notre nature d'interpréter malignement tout ce qui peut être interprété, et de vouloir décrier tout ce qui a eu du succès.

On crut donc voir dans cette proposition, *tout est bien*,

to show why natur errs, etc. « On a beaucoup à répondre à ces plaintes « des défauts de la nature : Comment est-elle sortie si impuissante et si « défectueuse des mains d'un être parfait? Mais je nie qu'elle soit dé- « fectueuse..... Sa beauté résulte des contrariétés, et la concorde uni- « verselle naît d'un combat perpétuel... Il faut que chaque être soit « immolé à d'autres; les végétaux aux animaux, les animaux à la « terre...; et les lois du pouvoir central et de la gravitation, qui « donnent aux corps célestes leur poids et leur mouvement, ne seront « point dérangées pour l'amour d'un chétif et faible animal qui, tout « protégé qu'il est par ces mêmes lois, sera bientôt par elles réduit « en poussière. »

Cela est admirablement dit : et cela n'empêche pas que l'illustre docteur Clarke, dans son *Traité de l'existence de Dieu*, ne dise que *le genre humain se trouve dans un état où l'ordre naturel des choses de ce monde est manifestement renversé :* page 10, tome II, deuxième édition, traduction de M. Ricotier : cela n'empêche pas que l'homme ne puisse dire : « Je dois être aussi cher à mon maître, moi, être pensant et sentant, que les planètes, qui probablement ne sentent point : » cela n'empêche pas que les choses de ce monde ne puissent être autrement, puisqu'on nous apprend que l'ordre a été perverti, et qu'il sera rétabli : cela n'empêche pas que le mal physique et le mal moral ne soient une chose incompréhensible à l'esprit humain : cela n'empêche pas qu'on ne puisse révoquer en doute le *tout est bien*, en respectant Shaftesbury et Pope, dont le système a d'abord été attaqué comme suspect d'athéisme, et est aujourd'hui canonisé.

La partie morale de l'*Essai sur l'Homme* de Pope est aussi tout entière dans Shaftesbury, à l'article de la recherche sur la vertu, au second volume des *Characteristics*. C'est là que l'auteur dit que l'intérêt particulier bien entendu fait l'intérêt général. Aimer le bien public et le renversement du fondement des idées reçues. Si tout est bien, disait-on, il est donc faux que la nature humaine soit déchue. Si l'ordre général exige que tout soit comme il est, la nature humaine n'a donc pas été corrompue ; elle n'a donc pas eu besoin de rédempteur. Si ce monde, tel qu'il est, est le meilleur des mondes possibles, on ne peut donc pas espérer un avenir plus heureux. Si tous les maux dont nous sommes accablés sont un bien général, toutes les nations policées ont donc eu tort de rechercher l'origine du mal physique et du mal moral. Si un homme mangé par les bêtes féroces fait le bien-être de ces bêtes et

le nôtre est non seulement possible, mais inséparable : « To be well affected towards the publick interest and one's own, is not only consis- « tent, but inseparable. » C'est là ce qu'il prouve dans tout ce livre, et c'est la base de toute la partie morale de l'Essai de Pope sur l'homme. C'est par là qu'il finit.

That reason, passion, answer one great aim,
That true self-love and social are the same ;

La raison et les passions répondent au grand but de Dieu. Le véritable amour-propre et l'amour social sont le même.

Une si belle morale, bien mieux développée encore dans Pope que dans Shaftesbury, a toujours charmé l'auteur des *Poëmes sur Lisbonne* et *sur la Loi naturelle* : voilà pourquoi il a dit :

Mais Pope approfondit ce qu'ils ont effleuré,
Et l'homme avec lui seul apprend à se connaître.

Le lord Shaftesbury prouve encore que la perfection de la vertu est due nécessairement à la croyance d'un Dieu : « And thus perfection of virtue must be owing to the belief of a God. »

C'est apparemment sur ces paroles que quelques personnes ont traité Shaftesbury d'athée. S'ils avaient bien lu son livre, ils n'auraient pas fait cet infâme reproche à la mémoire d'un pair d'Angleterre, d'un philosophe élevé par le sage Locke.

C'est ainsi que le P. Hardouin traita d'athées Pascal, Malebranche, et Arnauld ; c'est ainsi que le docteur Lange traita d'athée le respectable Wolf pour avoir loué la morale des Chinois ; et Wolf s'étant appuyé du témoignage des jésuites missionnaires à la Chine, le docteur répondit : « Ne sait-on pas ques les jésuites sont des athées ? » Ceux contribue à l'ordre du monde ; si les malheurs de tous les particuliers ne sont que la suite de cet ordre général et nécessaire, nous ne sommes donc que des roues qui servent à faire jouer la grande machine ; nous ne sommes pas plus précieux aux yeux de Dieu que les animaux qui nous dévorent.

Voilà les conclusions qu'on tirait du poëme de M. Pope ; et ces conclusions mêmes augmentaient encore la célébrité et le succès de l'ouvrage. Mais on devait l'envisager sous un autre aspect : il fallait considérer le respect pour la Divinité, la résignation qu'on doit à ses ordres suprêmes, la

qui gémirent sur l'aventure des diables de Loudun, si humiliante pour la raison humaine ; ceux qui trouvèrent mauvais qu'un récollet, en conduisant Urbain Grandier au supplice, le frappât au visage avec un crucifix de fer, furent appelés athées par les récollets. Les convulsionnaires ont imprimé que ceux qui se moquaient des convulsions étaient des athées ; et les molinistes ont cent fois baptisé de ce nom les jansénistes.

Lorsqu'un homme connu * écrivit le premier en France, il y a plus de trente ans, sur l'inoculation de la petite-vérole, un auteur inconnu écrivit : « Il n'y a qu'un athée, imbu des folies anglaises, qui puisse « proposer à notre nation de faire un mal certain pour un bien incer« tain. »

L'auteur des *Nouvelles ecclésiastiques*, qui écrit tranquillement depuis si longtemps contre les lois et contre la raison, a employé une feuille à prouver que M. de Montesquieu était athée, et une autre feuille a prouver qu'il était déiste.

Saint-Sorlin des Marêts, connu en son temps par le poëme de *Clovis* et par son fanatisme, voyant passer un jour dans la galerie du Louvre La Mothe-le-Vayer, conseiller d'état et précepteur de Monsieur : « Voilà, « dit-il, un homme qui n'a point de religion. » La Mothe-le-Vayer se retourna vers lui, et daigna lui dire : « Mon ami, j'ai tant de religion, « que je ne suis pas de ta religion. »

En général, cette ridicule et abominable démence d'accuser d'athéisme à tort et à travers tous ceux qui ne pensent pas comme nous est ce qui a le plus contribué à répandre d'un bout de l'Europe à l'autre ce profond mépris que tout le public a aujourd'hui pour les libelles de controverse.

* Voltaire lui-même.

saine morale, la tolérance, qui sont l'âme de cet excellent écrit. C'est ce que le public a fait; et l'ouvrage, ayant été traduit par des hommes dignes de le traduire, a triomphé d'autant plus des critiques, qu'elles roulaient sur des matières plus délicates.

C'est le propre des censures violentes d'accréditer les opinions qu'elles attaquent. On crie contre un livre parce qu'il réussit, on lui impute des erreurs. Qu'arrive-t-il? les hommes, révoltés contre ces cris, prennent pour des vérités les erreurs mêmes que ces critiques ont cru apercevoir La censure élève des fantômes pour les combattre, et les lecteurs indignés embrassent ces fantômes.

Les critiques ont dit, « Leibnitz, Pope, enseignent le « fatalisme ; » et les partisans de Leibnitz et de Pope ont dit, « Si Leibnitz et Pope enseignent le fatalisme, ils ont « donc raison ; et c'est à cette fatalité invincible qu'il faut « croire. »

Pope avait dit *tout est bien* en un sens qui était très-recevable ; et ils le disent aujourd'hui en un sens qui peut être combattu.

L'auteur du *Poëme sur le désastre de Lisbonne* ne combat point l'illustre Pope, qu'il a toujours admiré et aimé ; il pense comme lui sur presque sur tous les points ; mais, pénétré des malheurs des hommes, il s'élève contre les abus qu'on peut faire de cet ancien axiome *tout est bien*. Il adopte cette triste et plus ancienne vérité reconnue de tous les hommes, « qu'il y a du mal sur la terre ; » il avoue que le mot *tout est bien*, pris dans un sens absolu et sans l'espérance d'un avenir, n'est qu'une insulte aux douleurs de notre vie.

Si, lorsque Lisbonne, Méquinez, Tétuan et tant d'autres villes, furent englouties avec un si grand nombre de leurs habitans au mois de novembre 1755, des philosophes avaient crié aux malheureux qui échappaient à peine des ruines : « Tout est bien ; les héritiers des morts augmen-« teront leurs fortunes; les maçons gagneront de l'argent « à rebâtir des maisons ; les bêtes se nourriront des cada-« vres enterrés dans les débris : c'est l'effet nécessaire des « causes nécessaires; votre mal particulier n'est rien, vous « contribuez au bien général ; » un tel discours certainement eût été aussi cruel que le tremblement de terre a été funeste. Et voilà ce que dit l'auteur du *Poëme sur le désastre de Lisbonne.*

Il avoue donc avec toute la terre qu'il y a du mal sur la terre, ainsi que du bien ; il avoue qu'aucun philosophe n'a pu jamais expliquer l'origine du mal moral et du mal physique; il avoue que Bayle, le plus grand dialecticien qui ait jamais écrit, n'a fait qu'apprendre à douter, et qu'il se combat lui-même ; il avoue qu'il y autant de faiblesse dans les lumières de l'homme que de misères dans sa vie. Il expose tous les systèmes en peu de mots. Il dit que l'espérance d'un développement de notre être, dans un nouvel ordre de choses, peut seule consoler des malheurs présens, et que la bonté de la Providence est le seul asile auquel l'homme puisse recourir dans les ténèbres de sa raison, et dans les calamités de sa nature faible et mortelle.

1 C'est se faire ignorant à plaisir. Voltaire dit (Dict. phil., art. *Bien*) que la mort est nécessaire à tout ce qui est né ; « Si notre corps organisé « était immortel, celui des animaux le serait aussi ; or il est clair qu'en « peu de temps le globe ne suffirait plus à nourrir tant d'animaux. » Il aprouvé aussi la nécessité de la douleur pour un être doué de sentiment, placé dans un monde où règnent des lois générales, « L'homme impas-« sible est aussi contradictoire que l'homme immortel... La douleur « est le premier ressort de toutes les actions des animaux. » Il proposera les mêmes idées sous le nom d'Evémère (*Dialogues*). Enfin il dira (*Aventures de Jenni*) : « Il est impossible qu'un Dieu ne soit pas bon ,

P. S. Il est toujours malheureusement nécessaire d'avertir qu'il faut distinguer les objections que se fait un auteur de ses réponses aux objections, et ne pas prendre ce qu'il réfute pour ce qu'il adopte.

« mais les hommes sont pervers; ils font un détestable usage de la « liberté que ce grand Etre leur a donnée et dû leur donner, c'est-à- « dire de la puissance d'exécuter leurs volontés, sans quoi ils ne se- « raient que de pures machines, formées par un être méchant pour « être brisées par lui... Si le crime est sur la terre, la vertu y est « aussi. » Que veut donc encore Voltaire? La sagesse de Dieu n'est-elle pas justifiée? Dieu ne peut pas donner sa perfection : toute créature est donc imparfaite. Mais si le monde ne peut être le séjour de la sainteté absolue, il peut être le séjour de la vertu, acquise par la liberté, au prix du libre effort et de la douleur. La vertu est ce qu'il y a de plus beau, après la sainteté divine; et le monde qui la renferme, le plus beau après le monde divin. Voltaire joue l'ignorance, pour discréditer les systèmes et l'intolérance qu'ils engendrent; nous devons prendre cette ignorance pour ce qu'elle est, pour une tactique passagère, et faire notre profit des idées solides répandues dans ses écrits. (E. B.)

POËME
SUR LE DÉSASTRE DE LISBONNE
OU EXAMEN DE CET AXIOME,
TOUT EST BIEN.

O malheureux mortels ! ô terre déplorable !
O de tous les fléaux assemblage effroyable !
D'inutiles douleurs éternel entretien !
Philosophes trompés, qui criez *Tout est bien*,
Accourez, contemplez ces ruines affreuses,
Ces débris, ces lambeaux, ces cendres malheureuses,
Ces femmes, ces enfans l'un sur l'autre entassés,
Sous ces marbres rompus ces membres dispersés ;
Cent mille infortunés que la terre dévore,
Qui, sanglans, déchirés, et palpitans encore,
Enterrés sous leurs toits, terminent sans secours
Dans l'horreur des tourmens leurs lamentables jours !
Aux cris demi-formés de leurs voix expirantes,
Au spectacle effrayant de leurs cendres fumantes,
Direz-vous : C'est l'effet des éternelles lois,
Qui d'un Dieu libre et bon nécessitent le choix ?
Direz-vous, en voyant cet amas de victimes :
Dieu s'est vengé, leur mort est le prix de leurs crimes ?

Quel crime, quelle faute ont commis ces enfans
Sur le sein maternel écrasés et sanglans?
Lisbonne qui n'est plus eut-elle plus de vices
Que Londres, que Paris, plongés dans les délices?
Lisbonne est abymée, et l'on danse à Paris.
Tranquilles spectateurs, intrépides esprits,
De vos frères mourans contemplant les naufrages,
Vous recherchez en paix les causes des orages :
Mais du sort ennemi quand vous sentez les coups,
Devenus plus humains, vous pleurez comme nous.
Croyez-moi, quand la terre entr'ouvre ses abymes,
Ma plainte est innocente, et mes cris légitimes.
Partout environnés des cruautés du sort,
Des fureurs des méchans, des piéges de la mort,
De tous les élémens éprouvant les atteintes,
Compagnons de nos maux, permettez-nous les plaintes.
C'est l'orgueil, dites-vous, l'orgueil séditieux,
Qui prétend qu'étant mal nous pouvions être mieux.
Allez interroger les rivages du Tage;
Fouillez dans les débris de ce sanglant ravage ;
Demandez aux mourans, dans ce séjour d'effroi,
Si c'est l'orgueil qui crie : « O ciel, secourez-moi!
« O ciel, ayez pitié de l'humaine misère! »
Tout est bien, dites-vous, *et tout est nécessaire*.
Quoi! l'univers entier, sans ce gouffre infernal,
Sans engloutir Lisbonne, eût-il été plus mal?
Êtes-vous assurés que la cause éternelle,
Qui fait tout, qui sait tout, qui créa tout pour elle,
Ne pouvait nous jeter dans ces tristes climats

Sans former des volcans allumés sous nos pas?
Borneriez-vous ainsi la suprême puissance?
Lui défendriez-vous d'exercer sa clémence?
L'éternel Artisan n'a-t-il pas dans ses mains
Des moyens infinis tout prêts pour ses desseins?
Je désire humblement, sans offenser mon maître,
Que ce gouffre enflammé de soufre et de salpêtre
Eût allumé ses feux dans le fond des déserts.
Je respecte mon Dieu, mais j'aime l'univers.
Quand l'homme ose gémir d'un fléau si terrible,
Il n est point orgueilleux, hélas ! il est sensible.
   Les tristes habitans de ces bords désolés
Dans l'horreur des tourmens seraient-ils consolés
Si quelqu'un leur disait: « Tombez, mourez tranquilles;
« Pour le bonheur du monde on détruit vos asiles;
« D'autres mains vont bâtir vos palais embrasés;
« D'autres peuples naîtront dans vos murs écrasés;
« Le Nord va s'enrichir de vos pertes fatales;
« Tous vos maux sont un bien dans les lois générales;
« Dieu vous voit du même œil que les vils vermisseaux
« Dont vous serez la proie au fond de vos tombeaux. »
A des infortunés quel horrible langage!
Cruels, à mes douleurs n'ajoutez point l'outrage.
   Non, ne présentez plus à mon cœur agité
Ces immuables lois de la nécessité,
Cette chaîne des corps, des esprits, et des mondes.
O rêves de savans! ô chimères profondes!
Dieu tient en main la chaîne, et n'est point enchaîné [1];
Par son choix bienfesant tout est déterminé:

Il est libre, il est juste, il n'est point implacable.
Pourquoi donc souffrons-nous sous un maître équitable[2] ?
Voilà le nœud fatal qu'il fallait délier.
Guérirez-vous nos maux en osant les nier?
Tous les peuples, tremblans sous une main divine,
Du mal que vous niez ont cherché l'origine.
Si l'éternelle loi qui meut les élémens
Fait tomber les rochers sous les efforts des vents,
Si les chênes touffus par la foudre s'embrasent,
Ils ne ressentent point les coups qui les écrasent :
Mais je vis, mais je sens, mais mon cœur opprimé
Demande des secours au Dieu qui l'a formé
Enfans du Tout-Puissant, mais nés dans la misère,
Nous étendons les mains vers notre commun père.
Le vase, on le sait bien, ne dit point au potier,
Pourquoi suis-je si vil, si faible, et si grossier?
Il n'a point la parole, il n'a point la pensée ;
Cette urne en se formant qui tombe fracassée,
De la main du potier ne reçut point un cœur
Qui desirât les biens et sentît son malheur.
Ce malheur, dites-vous, est le bien d'un autre être.
De mon corps tout sanglant mille insectes vont naître:
Quand la mort met le comble aux maux que j'ai soufferts,
Le beau soulagement d'être mangé des vers !
Tristes calculateurs des misères humaines,
Ne me consolez point, vous aigrissez mes peines;
Et je ne vois en vous que l'effort impuissant
D'un fier infortuné qui feint d'être content.
Je ne suis du grand *tout* qu'une faible partie :

Oui ; mais les animaux condamnés à la vie,
Tous les êtres sentans, nés sous la même loi,
Vivent dans la douleur, et meurent comme moi.
 Le vautour acharné sur sa timide proie
De ses membres sanglans se repaît avec joie ;
Tout semble bien pour lui ; mais bientôt à son tour
Une aigle au bec tranchant dévore le vautour ;
L'homme d'un plomb mortel atteint cette aigle altière ;
Et l'homme aux champs de Mars couché sur la poussière,
Sanglant, percé de coups, sur un tas de mourans,
Sert d'aliment affreux aux oiseaux dévorans.
Ainsi du monde entier tous les membres gémissent ;
Nés tous pour les tourmens, l'un par l'autre ils périssent ;
Et vous composerez, dans ce chaos fatal
Des malheurs de chaque être un bonheur général !
Quel bonheur ! ô mortel et faible et misérable !
Vous criez *Tout est bien* d'une voix lamentable ;
L'univers vous dément, et votre propre cœur
Cent fois de votre esprit a réfuté l'erreur.
 Élémens, animaux, humains, tout est en guerre.
Il le faut avouer, le *mal* est sur la terre :
Son principe secret ne nous est point connu.
De l'auteur de tout bien le mal est-il venu ?
Est-ce le noir Typhon [3], le barbare Arimane [4],
Dont la loi tyrannique à souffrir nous condamne ?
Mon esprit n'admet point ces monstres odieux,
Dont le monde en tremblant fit autrefois des dieux.
 Mais comment concevoir un Dieu, la bonté même,
Qui prodigua ses biens à ses enfans qu'il aime,

Et qui versa sur eux les maux à pleines mains?
Quel œil peut pénétrer dans ses profonds desseins?
De l'Être tout parfait le mal ne pouvait naître ;
Il ne vient point d'autrui [5] puisque Dieu seul est maître ;
Il existe pourtant. O tristes vérités !
O mélange étonnant de contrariétés !
Un Dieu vint consoler notre race affligée ;
Il visita la terre, et ne l'a point changée !
Un sophiste arrogant nous dit qu'il ne l'a pu ;
Il le pouvait, dit l'autre, et ne l'a point voulu :
Il le voudra, sans doute ; et, tandis qu'on raisonne,
Des foudres souterrains engloutissent Lisbonne,
Et de trente cités dispersent les débris,
Des bords sanglants du Tage à la mer de Cadix.

Ou l'homme est né coupable, et Dieu punit sa race;
Ou ce maître absolu de l'être et de l'espace,
Sans courroux, sans pitié, tranquille, indifférent,
De ses premiers décrets suit l'éternel torrent ;
Ou la matière informe, à son maître rebelle,
Porte en soi des défauts *nécessaires* comme elle ;
Ou bien Dieu nous éprouve, et ce séjour mortel [6]
N'est qu'un passage étroit vers un monde éternel.
Nous essuyons ici des douleurs passagères :
Le trépas est un bien qui finit nos misères.
Mais quand nous sortirons de ce passage affreux
Qui de nous prétendra mériter d'être heureux?

Quelque parti qu'on prenne, on doit frémir sans doute;
Il n'est rien qu'on connaisse, et rien qu'on ne redoute.
La nature est muette, on l'interroge en vain.

On a besoin d'un Dieu qui parle au genre humain.
Il n'appartient qu'à lui d'expliquer son ouvrage,
De consoler le faible, et d'éclairer le sage.
L'homme, au doute, à l'erreur, abandonné sans lui,
Cherche en vain des roseaux qui lui servent d'appui.
Leibnitz ne m'apprend point par quels nœuds invisibles,
Dans le mieux ordonné des univers possibles
Un désordre éternel, un chaos de malheurs,
Mêle à nos vains plaisirs de réelles douleurs;
Ni pourquoi l'innocent, ainsi que le coupable,
Subit également ce mal inévitable.
Je ne conçois pas plus comment tout serait bien :
Je suis comme un docteur; hélas! je ne sais rien.
Platon dit qu'autrefois l'homme avait eu des ailes,
Un corps impénétrable aux atteintes mortelles;
La douleur, le trépas, n'approchaient point de lui :
De cet état brillant qu'il diffère aujourd'hui!
Il rampe, il souffre, il meurt; tout ce qui naît expire;
De la destruction la nature est l'empire.
Un faible composé de nerfs et d'ossemens
Ne peut être insensible au choc des élémens;
Ce mélange de sang, de liqueurs et de poudre,
Puisqu'il fut assemblé, fut fait pour se dissoudre;
Et le sentiment prompt de ces nerfs délicats
Fut soumis aux douleurs, ministres du trépas :
C'est là ce que m'apprend la voix de la nature.
J'abandonne Platon, je rejette Épicure.
Bayle en sait plus qu'eux tous; je vais le consulter :
La balance à la main, Bayle enseigne à douter [7]:

Assez sage, assez grand pour être sans système,
Il les a tous détruits, et se combat lui-même :
Semblable à cet aveugle en butte aux Philistins
Qui tomba sous les murs abattus par ses mains.
Que peut donc de l'esprit la plus vaste étendue?
Rien : le livre du sort se ferme à notre vue.
L'homme, étranger à soi, de l'homme est ignoré.
Que suis-je? où suis-je? où vais-je? et d'où suis-je tiré?
Atomes tourmentés sur cet amas de boue,
Que la mort engloutit, et dont le sort se joue,
Mais atomes pensans, atomes dont les yeux,
Guidés par la pensée, ont mesuré les cieux,
Au sein de l'infini nous élançons notre être,
Sans pouvoir un moment nous voir et nous connaître
Ce monde, ce théâtre et d'orgueil et d'erreur,
Est plein d'infortunés qui parlent de bonheur.
Tout se plaint, tout gémit en cherchant le bien-être :
Nul ne voudrait mourir, nul ne voudrait renaître [8].
Quelquefois, dans nos jours consacrés aux douleurs,
Par la main du plaisir nous essuyons nos pleurs ;
Mais le plaisir s'envole et passe comme une ombre.
Nos chagrins, nos regrets, nos pertes sont sans nombre.
Le passé n'est pour nous qu'un triste souvenir;
Le présent est affreux s'il n'est point d'avenir,
Si la nuit du tombeau détruit l'être qui pense.
Un jour tout sera bien, voilà notre espérance ;
Tout est bien aujourd'hui, voilà l'illusion.
Les sages me trompaient, et Dieu seul a raison.
Humble dans mes soupirs, soumis dans ma souffrance,

Je ne m'élève point contre la Providence.
Sur un ton moins lugubre on me vit autrefois
Chanter des doux plaisirs les séduisantes lois :
D'autres temps, d'autres mœurs : instruit par la vieillesse,
Des humains égarés partageant la faiblesse,
Dans une épaisse nuit cherchant à m'éclairer,
Je ne sais que souffrir, et non pas murmurer.
Un calife autrefois, à son heure dernière,
Au Dieu qu'il adorait dit pour toute prière :
« Je t'apporte, ô seul roi, seul être illimité,
« Tout ce que tu n'as pas dans ton immensité,
« Les défauts, les regrets, les maux, et l'ignorance. »
Mais il pouvait encore ajouter *l'espérance.*

NOTES SUR LE DÉSASTRE DE LISBONNE.

Dieu tient en main la chaîne, et n'est point enchaîné.

1 La chaîne universelle n'est point, comme on le dit, une gradation suivie qui lie tous les êtres. Il y a probablement une distance immense entre l'homme et la brute, entre l'homme et les substances supérieures ; il y a l'infini entre Dieu et toutes les substances. Les globes qui roulent autour de notre soleil n'ont rien de ces gradations insensibles, ni dans leur grosseur, ni dans leurs distances, ni dans leurs satellites.

Pope dit que l'homme ne peut savoir pourquoi les lunes de Jupiter sont moins grandes que Jupiter ; il se trompe en cela : c'est une erreur pardonnable qui a pu échapper à son beau génie. Il n'y a point de mathématicien qui n'eût fait voir au lord Bolingbrocke et à M. Pope que si Jupiter était plus petit que ses satellites, ils ne pourraient pas tourner autour de lui ; mais il n'y a point de mathématicien qui pût découvrir une gradation suivie dans les corps du système solaire.

Il n'est pas vrai que si on ôtait un atome du monde, le monde ne pourrait subsister ; et c'est ce que M. de Crousaz, savant géomètre, remarqua très bien dans son livre contre M. Pope. Il paraît qu'il avait raison en ce point, quoique sur d'autres il ait été invinciblement réfuté par MM. Warburton et Silhouette.

Cette chaîne des événemens a été admise et très ingénieusement défendue par le grand philosophe Leibnitz : elle mérite d'être éclaircie. Tous les corps, tous les événemens, dépendent d'autres corps et d'autres événemens. Cela est vrai ; mais tous les corps ne sont pas nécessaires à l'ordre et à la conservation de l'univers, et tous les événemens ne sont pas essentiels à la série des événemens. Une goutte d'eau, un grain de sable de plus ou de moins, ne peuvent rien changer à la constitution générale. La nature n'est asservie ni à aucune quantité précise, ni à aucune forme précise. Nulle planète ne se meut dans une courbe absolument régulière ; nul être connu n'est d'une figure précisément mathématique ; nulle quantité précise n'est requise pour nulle opération : la nature n'agit jamais rigoureusement. Ainsi on n'a aucune raison d'assurer qu'un atome de moins sur la terre serait la cause de la destruction de la terre.

Il en est de même des événemens : chacun d'eux a sa cause dans l'événement qui précède ; c'est une chose dont aucun philosophe n'a jamais douté. Si on n'avait pas fait l'opération césarienne à la mère de César, César n'aurait pas détruit la république ; il n'eût pas adopté Octave, et Octave n'eût pas laissé l'empire à Tibère. Maximilien épouse l'héritière de la Bourgogne et des Pays-Bas, et ce mariage devient la source de deux cents ans de guerre ; mais que César ait craché à droite ou à gauche, que l'héritière de Bourgogne ait arrangé sa coiffure d'une manière ou d'une autre, cela n'a certainement rien changé au système général.

Il y a donc des événemens qui ont des effets, et d'autres qui n'en ont pas. Il en est de leur chaîne comme d'un arbre généalogique ; on y voit des branches qui s'éteignent à la première génération, et d'autres qui continuent la race. Plusieurs événemens restent sans filiation. C'est ainsi que dans toute machine il y a des effets nécessaires au mouvement, et d'autres effets indifférens, qui sont la suite des premiers, et qui ne produisent rien. Les roues d'un carrosse servent à le faire marcher ; mais qu'elles fassent voler un peu plus ou un peu moins de poussière, le voyage se fait également. Tel est donc l'ordre général du monde, que les chaînons de la chaîne ne seraient point dérangés par un peu plus ou un peu moins de matière, par un peu plus ou un peu moins d'irrégularité.

La chaîne n'est pas dans un plein absolu ; il est démontré que les corps célestes font leurs révolutions dans l'espace non résistant. Tout l'espace n'est pas rempli. Il n'y a donc pas une suite de corps depuis un atome jusqu'à la plus reculée des étoiles ; il peut donc y avoir des intervalles immenses entre les êtres sensibles, comme entre les insensibles. On ne peut donc assurer que l'homme soit nécessairement placé dans un des chaînons attachés l'un à l'autre par une suite non interrompue. *Tout est enchaîné* ne veut pas dire autre chose sinon que tout est arrangé. Dieu est la cause et le maître de cet arrangement. Le Jupiter d'Homère était l'esclave des destins; mais, dans une philosophie plus épurée, Dieu est le maître des destins. Voyez Clarke, *Traité de l'existence de Dieu.*

2 Sub Deo justo nemo miser nisi mereatur. (*Saint Augustin.*)

3 Principe du mal chez les Égyptiens.

4 Principe du mal chez les Perses.

5 C'est-à-dire d'un autre principe.

6 Voilà, avec l'opinion des deux principes, toutes les solutions qui se présentent à l'esprit humain dans cette grande difficulté.

7 *La balance à la main, Bayle enseigne à douter.*

Une centaine de remarques répandues dans le dictionnaire de Bayle lui ont fait une réputation immortelle. Il a laissé la dispute sur l'origine du mal indécise. Chez lui toutes les opinions sont exposées; toutes les raisons qui les soutiennent, toutes les raisons qui les ébranlent, sont également approfondies; c'est l'avocat général des philosophes, mais il ne donne point ses conclusions. Il est comme Cicéron, qui souvent, dans ses ouvrages philosophiques, soutient son caractère d'académicien indécis, ainsi que l'a remarqué le savant et judicieux abbé d'Olivet.

Je crois devoir essayer ici d'adoucir ceux qui s'acharnent depuis quelques années avec tant de violence et si vainement contre Bayle : j'ai tort de dire vainement; car ils ne servent qu'à le faire lire avec plus d'avidité. Il devraient apprendre de lui à raisonner et à être modérés ; jamais d'ailleurs le philosophe Bayle n'a nié ni la Providence, ni l'immortalité de l'âme. On traduit Cicéron, on le commente, on le fait servir à l'éducation des princes; mais que trouve-t-on presque à chaque page dans Cicéron, parmi plusieurs choses admirables? On y trouve que « s'il est une Providence, elle est blâmable d'avoir donné « aux hommes une intelligence dont elle savait qu'ils devaient abuser.» *Sic vestra ista Providentia reprehendenda, quæ rationem dederit iis quos scierit ea perverse et improbe usuros.* (De Natura déorum, lib. III, c. 31.)

« Jamais personne n'a cru que la vertu vînt des dieux, et on a eu « raison » *Virtutem autem nemo unquam acceptam Deo retulit; nimirum recte.* (Ibid., c. 38.)

Et ce qu'il y a de plus étrange, c'est que Cicéron finit son livre de la *Nature des dieux* sans réfuter de telles assertions. Il soutient en cent endroits la mortalité de l'âme dans ses *Tusculanes*, après avoir soutenu son immortalité.

Il y a bien plus: c'est à tout le sénat de Rome qu'il dit, dans son plaidoyer pour Cluentius : « Quel mal lui a fait la mort? Nous rejetons « tous les fables ineptes des enfers; qu'est-ce donc que la mort lui a « ôté, sinon le sentiment des douleurs? » *Quid tandem illi mali mors attulit? nisi forte ineptiis ac fabulis ducimur, ut existimemus illum apud inferos impiorum supplicia perferre... quæ si falsa sunt, id quod omnes intelligunt, quid ei tandem aliud mors eripuit præter sensum doloris?* (C. LXI.)

Enfin dans ses lettres où le cœur parle, ne dit-il pas : *Si non ero, sensu omnino carebo?* « Quand je ne serai plus, tout sentiment périra « avec moi. » (*Ep. fam.*, lib. VI, ep. 3.)

Jamais Bayle n'a rien dit d'approchant. Cependant on met Cicéron entre les mains de la jeunesse : on se déchaîne contre Bayle : pourquoi ? c'est que les hommes sont inconséquens, c'est qu'ils sont injustes.

[8] On trouve difficilement une personne qui voulût recommencer la même carrière qu'elle a parcourue, et repasser par les mêmes événemens (1757).

DIALOGUE VII.

LUCRÈCE ET POSIDONIUS[1].

PREMIER ENTRETIEN.

POSIDONIUS.

Votre poésie est quelquefois admirable ; mais la physique d'Epicure me paraît bien mauvaise.

LUCRÈCE.

Quoi ! vous ne voulez pas convenir que les atomes se sont arrangés d'eux-mêmes de façon qu'ils ont produit cet univers?

POSIDONIUS.

Nous autres mathématiciens nous ne pouvons convenir que des choses qui sont prouvées évidemment par des principes incontestables.

LUCRÈCE.

Mes principes le sont.

Ex nihilo nihil, in nihilum nil posse reverti;
Tangere enim et tangi nisi corpus nulla potest res.

« Que rien ne vient de rien, rien ne retourne à rien ;
« Et qu'un corps n'est touché que par un autre corps. »

POSIDONIUS.

Quand je vous aurais accordé ces principes, et même les atomes et le vide, vous ne me persuaderiez pas plus que l'univers s'est arrangé de lui-même dans l'ordre admirable

[1] 1757.

où nous le voyons, que si vous disiez aux Romains que la sphère armillaire composée par Posidonius s'est faite toute seule.

LUCRÈCE.

Mais qui donc aura fait le monde?

POSIDONIUS.

Un être intelligent, plus supérieur au monde et à moi que je ne le suis au cuivre dont j'ai composé ma sphère.

LUCRÈCE.

Vous qui n'admettez que des choses évidentes, comment pouvez-vous reconnaître un principe dont vous n'avez d'ailleurs aucune notion?

POSIDONIUS.

Comme, avant de vous avoir connu, j'ai jugé que votre livre était d'un homme d'esprit.

LUCRÈCE.

Vous avouez que la matière est éternelle, qu'elle existe parce qu'elle existe; or, si elle existe par sa nature, pourquoi ne peut-elle pas former par sa nature des soleils, des mondes, des plantes, des animaux, des hommes?

POSIDONIUS.

Tous les philosophes qui nous ont précédés ont cru la matière éternelle, mais ils ne l'ont pas démontré; et, quand elle serait éternelle, il ne s'ensuit point du tout qu'elle puisse former des ouvrages dans lesquels éclatent tant de sublimes desseins. Cette pierre aurait beau être éternelle, vous ne me persuadez point qu'elle puisse produire l'*Iliade* d'Homère.

LUCRÈCE.

Non ; une pierre ne composera point l'*Iliade*, non plus qu'elle ne produira un cheval ; mais la matière, organisée avec le temps, et devenue un mélange d'os, de chair et de sang, produira un cheval, et, organisée plus finement, composera l'*Iliade*.

POSIDONIUS.

Vous le supposez sans aucune preuve, et je ne dois rien admettre sans preuve. Je vais vous donner des os, du sang, de la chair, tout faits ; je vous laisserai travailler, vous et tous les épicuriens du monde : consentiriez-vous à faire le marché de posséder l'empire romain si vous venez à bout de faire un cheval avec les ingrédiens tout préparés, ou à être pendu si vous n'en pouvez venir à bout ?

LUCRÈCE.

Non ; cela passe mes forces, mais non pas celles de la nature. Il faut des millions de siècles pour que la nature, ayant passé par toutes les formes possibles, arrive enfin à la seule qui puisse produire des êtres vivans.

POSIDONIUS.

Vous aurez beau remuer dans un tonneau, pendant toute votre vie, tous les matériaux de la terre mêlés ensemble, vous n'en tirerez pas seulement une figure régulière ; vous ne produirez rien. Si le temps de votre vie ne peut suffire à produire seulement un champignon, le temps de la vie d'un autre homme y suffira-t-il ? Ce qu'un siècle n'a pas fait, pourquoi plusieurs siècles pourraient-ils le faire? Il faudrait avoir vu naître des hommes et des animaux du sein de la terre, et des blés sans germe, etc. etc., pour oser affirmer que la matière toute seule se donne de telles formes : personne, que je sache, n'a vu cette opération ; personne ne doit donc y croire.

LUCRÈCE.

Hé bien ! les hommes, les animaux, les arbres, auront toujours été. Tous les philosophes conviennent que la matière est éternelle ; ils conviendront que les générations le sont aussi. C'est la nature de la matière qu'il y ait des astres qui tournent, des oiseaux qui volent, des chevaux qui courent, et des hommes qui fassent des *Iliades*.

POSIDONIUS.

Dans cette supposition nouvelle, vous changez de sentiment : mais vous supposez toujours ce qui est en question ; vous admettez une chose dont vous n'avez pas la plus légère preuve.

LUCRÈCE.

Il m'est permis de croire que ce qui est aujourd'hui était hier, était il y a un siècle, il y a cent siècles, et ainsi en remontant sans fin. Je me sers de votre argument : personne n'a jamais vu le soleil et les astres commencer leur carrière, les premiers animaux se former et recevoir la vie ; on peut donc penser que tout a été éternellement comme il est.

POSIDONIUS.

Il y a une grande différence. Je vois un dessein admirable, et je dois croire qu'un être intelligent a formé ce dessein.

LUCRÈCE.

Vous ne devez pas admettre un être dont vous n'avez aucune connaissance.

POSIDONIUS.

C'est comme si vous me disiez que je ne dois pas croire qu'un architecte a bâti le Capitole, parce que je n'ai pu voir cet architecte.

LUCRÈCE.

Votre comparaison n'est pas juste. Vous avez vu bâtir des maisons, vous avez vu des architectes; ainsi vous devez penser que c'est un homme semblable aux architectes d'aujourd'hui qui a bâti le Capitole. Mais ici les choses ne vont pas de même: le Capitole n'existe point par sa nature, et la matière existe par sa nature. Il est impossible qu'elle n'ait pas une certaine forme. Or pourquoi ne voulez-vous pas qu'elle possède par sa nature la forme qu'elle a aujourd'hui? Ne vous est-il pas beaucoup plus aisé de reconnaître la nature qui se modifie elle-même que de reconnaître un être invisible qui la modifie? dans le premier cas vous n'avez qu'une difficulté, qui est de comprendre comment la nature agit; dans le second cas vous avez deux difficultés, qui sont de comprendre et cette même nature, et un être inconnu qui agit sur elle.

POSIDONIUS.

C'est tout le contraire. Je vois non seulement de la difficulté, mais de l'impossibilité à comprendre que la matière puisse avoir des desseins infinis, et je ne vois aucune difficulté à admettre un être intelligent qui gouverne cette matière par ses desseins infinis et par sa volonté toute-puissante.

LUCRÈCE

Quoi! c'est donc parce que votre esprit ne peut comprendre une chose qu'il en suppose une autre? c'est donc parce que vous ne pouvez saisir l'artifice et les ressorts nécessaires par lesquels la nature s'est arrangée en planètes, en soleil, en animaux, que vous recourez à un autre être?

POSIDONIUS.

Non. Je n'ai pas recours à un Dieu parce que je ne puis comprendre la nature, mais je comprends évidemment que la nature a besoin d'une intelligence suprême; et cette seule raison me prouverait un Dieu, si je n'avais pas d'ailleurs d'autres preuves.

LUCRÈCE.

Et si cette matière avait par elle-même l'intelligence?

POSIDONIUS.

Il est évident qu'elle ne la possède point.

LUCRÈCE.

Et à moi il est évident qu'elle la possède, puisque je vois des corps comme vous et moi qui raisonnent.

POSIDONIUS.

Si la matière possédait par elle-même la pensée, il faudrait que vous dissiez qu'elle la possède nécessairement. Or, si cette propriété lui était nécessaire, elle l'aurait en tout temps et en tous lieux : car ce qui est *nécessaire* à une chose ne peut jamais en être séparé. Un morceau de boue, le plus vil excrément penserait; or certainement vous ne diriez pas que du fumier pense : la pensée n'est donc pas un attribut nécessaire à la matière.

LUCRÈCE.

Votre raisonnement est un sophisme. Je tiens le mouvement *nécessaire* à la matière; cependant ce fumier, ce tas de boue, ne sont pas actuellement en mouvement; ils y seront quand quelque corps les poussera. De même la pensée ne sera l'attribut d'un corps que quand ce corps sera organisé pour penser.

POSIDONIUS.

Votre erreur vient de ce que vous supposez toujours ce qui est en question. Vous ne voyez pas que pour organiser un corps, le faire homme, le rendre pensant, il faut déjà de la pensée, il faut un dessein arrêté. Or vous ne pouvez admettre des desseins avant que les seuls êtres qui ont ici-bas des desseins soient formés; vous ne pouvez admettre des pensées avant que les êtres qui ont des pensées existent. Vous supposez encore ce qui est en question quand vous dites que le mouvement est nécessaire à la matière : car ce qui est absolument nécessaire existe toujours, comme l'étendue existe toujours dans toute matière; or le mouvement n'existe pas toujours. Les pyramides d'Égypte ne sont certainement pas en mouvement : une matière subtile aurait beau passer entre les pierres des pyramides d'Égypte, la masse de la pyramide est immobile. Le mouvement n'est donc pas absolument nécessaire à la matière; il lui vient d'ailleurs, ainsi que la pensée vient d'ailleurs aux hommes. Il y a donc un être intelligent et puissant qui donne le mouvement, la vie et la pensée.

LUCRÈCE.

Je peux vous répondre en disant qu'il y a toujours eu du mouvement et de l'intelligence dans le monde : ce mouvement et cette intelligence se sont distribués de tout temps, suivant les lois de la nature. La matière étant éternelle, il était impossible que son existence ne fût pas dans quelque ordre; elle ne pouvait être dans aucun ordre sans le mouvement et sans la pensée ; il fallait donc que l'intelligence et le mouvement fussent en elle.

POSIDONIUS.

Quelque chose que vous fassiez, vous ne pouvez jamais que faire des suppositions. Vous supposez un ordre ; il faut donc qu'il y ait une intelligence qui ait arrangé cet ordre. Vous supposez le mouvement et la pensée avant que la matière fût en mouvement et qu'il y eût des hommes et des pensées. Vous ne pouvez nier que la pensée n'est pas essentielle à la matière, puisque vous n'osez pas dire qu'un caillou pense. Vous ne pouvez opposer que des *peut-être* à la vérité qui vous presse ; vous sentez l'impuissance de la matière, et vous êtes forcé d'admettre un Être suprême, intelligent, tout-puissant, qui a organisé la matière et les êtres pensans. Les desseins de cette intelligence supérieure éclatent de toutes parts, et vous devez les apercevoir dans un brin d'herbe comme dans le cours des astres. On voit que tout est dirigé à une fin certaine.

LUCRÈCE.

Ne prenez-vous point pour un dessein ce qui n'est qu'une existence nécessaire ? ne prenez-vous point pour une fin ce qui n'est qu'un usage que nous fesons des choses qui existent ? Les Argonautes ont bâti un vaisseau pour aller à Colchos ; direz-vous que les arbres ont été créés pour que les Argonautes bâtissent un vaisseau, et que la mer a été faite pour que les Argonautes entreprissent leur navigation ? Les hommes portent des chaussures ; direz-vous que les jambes ont été faites par un Être suprême pour être chaussées ? non, sans doute : mais les Argonautes ayant vu du bois, en ont bâti un navire, et ayant connu que l'eau pouvait porter ce navire, ils ont entrepris leur voyage. De même, après une infinité de formes et de combinaisons que la matière avait prises, il s'est trouvé que les humeurs et la cornée transparente qui composent l'œil, séparées autrefois dans différentes parties du corps humain, ont été réunies dans la tête, et les animaux ont commencé à voir. La matière du soleil, long-temps répandue et écartée dans l'espace, s'est conglobée et a fait l'astre qui nous éclaire. Y a-t-il à tout cela de l'impossibilité?

POSIDONIUS.

En vérité, vous ne pouvez pas avoir sérieusement recours à un tel système. Premièrement, en adoptant cette hypothèse vous abandonneriez les générations éternelles dont vous parliez tout à l'heure. Secondement, vous vous trompez sur les causes finales. Il y a des usages volontaires que nous fesons des présens de la nature : il y a des effets indispensables. Les Argonautes pouvaient ne pas employer les arbres des forêts pour en faire un vaisseau ; mais ces arbres étaient visiblement destinés à croître sur la terre, à donner des fruits et des feuilles. On peut ne point couvrir ses jambes d'une chaussure ; mais la jambe est visiblement faite pour porter le corps et pour marcher, les yeux pour voir, les oreilles pour entendre. Si vous considérez que d'une étoile placée à quatre ou cinq cents millions de lieues de nous, il part des traits de lumière qui viennent faire le même angle déterminé dans les yeux de chaque animal, et que tous les animaux ont à l'instant la sensation de la lumière, vous m'avouerez qu'il y a là une mécanique, un dessein admirable. Or n'est-il pas déraisonnable d'admettre une mécanique sans artisan, un dessein sans intelligence, et de tels desseins sans un Être suprême?

LUCRÈCE.

Si j'admets cet Être suprême, quelle forme aura-t-il? Sera-t-il en un lieu? sera-t-il hors de tout lieu? Sera-t-il dans le temps, hors du temps? Remplira-t-il tout l'espace, ou non? Pourquoi aura-t-il fait ce monde? quel est son but? Pourquoi former des êtres sensibles et malheureux? Pourquoi le mal moral et le mal physique? De quelque côté que je tourne mon esprit, je ne vois que l'incompréhensible.

POSIDONIUS.

C'est précisément parce que cet Être suprême existe que sa nature doit être incompréhensible : car s'il existe, il doit y avoir l'infini entre lui et nous. Nous devons admettre qu'il est, sans savoir ce qu'il est, et comment il opère. N'êtes-vous pas forcé d'admettre les asymptotes en géométrie, sans comprendre comment ces lignes peuvent s'approcher toujours, et ne se toucher jamais? N'y a-t-il pas des choses aussi incompréhensibles que démontrées dans les propriétés du cercle? Concevez donc qu'on doit admettre l'incompréhensible, quand l'existence de cet incompréhensible est prouvée.

LUCRÈCE.

Quoi! il me faudrait renoncer aux dogmes d'Épicure?

POSIDONIUS.

Il vaut mieux renoncer à Épicure qu'à la raison.

HOMÉLIE

SUR L'ATHÉISME[1].

MES FRÈRES,

Puissent mes paroles passer de mon cœur dans le vôtre! Puissé-je écarter les vaines déclamations, et n'être point un comédien en chaire qui cherche à faire applaudir sa voix, ses gestes et sa fausse éloquence! Je n'ai pas l'insolence de vous instruire; j'examine avec vous la vérité. Ce n'est ni l'espérance des richesses et des honneurs, ni l'attrait de la considération, ni la passion effrénée de dominer sur les esprits, qui anime ma faible voix. Choisi par vous pour m'éclairer avec vous, et non pour parler en maître, voyons ensemble, dans la sincérité de nos cœurs, ce que la raison, de concert avec l'intérêt du genre humain, nous ordonne de croire et de pratiquer. Nous devons commencer par l'existence d'un Dieu. Ce sujet a été traité chez toutes les nations; il est épuisé: c'est par cette raison-là même que je vous en parle; car vous préviendrez tout ce que je vous dirai; nous nous affermirons ensemble dans la connaissance de notre premier devoir; nous sommes ici des enfans assemblés pour nous entretenir de notre père.

[1] 1767.

C'est une belle démarche de l'esprit humain, un élancement divin de notre raison, si j'ose ainsi parler, que cet ancien argument : *J'existe ; donc quelque chose existe de toute éternité.* C'est embrasser tous les temps du premier pas et du premier coup d'œil. Rien n'est plus grand ; mais rien n'est plus simple. Cette vérité est aussi démontrée que les propositions les plus claires de l'arithmétique et de la géométrie ; elle peut étonner un moment un esprit inattentif ; mais elle le subjugue invinciblement le moment d'après : enfin, elle n'a été niée par personne ; car à l'instant qu'on réfléchit, on voit évidemment que si rien n'existait de toute éternité, tout serait produit par le néant ; notre existence n'aurait nulle cause : ce qui est une contradiction absurde.

Nous sommes intelligens, donc il y a une intelligence éternelle. L'univers ne nous atteste-t-il pas qu'il est l'ouvrage de cette intelligence ? Si une simple maison bâtie sur la terre, ou un vaisseau qui fait sur les mers le tour de notre petit globe, prouve invinciblement l'existence d'un ouvrier, le cours des astres et toute la nature démontrent l'existence de leur auteur.

Non, me répond un partisan de Straton ou de Zénon, le mouvement est essentiel à la matière ; toutes les combinaisons sont possibles avec le mouvement ; donc dans un mouvement éternel il fallait absolument que la combinaison de l'univers actuel eût sa place. Jetez mille dés pendant l'éternité, il faudra que la chance de mille surfaces semblables arrive, et on assigne même ce qu'on doit parier pour et contre.

Ce sophisme a souvent étonné des esprits sages, et confondu les superficiels ; mais voyons s'il n'est pas une illusion trompeuse.

Premièrement, il n'y a nulle preuve que le mouvement soit essentiel à la matière; au contraire, tous les sages conviennent qu'elle est indifférente au mouvement et au repos, et un seul atome ne remuant pas de sa place détruit l'opinion de ce mouvement essentiel.

Secondement, quand même il serait nécessaire que la matière fût en motion, comme il est nécessaire qu'elle soit figurée, cela ne prouverait rien contre l'Intelligence qui dirige son mouvement et qui modèle ses diverses figures.

Troisièmement, l'exemple de mille dés qui amènent une chance est bien plus étranger à la question qu'on ne croit. Il ne s'agit pas de savoir si le mouvement rangera différemment des cubes; il est sans doute très-possible que mille dés amènent mille *six* ou mille *as*, quoique cela soit très difficile. Ce n'est là qu'un arrangement de matière sans aucun dessein, sans organisation, sans utilité; mais que le mouvement seul produise des êtres pourvus d'organes, dont le jeu est incompréhensible; que ces organes soient toujours proportionnés les uns aux autres; que des efforts innombrables produisent des effets innombrables dans une régularité qui ne se dément jamais; que tous les êtres vivans produisent leurs semblables; que le sentiment de la vue, qui au fond n'a rien de commun avec les yeux, s'exerce toujours quand les yeux reçoivent les rayons qui partent des objets; que le sentiment de l'ouïe, qui est totalement étranger à l'oreille, nous fasse à tous entendre les mêmes sons quand l'oreille est frappée des vibrations de l'air: c'est là le véritable nœud de la question; c'est là ce que nulle combinaison ne peut opérer sans un artisan. Il n'y a nul rapport des mouvemens de la matière au sentiment, encore moins à la pensée. Une éternité de tous les mouvemens possibles ne donnera jamais, ni une sensation, ni une idée; et, qu'on me le pardonne, il faut avoir perdu le sens ou la bonne foi, pour dire que le seul mouvement de la matière fait des êtres sentans et pensans.

Aussi Spinosa, qui raisonnait méthodiquement, avouait-il qu'il y a dans le monde une Intelligence universelle.

Cette Intelligence, dit-il avec plusieurs philosophes, existe nécessairement avec la matière; elle en est l'âme; l'une ne peut être sans l'autre. L'Intelligence universelle brille dans les astres, nage dans les élémens, pense dans les hommes, végète dans les plantes.

Mens agitat molem, et magno se corpore miscet.

VIRG. ÆN. VI.

Ils sont donc forcés de reconnaître une Intelligence suprême; mais ils la font aveugle et purement mécanique; ils ne la connaissent point comme un principe libre, indépendant et puissant.

Il n'y a selon eux qu'une seule substance, et une substance n'en peut produire une autre. Cette substance est l'universalité des choses, qui est à la fois pensante, sentante, étendue, figurée.

Mais raisonnons de bonne foi : n'apercevons-nous pas un choix dans tout ce qui existe? pourquoi y a-t-il un certain nombre d'espèces? ne pourrait-il pas évidemment en exister moins? ne pourrait-il pas en exister davantage? Pourquoi, dit le judicieux Clarke, les planètes tournent-elles en un sens plutôt qu'en un autre? J'avoue que parmi d'autres argumens plus forts, celui-ci me frappe vivement : Il y a un choix; donc il y a un maître qui agit par sa volonté.

Cet argument est encore combattu par nos adversaires; vous les entendez dire tous les jours : Ce que vous voyez est nécessaire, puisqu'il existe. Hé bien! leur répondrai-je : Tout ce qu'on pourra déduire de votre supposition, c'est que pour former le monde il était nécessaire que l'Intelligence suprême fît un choix ; ce choix est fait : nous sentons, nous pensons en vertu des rapports que Dieu a mis entre nos perceptions et nos organes. Examinez, d'un côté, des nerfs et des fibres, de l'autre, des pensées sublimes, et avouez qu'un Être suprême peut seul allier des choses si dissemblables.

Quel est cet Être? existe-t-il dans l'immensité? l'espace est-il un de ses attributs? est-il dans un lieu, ou en tous lieux, ou hors d'un lieu? Puisse-t-il me préserver à jamais d'entrer dans ces subtilités métaphysiques! J'abuserais trop de ma faible raison, si je cherchais à comprendre pleinement l'Être qui, par sa nature et par la mienne, doit m'être incompréhensible. Je ressemblerais à un insensé, qui, sachant qu'une maison a été bâtie par un architecte, croirait que cette seule notion suffit pour connaître à fond sa personne.

Bornons donc notre insatiable et inutile curiosité; attachons-nous à notre véritable intérêt. L'Artisan suprême qui a fait le monde et nous est-il notre maître? est-il bienfesant? lui devons-nous de la reconnaissance?

Il est notre maître sans doute : nous sentons à tous momens un pouvoir aussi invisible qu'irrésistible. Il est notre bienfaiteur, puisque nous vivons. Notre vie est un bienfait puisque nous aimons tous la vie, quelque misérable qu'elle puisse devenir. Le soutien de cette vie nous a été donné par cet Être suprême et incompréhensible, puisque nul de nous ne peut former la moindre des plantes, dont nous tirons la nourriture qu'il nous donne, et puisque même nul de nous ne sait comment ces végétaux se forment.

L'ingrat peut dire qu'il fallait absolument que Dieu nous fournît des alimens, s'il voulait que nous existassions un certain temps. Il dira : Nous sommes des machines qui se succèdent les unes aux autres, et dont la plupart tombent brisées et fracassées dès les premiers pas de leur carrière. Tous les élémens conspirent à nous détruire, et nous allons par les souffrances à la mort. Tout cela n'est que trop vrai ; mais aussi il faut convenir que s'il n'y avait qu'un seul homme qui eût reçu de la nature un corps sain et robuste, un sens droit, un cœur honnête, cet homme aurait de grandes grâces à rendre à son Auteur. Or, certainement, il y a beaucoup d'hommes à qui la nature a fait ces dons : ceux-là du moins doivent regarder Dieu comme bienfesant.

A l'égard de ceux que le concours des lois éternelles, établies par l'Être des êtres, a rendus misérables, que pouvons-nous faire, sinon les secourir ? Que pouvons-nous dire, sinon que nous ne savons pas [1] pourquoi ils sont misérables ?

Le mal inonde la terre. Qu'en inférerons-nous par nos faibles raisonnemens ? Qu'il n'y a point de Dieu ? mais il nous a été démontré qu'il existe. Dirons-nous que ce Dieu est méchant ? mais cette idée est absurde, horrible, contradictoire. Soupçonnerons-nous que Dieu est impuissant, et que celui qui a si bien organisé tous les astres n'a pu bien organiser tous les hommes ? cette supposition n'est pas moins intolérable. Dirons-nous qu'il y a un mauvais principe qui altère les ouvrages d'un principe bienfesant, ou qui en produit d'exécrables ? Mais pourquoi ce mauvais principe ne dérange-t-il pas le cours du reste de la nature ?

[1] Il en donnera, en plus d'un endroit, d'excellentes raisons. (E. B.)

Pourquoi s'acharnerait-il à tourmenter quelques faibles animaux sur un globe si chétif, pendant qu'il respecterait les autres ouvrages de son ennemi ? Comment n'attaquerait-il pas Dieu dans ces millions de mondes qui roulent régulièrement dans l'espace ? Comment deux dieux ennemis l'un de l'autre seraient-ils chacun également l'être nécessaire ? Comment subsisteraient-ils ensemble ?

Prendrons-nous le parti de l'optimisme ? ce n'est au fond que celui d'une fatalité désespérante. Le lord Shaftesbury, l'un des plus hardis philosophes d'Angleterre, accrédita le premier ce triste système. « Les lois, dit-il, du pouvoir « central et de la végétation, ne seront point changées « pour l'amour d'un chétif et faible animal, qui, tout pro-« tégé qu'il est par ces mêmes lois, sera bientôt réduit en « poussière. »

L'illustre lord Bolingbrocke est allé beaucoup plus loin ; et le célèbre Pope a osé redire que le bien général est composé de tous les maux particuliers.

Le seul exposé de ce paradoxe en démontre la fausseté. Il serait aussi raisonnable de dire que la vie est le résultat d'un nombre infini de morts, que le plaisir est formé de toutes les douleurs, et que la vertu est la somme de tous les crimes.

Le mal physique et le mal moral sont l'effet de la constitution de ce monde, sans doute ; et cela ne peut être autrement. Quand on dit que *tout est bien*, cela ne veut dire autre chose, sinon que tout est arrangé suivant des lois physiques : mais assurément tout n'est pas bien pour la foule innombrable des êtres qui souffrent, et de ceux qui font souffrir les autres. Tous les moralistes l'avouent dans leurs discours ; tous les hommes le crient dans les maux dont ils sont les victimes.

Quel exécrable soulagement prétendez-vous donner à des malheureux persécutés et calomniés, expirant dans les tourmens, en leur disant : *Tout est bien; vous n'avez rien à espérer de mieux?* Ce serait un discours à tenir à ces êtres qu'on suppose éternellement coupables, et qu'on dit nécessairement condamnés avant le temps à des supplices éternels.

Le stoïcien qu'on prétend avoir dit dans un violent accès de goutte, *Non, la goutte n'est point un mal*, avait un orgueil moins absurde que ces prétendus philosophes, qui, dans la pauvreté, dans la persécution, dans le mépris, dans toutes les horreurs de la vie la plus misérable, ont encore la vanité de crier *Tout est bien*. Qu'ils aient de la résignation, à la bonne heure, puisqu'ils feignent de ne vouloir pas de compassion; mais qu'en souffrant et en voyant presque toute la terre souffrir, ils disent *Tout est bien, sans aucune espérance de mieux*, c'est un délire déplorable.

Supposerons-nous enfin qu'un Être suprême nécessairement bon abandonne la terre à quelque être subalterne qui la ravage, à un geôlier qui nous met à la torture? Mais c'est faire de Dieu un tyran lâche, et qui, n'osant commettre le mal par lui-même, le fait continuellement commettre par ses esclaves.

Quel parti nous reste-t-il donc à prendre? n'est-ce pas celui que tous les sages de l'antiquité embrassèrent dans les Indes, dans la Chaldée, dans l'Egypte, dans la Grèce, dans Rome? celui de croire que Dieu nous fera passer de cette malheureuse vie à une meilleure, qui sera le développement de notre nature? Car enfin il est clair que nous avons éprouvé déjà différentes sortes d'existences. Nous étions avant qu'un nouvel assemblage d'organes nous contînt dans le sein de nos mères; notre être pendant neuf mois fut très différent de ce qu'il était auparavant; l'enfance ne ressembla point à l'embryon; l'âge mûr n'eut rien de l'enfance : la mort peut nous donner une manière différente d'exister.

Ce n'est là qu'une espérance, me crient des infortunés qui sentent et qui raisonnent; vous nous renvoyez à la boîte de Pandore; le mal est réel, et l'espérance peut n'être qu'une illusion : le malheur et le crime assiégent la vie que nous avons, et vous nous parlez d'une vie que nous n'avons pas, que nous n'aurons peut-être pas, et dont nous n'avons aucune idée. Il n'est aucun rapport de ce que nous sommes aujourd'hui avec ce que nous étions dans le sein de nos mères : quel rapport pourrions-nous avoir dans le sépulcre avec notre existence présente?

Les Juifs, que vous dites avoir été conduits par Dieu même, ne connurent jamais cette autre vie. Vous dites que Dieu leur donna des lois, et dans ces lois il ne se trouve pas un seul mot qui annonce les peines et les récompenses après la mort. Cessez donc de présenter une consolation chimérique à des calamités trop véritables.

Mes frères, ne répondons point encore en chrétiens à ces objections douloureuses; il n'est pas encore temps. Commençons à les réfuter avec les sages, avant de les confondre par le secours de ceux qui sont au-dessus des sages mêmes.

Nous ignorons [1] ce qui pense en nous, et par conséquent nous ne pouvons savoir si cet être inconnu ne survivra pas à notre corps. Il se peut physiquement qu'il y ait en nous une monade indestructible, une flamme cachée, une particule du feu divin, qui subsiste éternellement sous des

[1] Il n'est pas permis de l'ignorer; il est certain que le principe pensant est simple, spirituel. (Voy. Introduction, IV.) (E. B.)

apparences diverses. Je ne dirai pas que cela soit démontré; mais, sans vouloir tromper les hommes, on peut dire que nous avons autant de raison[1] de croire que de nier l'immortalité de l'être qui pense. Si les Juifs ne l'ont pas connue autrefois, ils l'admettent aujourd'hui. Toutes les nations policées sont d'accord sur ce point. Cette opinion si ancienne et si générale est la seule peut-être qui puisse justifier la Providence. Il faut reconnaître un Dieu rémunérateur et vengeur, ou n'en point reconnaître du tout. Il ne paraît pas qu'il y ait de milieu : ou il n'y a point de Dieu, ou Dieu est juste. Nous avons une idée de la justice, nous, dont l'intelligence est si bornée ; comment cette justice ne serait-elle pas dans l'Intelligence suprême? Nous sentons combien il serait absurde de dire que Dieu est ignorant, qu'il est faible, qu'il est menteur : oserons-nous dire qu'il est cruel? Il vaudrait mieux s'en tenir à la nécessité fatale des choses; il vaudrait mieux n'admettre qu'un destin invincible, que d'admettre un Dieu qui aurait fait une seule créature pour la rendre malheureuse.

On me dit que la justice de Dieu n'est pas la nôtre. J'aimerais autant qu'on me dît que l'égalité de deux fois deux et quatre n'est pas la même pour Dieu et pour moi. Ce qui est vrai l'est à mes yeux comme aux siens. Toutes les propositions mathématiques sont démontrées pour l'être fini comme pour l'Être infini. Il n'y a pas en cela deux différentes sortes de vrai. La seule différence est probablement

[1] L'immortalité de l'âme n'est point une vérité probable ; c'est une vérité mathématique. Dieu est sage, il proportionne les moyens à la fin, or la destinée de l'âme est immense et la vie physique mesurée à quelques jours. Dieu est juste, il donne à chacun selon ses œuvres ; or, toute punition et toute récompense n'est pas donnée ici-bas. Voltaire est plus affirmatif ailleurs (*Histoire de Jenni*, ch. XI), et quelques lignes plus bas. L'évidence a vaincu chez lui la peur de la métaphysique. (E. B.)

que l'Intelligence suprême comprend toutes les vérités à la fois, et que nous nous traînons à pas lents vers quelques-unes. S'il n'y a pas deux sortes de vérité dans la même proposition, pourquoi y aurait-il deux sortes de justice dans la même action? Nous ne pouvons comprendre la justice de Dieu que par l'idée que nous avons de la justice. C'est en qualité d'êtres pensans que nous connaissons le juste et l'injuste. Dieu infiniment pensant doit être infiniment juste.

Voyons, du moins, mes frères, combien cette croyance est utile, combien nous sommes intéressés à la graver dans les cœurs.

Il y a, chez tous les peuples qui font usage de leur raison, des opinions universelles qui paraissent empreintes par le Maître de nos cœurs. Telle est la persuasion de l'existence de Dieu et de sa justice miséricordieuse; tels sont les premiers principes de morale, communs aux Chinois, aux Indiens et aux Romains, et qui n'ont jamais varié, tandis que notre globe a été bouleversé mille fois.

Ces principes sont nécessaires à la conservation de l'espèce humaine. Otez aux hommes l'opinion d'un Dieu vengeur et rémunérateur, Sylla et Marius se baignent alors avec délices dans le sang de leurs concitoyens; Auguste, Antoine et Lépide surpassent les fureurs de Sylla; Néron ordonne de sang froid le meurtre de sa mère. Il est certain que la doctrine d'un Dieu vengeur était éteinte alors chez les Romains; l'athéisme dominait : et il ne serait pas difficile de prouver par l'histoire que l'athéisme peut causer quelquefois autant de mal que les superstitions les plus barbares.

Pensez-vous en effet qu'Alexandre VI reconnût un

Dieu, quand, pour agrandir le fils de son inceste, il employait tour à tour la trahison, la force ouverte, le stylet, la corde, le poison; et qu'insultant encore à la superstitieuse faiblesse de ceux qu'il assassinait, il leur donnait une absolution et des indulgences au milieu des convulsions de la mort? Certes, il insultait la Divinité dont il se moquait, en même temps qu'il exerçait sur les hommes ces épouvantables barbaries. Avouons tous, quand nous lisons l'histoire de ce monstre et de son abominable fils, que nous souhaitons qu'ils soient châtiés. L'idée d'un Dieu vengeur est donc nécessaire.

Il se peut, comme il arrive trop souvent, que la persuasion de la justice divine ne soit pas un frein à l'emportement d'une passion. On est alors dans l'ivresse; les remords ne viennent que quand la raison a repris ses droits; mais enfin ils tourmentent le coupable. L'athée peut sentir, au lieu de remords, cette horreur secrète et sombre qui accompagne les grands crimes. La situation de son âme est importune et cruelle; un homme souillé de sang n'est plus sensible aux douceurs de la société; son âme, devenue atroce, est incapable de toutes les consolations de la vie; il rugit en furieux, mais il ne se repent pas. Il ne craint point qu'on lui demande compte des proies qu'il a déchirées; il sera toujours méchant, il s'endurcira dans ses férocités. L'homme au contraire qui croit en Dieu rentrera en lui-même. Le premier est un monstre pour toute sa vie, le second n'aura été barbare qu'un moment. Pourquoi? c'est que l'un a un frein, et que l'autre n'a rien qui l'arrête.

Nous ne lisons point que l'archevêque Troll, qui fit égorger sous ses yeux tous les magistrats de Stockholm, ait jamais daigné seulement feindre d'expier son crime par la moindre pénitence. L'athée fourbe, ingrat, calomniateur, brigand, sanguinaire, raisonne et agit conséquemment, s'il est sûr de l'impunité de la part des hommes. Car s'il n'y a point de Dieu, ce monstre est son Dieu à lui-même; il s'immole tout ce qu'il désire, ou tout ce qui lui fait obstacle. Les prières les plus tendres, les meilleurs raisonnemens, ne peuvent pas plus sur lui que sur un loup affamé de carnage.

Lorsque le pape Sixte IV fesait assassiner les deux Médicis dans l'église de la Reparade, au moment où l'on élevait aux yeux du peuple le Dieu que ce peuple adorait, Sixte IV, tranquille dans son palais, n'avait rien à craindre, soit que la conjuration réussît, soit qu'elle échouât ; il était sûr que les Florentins n'oseraient se venger, qu'il les excommunierait en pleine liberté, et qu'ils lui demanderaient pardon à genoux d'avoir osé se plaindre.

Il est très vraisemblable que l'athéisme a été la philosophie de tous les hommes puissans qui ont passé leur vie dans ce cercle de crimes que les imbécilles appellent *politique, coup d'état, art de gouverner.*

On ne me persuadera jamais qu'un cardinal, ministre célèbre, crût agir en la présence de Dieu, lorsqu'il fesait condamner à mort un des grands [1] de l'état par douze meurtriers en robe, esclaves à ses gages, dans sa propre maison de campagne.

Les Juifs reconnaissaient un Dieu formateur de l'univers.

Les Phéniciens avaient leur Dieu unique *Jaho.*

Les Égyptiens reconnurent un Dieu suprême malgré toutes leurs superstitions; ils le nommaient *Knef*, et ils le représentaient sous la forme d'un globe.

[1] Le Maréchal de Marillac. (E. B.)

L'ancien *Zerdust*, que nous nommons *Zoroastre*, n'enseignait qu'un seul Dieu, auquel le mauvais principe était subordonné. Les Indiens, qui se vantent d'être la plus antique société de l'univers, ont encore leurs anciens livres, qu'ils prétendent avoir été écrits il y a quatre mille huit cent soixante-six ans.

Les Chinois, dont les histoires et les rites attestent une antiquité si reculée, mais moins ancienne que celle des Indiens, ont toujours adoré le *Tien*, le *Chang-ti*, la *Vertu céleste*. Tous leurs livres de morale, tous les édits des empereurs recommandent de se rendre agréable au *Tien*, au *Chang-ti* et de mériter ses bienfaits.

Confucius n'a point établi de religion chez les Chinois, comme les ignorans le prétendent. Longtemps avant lui, les empereurs allaient au temple quatre fois par année présenter au *Chang-ti* les fruits de la terre.

Ainsi vous voyez que tous les peuples policés, Indiens, Chinois, Égyptiens, Persans, Chaldéens, Phéniciens, reconnurent un Dieu suprême. Je ne nierai pas que chez ces nations si antiques il n'y ait eu des athées; je sais qu'il y en a beaucoup à la Chine; nous en voyons en Turquie, il y en a dans notre patrie et chez toutes les nations de l'Europe. Mais pourquoi leur erreur ébranlerait-elle notre croyance? les sentimens erronés de tous les philosophes sur la lumière nous empêcheront-ils de croire fermement aux découvertes de Newton sur cet élément incompréhensible? La mauvaise physique des Grecs et leurs ridicules sophismes détruiront-ils dans nous la science intuitive que nous donne la physique expérimentale?

Il y a eu des athées chez tous les peuples connus; mais je doute beaucoup que cet athéisme ait été une persuasion pleine, une conviction lumineuse, dans laquelle l'esprit se repose sans aucun doute, comme dans une démonstration géométrique. N'était-ce pas plutôt une demi-persuasion fortifiée par la rage d'une passion violente, et par l'orgueil, qui tiennent lieu d'une conviction entière? Les Phalaris, les Busiris (et il y en a dans toutes les conditions), se moquaient avec raison des fables de Cerbère et des Euménides : ils voyaient bien qu'il était ridicule d'imaginer que Thésée fût éternellement assis sur une escabelle, et qu'un vautour déchirât toujours le foie renaissant de Prométhée. Ces extravagances, qui déshonoraient la Divinité, l'anéantissaient à leurs yeux. Ils disaient confusément dans leur cœur : On ne nous a jamais dit que des inepties sur la Divinité; cette Divinité n'est donc qu'une chimère. Ils foulaient aux pieds une vérité consolante et terrible, parce qu'elle était entourée de mensonges.

Si le Phlégéton et le Cocyte n'existent point, cela n'empêche pas que Dieu existe. Je veux mépriser les fables et adorer la vérité. Si on m'a peint Dieu comme un tyran ridicule, je ne le croirai pas moins sage et moins juste. Je ne dirai pas, avec Orphée, que les ombres des hommes vertueux se promènent dans les champs Elysées; je n'admettrai point la métempsycose des pharisiens, encore moins l'anéantissement de l'âme avec les sadducéens. Je reconnaîtrai une providence éternelle, sans oser deviner quels seront les moyens et les effets de sa miséricorde et de sa justice. Je n'abuserai point de la raison que Dieu m'a donnée; je croirai qu'il y a du vice et de la vertu, comme il y a de la santé et de la maladie; et enfin, puisqu'un pouvoir invisible, dont je sens continuellement l'influence, m'a fait un être pensant et agissant, je conclurai que mes pensées et mes actions doivent être dignes de ce pouvoir qui m'a fait naître.

Ne nous dissimulons point ici qu'il y a eu des athées vertueux. La secte d'Épicure a produit de très honnêtes gens : Épicure était lui-même un homme de bien, je l'avoue. L'instinct de la vertu qui consiste dans un tempérament doux et éloigné de toute violence, peut très bien subsister avec une philosophie erronée. Les épicuriens et les plus fameux athées de nos jours, occupés des agrémens de la société, de l'étude, et du soin de posséder leur ame en paix, ont fortifié cet instinct qui les porte à ne jamais nuire, en renonçant au tumulte des affaires qui bouleversent l'ame, et à l'ambition qui la pervertit. Il y a des lois dans la société qui sont plus rigoureusement observées que celles de l'état et de la religion. Quiconque a payé les services de ses amis par une noire ingratitude, quiconque a calomnié un honnête homme, quiconque aura mis dans sa conduite une indécence révoltante, ou qui sera connu par une avarice sordide et impitoyable, ne sera point puni par les lois, mais il le sera par la société des honnêtes gens, qui porteront contre lui un arrêt irrévocable de bannissement; il ne sera jamais reçu parmi eux. Ainsi donc un athée de mœurs douces et agréables, retenu d'ailleurs par le frein que la société des hommes impose, peut très-bien mener une vie innocente, heureuse, honorée. On en a vu des exemples de siècle en siècle, depuis le célèbre Atticus, également ami de César et de Cicéron, jusqu'au fameux magistrat Des-Barreaux, qui, ayant fait attendre trop longtemps un plaideur dont i rapportait le procès, lui paya de son argent la somme don il s'agissait.

On me citera encore, si l'on veut, le sophiste[1] géométrique Spinosa, dont la modération, le désintéressement et la générosité ont été dignes d'Épictète. On me dira que le

[1] Ni sophiste ni athée. Il croyait que Dieu seul existe, et il était de bonne foi. (E. B.)

célèbre athée La Métrie était un homme doux et aimable dans la société, honoré pendant sa vie et après sa mort des bontés d'un grand roi, qui, sans faire attention à ses sentimens philosophiques, a récompensé en lui les vertus. Mais mettez ces doux et tranquilles athées dans de grandes places; jetez-les dans les factions; qu'ils aient à combattre un César Borgia, ou un Cromwell, ou même un cardinal de Retz; pensez-vous qu'alors il ne deviendront pas aussi méchans que leurs adversaires? voyez dans quelle alternative vous les jetez : ils seront des imbécilles s'il ne sont pas des pervers. Leurs ennemis les attaquent par des crimes; il faut bien qu'ils se défendent avec les mêmes armes, ou qu'ils périssent. Certainement leurs principes ne s'opposeront point aux assassinats, aux empoisonnemens, qui leur paraîtront nésessaires.

Il est donc démontré que l'athéisme peut tout au plus laisser subsister les vertus sociales dans la tranquille apathie de la vie privée ; mais qu'il doit porter à tous les crimes dans les orages de la vie publique.

Une société particulière d'athées, qui ne se disputent rien, et qui perdent doucement leurs jours dans les amusemens de la volupté, peut durer quelque temps sans trouble; mais si le monde était gouverné par des athées, il vaudrait autant être sous l'empire immédiat de ces êtres infernaux qu'on nous peint acharnés contre leurs victimes. En un mot, des athées qui ont en main le pouvoir seraient aussi funestes au genre humain que des superstitieux. Entre ces deux monstres la raison nous tend les bras.

DIALOGUE XXIX.

LES ADORATEURS, OU LES LOUANGES DE DIEU [1].

LE PREMIER ADORATEUR.

Mes compagnons, mes frères, hommes qui possédez l'intelligence, cette émanation de Dieu même, adorez avec moi ce Dieu qui vous l'a donnée, ce Li, ce Chang-ti, ce Tien, que les Sères, les antiques habitants du Cathai, adorent.

Adorons cet Être des êtres que les peuples du Gange, policés avant les Sères, reconnaissaient dans des temps encore plus reculés, sous le nom de [2] Birma, père de Brahma et de toutes choses, et qui fut invoqué, sans doute, dans les révolutions innombrables qui ont changé si souvent la face de notre globe.

Adorons ce grand Être, nommé [3] Oromase chez les anciens Perses. Adorons ce Demiourgos que Platon célébra chez les Grecs, ce Dieu *très bon et très grand*, *optimum*,

[1] 1769.
[2] Brahm, père de Brahma. (E. B.)
[3] Zervan Akéréné, l'Eternel, père d'Ormuzd. (E. B.)

maximum, qui n'était pas appelé d'un autre nom chez les Romains, lorsque dans le sénat ils dictaient des lois aux trois quarts de la terre alors connue.

C'est lui qui de toute éternité arrangea la matière dans l'immensité de l'espace. Il dit, et tout exista; mais il le dit avant les temps. Il est l'Être nécessaire; donc il fut toujours : il est l'Être agissant; donc il a toujours agi; sans quoi il n'aurait été dans une éternité passée que l'Être inutile. Il n'a pas fait l'univers depuis peu de jours, car alors il ne serait que l'Être capricieux.

Ce n'est ni depuis six mille ans, ni depuis cent mille que ses créatures lui durent leurs hommages; c'est de toute éternité. Quel resserrement d'esprit, quelle absurde grossièreté de dire : Le chaos était éternel, et l'ordre n'est que d'hier! Non, l'ordre fut toujours, parce que l'Être nécessaire, auteur de l'ordre, fut toujours.

C'est ainsi que pensait le grand saint Thomas dans la *Somme de la foi catholique* (liv. II, ch. III). « Dieu a eu la « volonté pendant toute l'éternité, ou de produire l'univers « ou de ne pas le produire : or il est manifeste qu'il a eu « la volonté de le produire; donc il l'a produit de toute « éternité, l'effet suivant toujours la puissance d'un agent « qui agit par volonté. »

A ces paroles sensées, qu'on est bien étonné de trouver dans saint Thomas, j'ajoute qu'un effet d'une cause éternelle et nécessaire doit être éternel et nécessaire comme elle.

Dieu n'a pas abandonné la matière à des atomes qui ont eu sans cesse un mouvement de déclinaison, ainsi que l'a chanté Lucrèce, grand peintre, à la vérité, des choses communes qu'il est aisé de peindre, mais physicien de la plus complète ignorance.

Cet Être suprême n'a pas pris des cubes, des petits *dés* pour en former la terre, les planètes, la lumière, la matière magnétique, comme l'a imaginé le chimérique Descartes dans son roman appelé *Philosophie*.

Mais il a voulu que les parties de la matière s'attirassent réciproquement en raison directe de leurs masses, et en raison inverse du carré de leurs distances; il a ordonné que le centre de notre petit monde fût dans le soleil, et que toutes nos planètes tournassent autour de lui, de façon que les cubes de leurs distances seraient toujours comme les carrés de leurs révolutions. Jupiter et Saturne observent ces lois en parcourant leurs orbites; et les satellites de Saturne et de Jupiter obéissent à ces lois avec la même exactitude. Ces divins théorèmes, réduits en pratique à la naissance éternelle des mondes, n'ont été découverts que de nos jours; mais ils sont aujourd'hui aussi connus que les premières propositions d'Euclide.

On sait que tout est uniforme dans l'étendue des cieux; mille milliards de soleils qui la remplissent ne sont qu'une faible expression de l'immensité de l'existence. Tous jettent de leur sein les mêmes torrens de lumière qui partent de notre soleil; et des mondes innombrables s'éclairent les uns les autres. On en compte jusqu'à deux mille dans une seule partie de la constellation d'Orion. Cette longue et large bande de points blancs qu'on remarque dans l'espace, et que la fabuleuse Grèce appelait la *voie lactée*, en imaginant qu'un enfant nommé Jupiter, dieu de l'univers, avait laissé répandre un peu de lait en tétant sa nourrice; cette voix lactée, dis-je, est une foule de soleils dont chacun a ses mondes planétaires roulant autour de lui. Et à travers cette longue traînée de soleils et de mondes on voit encore des espaces dans lesquels on distingue encore des mondes plus éloignés, surmontés d'autres espaces et d'autres mondes.

J'ai lu dans un poëme épique[1] ces vers qui expriment ce que j'ai voulu dire :

Au delà de leurs cours, et loin dans cet espace
Où la matière nage et que Dieu seul embrasse,
Sont des soleils sans nombre et des mondes sans fin ;
Dans cet abyme immense, il leur ouvre un chemin.
Par delà tous ces cieux, le Dieu des cieux réside.

J'aurais mieux aimé que l'auteur eût dit :

Dans ces cieux infinis le Dieu des cieux réside.

Car la force, la vertu puissante qui les dirige et qui les anime, doit être partout; ainsi que la gravitation est dans toutes les parties de la matière, ainsi que la force motrice est dans toute la substance du corps en mouvement.

Quoi ! la force active serait en tous lieux, et le grand Être ne serait pas en tous lieux?

Virgile a dit :

Mens agitat molem et magno se corpore miscet.

Æn., VI, 727.

Caton a dit : (LUCAIN, *Phars.*, IX, 580.)

Juppiter est quodcumque vides, quocumque moveris.

[1] *La Henriade*, chant VII.

Saint Paul a dit : (*Act. Apostolorum*, XVII, 28.)

In ipso enim (Deo) vivimus, et movemur, et sumus,

« Tout se meut, tout respire, et tout existe en Dieu. »

Pensons donc comme Platon, Virgile, Caton, saint Paul, saint Thomas, sur ce grand sujet. Ne cessons de répéter que l'intelligence infinie de l'être nécessaire, de l'être formateur, produit tout, remplit tout, vivifie tout de toute éternité. Il nous faut à nous, ombres passagères, à nous atomes d'un moment, à nous atomes pensans, il nous faut une portion d'intelligence bien rare, bien exercée, pour comprendre seulement une petite partie de ses mathématiques éternelles.

Par quelles lois la terre a-t-elle un mouvement périodique de vingt-sept mille neuf cent vingt années, outre son cours dans son orbite et sa rotation sur elle-même? comment l'astre de nos nuits se balance-t-il, et pourquoi la terre et lui changent-ils continuellement pendant dix-neuf années la place où leurs orbites doivent se rencontrer? Le nombre des hommes qui s'élèvent à ces connaissances divines n'est pas une unité sur un million dans le genre humain; tandis que presque tous les hommes, courbés vers la fange de la terre, ou consument leurs vies dans de petites intrigues, ou tuent les hommes leurs frères, et en sont tués pour de l'argent.

Sur un million d'hommes qui rampent ou qui se pavanent sur la terre, on peut à toute force en trouver une cinquantaine qui ont des idées un peu approfondies de ces augustes vérités.

C'est à ce petit nombre de sages que je m'adresse, pour admirer avec eux l'immensité et l'ordre des choses, la puissante intelligence qui respire dans elles, et l'éternité dans laquelle elles nagent, éternité dont un moment est accordé aux individus passagers qui végètent, qui sentent, et qui pensent.

LE SECOND ADORATEUR.

Vous avez admiré, vous avez adoré ; je voudrais avoir été touché. Vous louez, mais vous n'avez point remercié. Que m'importe des millions d'univers, nécessaires, sans doute, puisqu'ils existent, mais qui ne me feront aucun bien, et que je ne verrai jamais ? Que m'importe l'immensité, à moi qui suis à peine un point ? Que me fait l'éternité, quand mon existence est bornée à ce moment qui s'écoule? Ce qui peut exciter ma reconnaissance, c'est que je suis un être végétant, sentant, et ayant du plaisir quelquefois.

Graces soient à jamais rendues à cet Être nécessaire, éternel, intelligent et puissant, qui a doué de toute éternité mes confrères, les animaux, de l'organisation et de la végétation ! Il a voulu que nous eussions tous des poumons, un foie, un pancréas, un estomac, un cœur avec des oreillettes, des veines, des artères, ou l'équivalent de tout cela. C'est un artifice aussi admirable que celui de tant de mondes qui roulent autour de leurs soleils; mais cet artifice prodigieux ne serait rien, si nous n'avions le sentiment qui fait la vie. Il nous a donné à tous les appétits et les organes qui la conservent.

Le grand Être nous fait présent à tous d'organes, auxquels sont attachés des sentimens tous étrangers les uns aux autres : le tact, répandu dans toutes les parties du corps, mais plus sensible dans les mains; l'ouïe, que plusieurs animaux, nos confrères, ont incomparablement plus fine que nous, mais qui nous donne sur eux un avantage dont ils ne sont que très grossièrement susceptibles, c'est celui de la musique : nous entendons des accords où presque tous les animaux n'entendent que des sons ; l'harmonie n'est faite que pour nous ; et, si les rossignols ont la voix plus légère, nous l'avons boaucoup plus étendue et plus variée.

La vue de l'homme est moins perçante que celle de tous les oiseaux de proie, moins pénétrante que celle de tous les insectes, auxquels il est donné de voir un univers en petit qui nous échappe ; mais, placés entre l'aigle et la mouche, nous devons être contens de nos yeux ; c'est un tact qui se prolonge jusqu'aux étoiles. Nous voyons par un seul trou le quart du ciel ; cette propriété est assez avantageuse.

Le goût est aussi un don fait par la nature à tous les êtres vivans. Il est bien difficile de deviner quelle espèce est la plus gourmande et a le goût le plus délicat ; on dit qu'il n'en faut pas disputer : mais il faut convenir que sans le goût aucun animal ne penserait à se nourrir ; rien ne serait insupportable comme de manger et de boire, si Dieu n'avait attaché à cette action autant de plaisir que de besoin. Le plaisir vient manifestement de Dieu. Cette vérité est si palpable, qu'il est impossible de se donner, d'imaginer même une sensation agréable, qui ne soit pas dans les organes que nous possédons, et que nous n'ayons pas éprouvée.

Enfin rendons grâces à l'Être suprême, qui nous a donné le plaisir. Probablement les astres n'en ont point ; un ciron à cet égard l'emporte sur cette foule de soleils qui surpassent un million de fois notre soleil en grosseur.

LE PREMIER ADORATEUR.

Mon cher frère, que le ciron et l'éléphant, la matière brute, la matière organisée, la matière en mouvement, la matière sensible, rendent d'éternels témoignages au grand Démiourgos, éternellement agissant par sa nature, et de qui tout a toujours été, comme il n'y eut jamais de soleil sans lumière. Vous l'avez remercié de ce don du sentiment que vous tenez de lui, et que vous ne pouvez vous être donné vous-même; mais vous ne l'avez pas remercié du don de la pensée. L'instinct et le sentiment sont divins sans doute. C'est par instinct que se forment tous nos premiers mouvemens, et que nous sentons tous nos besoins. Mais les choses sont tellement combinées, que, si les autres animaux sont doués d'un instinct qui surpasse le nôtre, nous avons une raison qui surpasse infiniment la leur. En mille occasions fiez-vous à votre chien, et même à votre cheval; que l'Indien consulte son éléphant : mais en mathématiques consultez Archimède. Dieu a donné à la matière brute la force centripète, la force centrifuge, la résistance et le ressort; c'est là son instinct, il est incompréhensible : celui des animaux l'est aussi; mais la pensée est encore plus admirable. La faculté de prédire une éclipse et d'observer la route des comètes semble, si on l'ose dire, tenir quelque chose de la puissante intelligence du grand Être qui les a formées. C'est bien là que nous paraissons n'être qu'une émanation de lui-même.

Toute matière a ses lois invariables de mouvement; toute espèce chez les animaux a son instinct, presque toujours assez uniforme, et qui ne se perfectionne que jusqu'à des bornes fort étroites: mais la raison de l'homme s'élance jusqu'à la Divinité.

Il est très certain que les bêtes sont douées de la faculté

de la mémoire. Un chien, un éléphant reconnaît son maître au bout de dix ans. Pour avoir cette mémoire qu'on ne peut expliquer, il faut avoir des idées qu'on ne peut pas expliquer davantage.

Qui donne cette mémoire et ces idées aux animaux? celui qui leur donne leur sang, leurs viscères, leurs mouvemens, celui de qui tout émane, de qui procède tout être, et par conséquent toute manière d'être.

Plusieurs animaux ont le don de perfectionner leur instinct. Il y a des singes, des éléphans qui ont plus d'esprit que d'autres, c'est-à-dire plus de mémoire, plus d'aptitude à combiner un nombre d'idées. Nous voyons des chiens de chasse apprendre leur métier en trois mois, et devenir d'excellens chefs de meute, tandis que d'autres restent toujours dans la médiocrité. Plusieurs chevaux ont aimé et défendu leurs maîtres; plusieurs ont été rebelles et ingrats, mais c'est le petit nombre. Un cheval bien traité, bien nourri, caressé par son maître, est beaucoup plus reconnaissant qu'un courtisan. Presque tous les quadrupèdes et les reptiles même perfectionnent, en vieillissant, leur instinct jusqu'aux bornes prescrites: les fouines, les renards, les loups, en sont une preuve évidente; un vieux loup et sa compagne font toujours mieux la guerre que les jeunes. L'ignorance et la démence peuvent seules combattre ces vérités dont nous sommes témoins tous les jours. Que ceux qui n'ont pas eu le temps et la commodité d'observer la conduite des animaux lisent l'excellent article *instinct*[1] dans l'*Encyclopédie*; ils seront convaincus de l'existence de cette faculté, qui est la raison des bêtes, raison aussi inférieure à la nôtre qu'un tourne-

[1] Par Diderot.

broche l'est à l'horloge de Strasbourg ; raison bornée, mais réelle ; intelligence grossière, mais intelligence dépendante des sens comme la nôtre ; faible et incorruptible ruisseau de cette intelligence immense et incompréhensible qui a présidé à tout en tout temps.

Un Espagnol nommé Pereira[1], qui n'avait que de l'imagination, s'en servit pour hasarder de dire que les bêtes n'étaient que des machines dépourvues de toute sensation : il fit de Dieu un joueur de marionnettes, occupé continuellement à tirer les cordons de ses personnages, à leur faire jeter les cris de la joie et de la douleur, sans qu'ils ressentissent ni douleur ni joie, à les accoupler sans amour, à les faire manger et boire sans soif et sans faim. Descartes, dans ses romans, adopta cette charlatanerie impertinente : elle eut cours chez les ignorans qui se croyaient savans.

Le cardinal de Polignac, homme de beaucoup d'esprit, et qui même montra du génie dans les détails, bon poëte latin, s'il en peut être parmi les modernes, mais très peu philosophe, et ne connaissant malheureusement que les absurdes systèmes de Descartes, s'avisa d'écrire un poëme contre Lucrèce ; mais, bien moins poëte que ce romain, il fut aussi mauvais physicien que lui : il ne fit qu'opposer erreurs à erreurs, dans son ouvrage sec et décharné, qu'on loua beaucoup, et qu'on ne peut lire.

Il rapporte dans son poëme des exemples incroyables de la sagacité des animaux, qui prouveraient une intelligence égale pour le moins à celle que la nature nous a donnée. Il met en vers, par exemple, au sixième chant, un conte qu'il avait souvent fait à la cour de France, à son

[1] Voy. dans Bayle (*Dictionnaire*), les articles *Pereira*, *Rorarius*. (E. B.)

retour de Pologne, et dont on s'était fort moqué. Il dit qu'un milan ayant un jour attaqué un aigle, il lui arracha une plume; que l'aigle, quelque temps après, le dépluma tout entier, et dédaigna de lui ôter la vie. Le milan, poursuit-il, médita sa vengeance pendant tout le temps que ses plumes revinrent. Enfin il trouva sur un vieux pont une ouverture par laquelle il pouvait passer son corps à toute force, mais qui devait être impraticable pour l'aigle plus gros que lui. Quand il se fut essayé à plusieurs reprises, il va défier son ennemi dans les airs ; il le trouve à point nommé : le combat s'engage; le milan, par une retraite habile, plonge dans le trou et passe à travers; l'aigle le poursuit avec rapidité; la tête et le cou passent aisément, le reste du corps ne peut suivre. Il se débat pour se dégager : tandis qu'il s'épuise en efforts, le milan revole sur lui, à son aise, le déplume comme il avait été déplumé, et lui donne généreusement la vie comme l'aigle la lui avait donnée; mais il le laisse en proie aux moqueries de tous les palatins de Pologne, témoins de ce beau combat.

Il n'y a dans les *Stratagèmes* de Frontin aucune ruse de guerre qui approche de celle-ci, et Scipion l'Africain ne fut jamais si magnanime. On s'attend que le cardinal de Polignac va conclure que ce milan avait une très belle ame : point du tout; il conclut que c'est un automate sans esprit et sans aucune sensation.

C'est ainsi que le fils du grand Racine, qui hérita de son père le talent de la versification, se fait dans une épître[1] les objections les plus fortes qui prouvent du raisonnement dans les bêtes; et il n'y répond qu'en assurant sans raisonner qu'elles sont de pures machines.

[1] Epître première, *sur l'âme des bêtes*.

Oui, sans doute, elles sont machines, mais machines à sentiment, machines à idées, machines plus ou moins pensantes, selon qu'elles sont organisées. Il y a de grandes différences entre leurs talens, comme il en est entre les nôtres. Quel est le chien de chasse, l'orang-outang, l'éléphant bien organisé qui n'est pas supérieur à nos imbécilles que nous renfermons, à nos vieux gourmands frappés d'apoplexie, traînant les restes d'une inutile vie dans l'abrutissement d'une végétation interrompue, sans mémoire, sans idées, languissant entre quelques sensations et le néant? Quel est l'animal qui ne soit pas cent fois au dessus de nos enfans nouveau-nés. Que dis-je! quelle différence de nous-mêmes à nous-mêmes! quelle distance immense entre le jeune Newton inventant le calcul de l'infini, et Newton expirant sans connaissance, sans aucune trace de ce génie qui avait pesé les mondes! C'est la suite des lois éternelles de la nature, que Newton lui-même ne put comprendre, parce qu'il n'était pas Dieu. Adorons le grand Être dont ces lois émanent; remercions-le d'avoir accordé pour quelques jours à nos organes le don de la pensée qui nous élève jusqu'à lui.

LE SECOND ADORATEUR.

Je l'adore avec vous; je reconnais en lui la cause, la fin, l'enveloppe, et le centre de toutes choses; mais je crains, en parlant, de lui faire quelque offense, si pourtant le fini peut outrager l'infini, si un être misérable qui est à peine un mode de l'Être, peut faire une injure à l'Être éternel.

Je vois en tremblant, en l'adorant, en l'aimant comme l'auteur éternel de tout ce qui fut et de tout ce qui sera, que nous le fesons auteur du mal. Je considère avec douleur que toutes les sectes qui ont admis comme nous un seul Dieu sont tombées dans ce piége où je crains que ma raison ne soit prise. Leurs prétendus sages ont répondu que Dieu ne fait point le mal, mais qu'il le permet. J'aimerais autant qu'on me dît, lorsque les rayons du soleil trop ardens ont aveuglé un enfant, que ce n'est pas le soleil qui lui a fait ce mal, mais qu'il a permis que ses rayons lui crevassent les yeux.

Je vous disais tout à l'heure que j'étais pénétré de reconnaissance et de joie ; mais d'autres idées s'étant présentées nécessairement à moi, comme il arrive à tous les hommes, mes remerciemens sont suivis de mes murmures involontaires ; j'éclate en gémissemens et je me dissous en larmes, comme un enfant qui passe en un moment du rire à la plainte entre les bras de sa nourrice.

Toute l'antiquité admira et pleura comme moi. Elle rechercha la cause des imperfections du monde avec autant d'empressement que de désespoir.

. . . .

Pardonnons aux hommes accablés de misères et de chagrins d'avoir mal justifié la Providence dans les bons momens où quelque relâche dans leurs peines leur laissait la liberté de penser. Pardonnons-leur d'avoir supposé un grand Être malfesant, éternel ennemi d'un grand Être favorable. Qui peut n'être pas effrayé quand il considère que la terre entière n'est que l'empire de la destruction? La génération, la vie des animaux, sont l'ouvrage d'une main si puissante et si industrieuse, que la puissance de tous les rois et le génie de cent mille Archimèdes ne pourraient pas dans toute l'éternité fabriquer l'aile d'une mouche. Mais à quoi sert tout cet artifice divin qui brille dans la structure de ces milliards d'êtres sensibles? à les faire tous dévorer les uns par les autres. Certes, si un homme avait fait un automate admirable marchant de lui-même et jouant de la flûte, et qu'il le brisât le moment d'après, nous le prendrions pour un grand génie devenu fou furieux.

Le globe est couvert de chefs-d'œuvre, mais de victimes; ce n'est qu'un vaste champ de carnage et d'infection. Toute espèce est impitoyablement poursuivie, déchirée, mangée sur la terre, dans l'air, et dans les eaux. L'homme est plus malheureux que tous les animaux ensemble; il est continuellement en proie à deux fléaux que les animaux ignorent, l'inquiétude et l'ennui, qui ne sont que le dégoût de soi-même. Il aime la vie, et il sait qu'il mourra. S'il est né pour goûter quelques plaisirs passagers dont il loue la Providence, il est né pour des souffrances sans nombre et pour être mangé des vers; il le sait, et les animaux ne le savent pas. Cette idée funeste le tourmente; il consume l'instant de sa détestable existence à faire le malheur de ses semblables, à les égorger lâchement pour un vil salaire, à tromper et à être trompé, à piller et à être pillé, à servir pour commander, à se repentir sans cesse. Exceptez-en quelques sages, la foule des hommes n'est qu'un assemblage horrible de criminels infortunés, et le globe ne contient que des cadavres. Je tremble, encore une fois, d'avoir à me plaindre de l'Être des êtres en portant une vue attentive sur cet épouvantable tableau. Je voudrais n'être pas né.

LE PREMIER ADORATEUR.

Mon frère, puisque vous aimez Dieu, puisque vous êtes vertueux, loin de maudire votre naissance, bénissez-la. Vous avez commencé par remercier, finissez de même. Vivez pour servir l'Être des êtres et les créatures.

DICTIONNAIRE PHILOSOPHIQUE[1].

—

AMOUR DE DIEU.

Les disputes sur l'amour de Dieu ont allumé autant de haines qu'aucune querelle théologique. Les jésuites et les jansénistes se sont battus pendant cent ans à qui aimerait Dieu d'une façon plus convenable, et à qui désolerait le plus son prochain.

Dès que l'auteur du *Télémaque*, qui commençait à jouir d'un grand crédit à la cour de Louis XIV, voulut qu'on aimât Dieu d'une manière qui n'était pas celle de l'auteur des *Oraisons funèbres*, celui-ci, qui était un grand ferrailleur, lui déclara la guerre, et le fit condamner dans l'ancienne ville de Romulus, où Dieu était ce qu'on aimait le mieux après la domination, les richesses, l'oisiveté, le plaisir, et l'argent.

Si madame Guyon avait su le conte de la bonne vieille qui apportait un réchaud pour brûler le paradis, et une cruche d'eau pour éteindre l'enfer, afin qu'on n'aimât Dieu que pour lui-même, elle n'aurait peut-être pas tant écrit. Elle eût dû sentir qu'elle ne pouvait rien dire de mieux. Mais elle aimait Dieu et le galimatias si cordialement qu'elle fut quatre fois en prison pour sa tendresse : traitement rigou-

[1] Le Dictionnaire philosophique, commencé en 1752, a toujours été remanié par Voltaire. (E. B.)

reux et injuste. Pourquoi punir comme une criminelle une femme qui n'avait d'autre crime que celui de faire des vers dans le style de l'abbé Cotin, et de la prose dans le goût de Polichinelle? Il est étrange que l'auteur du *Télémaque* et des froides amours d'Eucharis ait dit dans ses *Maximes des saints*, d'après le bienheureux François de Sales : « Je n'ai presque point de désirs; mais, si j'étais à renaître, je n'en aurais point du tout. Si Dieu venait à moi, j'irais aussi à lui; s'il ne voulait pas venir à moi, je me tiendrais là et n'irais pas à lui. »

C'est sur cette proposition que roule tout son livre; on ne condamna point saint François de Sales; mais on condamna Fénélon. Pourquoi? c'est que saint François de Sales n'avait point un violent ennemi à la cour de Turin, et que Fénélon en avait un à Versailles.

Ce qu'on a écrit de plus sensé sur cette controverse mystique se trouve peut-être dans la satire de Boileau sur l'amour de Dieu, quoique ce ne soit pas assurément son mielleur ouvrage.

> Qui fait exactement ce que ma loi commande,
> A pour moi, dit ce Dieu, l'amour que je demande.
>
> Ep. XII, v. 99.

S'il faut passer des épines de la théologie à celles de la philosophie, qui sont moins longues et moins piquantes, il paraît clair qu'on peut aimer un objet sans aucun retour sur soi-même, sans aucun mélange d'amour-propre intéressé. Nous ne pouvons comparer les choses divines aux terrestres, l'amour de Dieu à un autre amour. Il manque précisément un infini d'échelons pour nous élever de nos inclinations humaines à cet amour sublime. Cependant, puisqu'il n'y a pour nous d'autre point d'appui que la terre, tirons nos comparaisons de la terre. Nous voyons un chef-d'œuvre de l'art en peinture, en sculpture, en architecture, en poésie, en éloquence ; nous entendons une musique qui enchante nos oreilles et notre ame, nous l'admirons, nous l'aimons sans qu'il nous en revienne le plus léger avantage, c'est un sentiment pur ; nous allons même jusqu'à sentir quelquefois de la vénération, de l'amitié pour l'auteur ; et s'il était là nous l'embrasserions.

C'est à peu près la seule manière dont nous puissions expliquer notre profonde admiration et les élans de notre cœur envers l'éternel Architecte du monde. Nous voyons l'ouvrage avec un étonnement mêlé de respect et d'anéantissement, et notre cœur s'élève autant qu'il le peut vers l'ouvrier.

Mais quel est ce sentiment ? je ne sais quoi de vague et d'indéterminé, un saisissement qui ne tient rien de nos affections ordinaires, une ame plus sensible qu'une autre, plus désoccupée, peut être si touchée du spectacle de la nature qu'elle voudrait s'élancer jusqu'au Maître éternel qui l'a formée. Une telle affection de l'esprit, un si puissant attrait peut-il encourir la censure ? A-t-on pu condamner le tendre archevêque de Cambrai ? Malgré les expressions de saint François de Sales, que nous avons rapportées, il s'en tenait à cette assertion, qu'on peut aimer l'auteur uniquement pour la beauté de ses ouvrages. Quelle hérésie avait-on à lui reprocher ? Les extravagances du style d'une dame de Montargis, et quelques expressions peu mesurées de sa part lui nuisirent.

ATHÉISME.

SECTION PREMIÈRE.

De la comparaison si souvent faite entre l'athéisme et l'idolâtrie.

Il me semble que dans le *Dictionnaire encyclopédique* on ne réfute pas aussi fortement qu'on l'aurait pu le sentiment du jésuite Richeome sur les athées et sur les idolâtres ; sentiment soutenu autrefois par saint Thomas, saint Grégoire de Nazianze, saint Cyprien et Tertullien ; sentiment qu'Arnobe étalait avec beaucoup de force quand il disait aux païens : « Ne rougissez-vous pas de nous reprocher notre mépris pour vos dieux, et n'est-il pas beaucoup plus juste de ne croire aucun dieu, que de leur imputer des actions infâmes? » sentiment établi longtemps auparavant par Plutarque, qui dit « qu'il aime beaucoup mieux qu'on dise qu'il n'y a point de Plutarque, que si on disait : Il y a un Plutarque inconstant, colère, vindicatif; » sentiment enfin fortifié par tous les efforts de la dialectique de Bayle.

Voici le fond de la dispute, mis dans un jour assez éblouissant par le jésuite Richeome, et rendu encore plus spécieux par la manière dont Bayle le fait valoir :

« Il y a deux portiers à la porte d'une maison ; on leur demande : Peut-on parler à votre maître? Il n'y est pas, répond l'un; il y est, répond l'autre, mais il est occupé à faire de la fausse monnaie, de faux contrats, des poignards et des poisons, pour perdre ceux qui n'ont fait qu'accomplir ses desseins. L'athée ressemble au premier de ces portiers, le païen à l'autre. Il est donc visible que le païen offense plus grièvement la Divinité que ne fait l'athée.»

Avec la permission du père Richeome et même de Bayle,

ce n'est point là du tout l'état de la question. Pour que le premier portier ressemble aux athées, il ne faut pas qu'il dise : Mon maître n'est point ici; il faudrait qu'il dît : Je n'ai point de maître; celui que vous prétendez mon maître n'existe point; mon camarade est un sot, qui vous dit que Monsieur est occupé à composer des poisons et à aiguiser des poignards pour assassiner ceux qui ont exécuté ses volontés. Un tel être n'existe point dans le monde.

Richeome a donc fort mal raisonné, et Bayle, dans ses discours un peu diffus, s'est oublié jusqu'à faire à Richeome l'honneur de le commenter fort mal à propos.

Plutarque semble s'exprimer bien mieux en préférant les gens qui assurent qu'il n'y a point de Plutarque, à ceux qui prétendent que Plutarque est un homme insociable. Que lui importe en effet qu'on dise qu'il n'est pas au monde ! mais il lui importe beaucoup qu'on ne flétrisse pas sa réputation. Il n'en est pas ainsi de l'Être suprême.

Plutarque n'entame pas encore le véritable objet qu'il faut traiter. Il ne s'agit pas de savoir qui offense le plus l'Être suprême, de celui qui le nie, ou de celui qui le défigure : il est impossible de savoir, autrement que par la révélation, si Dieu est offensé des vains discours que les hommes tiennent de lui.

Les philosophes, sans y penser, tombent presque toujours dans les idées du vulgaire, en supposant que Dieu est jaloux de sa gloire, qu'il est colère, qu'il aime la vengeance, et en prenant des figures de rhétorique pour des idées réelles. L'objet intéressant pour l'univers entier est de savoir s'il ne vaut pas mieux pour le bien de tous les hommes, admettre un Dieu rémunérateur et vengeur, qui récompense les bonnes actions cachées, et qui punit les crimes secrets, que de n'en admettre aucun.

Bayle s'épuise à rapporter ici toutes les infamies que la fable impute aux dieux de l'antiquité : ses adversaires lui répondent par des lieux communs qui ne signifient rien : les partisans de Bayle et ses ennemis ont presque toujours combattu sans se rencontrer. Ils conviennent tous que Jupiter était un adultère, Vénus une impudique, Mercure un fripon : mais ce n'est pas, à ce qu'il me semble, ce qu'il fallait considérer. On devait distinguer les *Métamorphoses* d'Ovide de la religion des anciens Romains. Il est très certain qu'il n'y a jamais eu de temple ni chez eux, ni même chez les Grecs, dédié à Mercure le fripon, à Vénus l'impudique, à Jupiter l'adultère.

Cicéron ne dit point que Mercure excita Verrès à voler la Sicile, quoique Mercure, dans la fable, ait volé les vaches d'Apollon. La véritable religion des anciens était que Jupiter, *très bon et très juste*, et les dieux secondaires, punissaient le parjure dans les enfers. Aussi les Romains furent-ils très long-temps les plus religieux observateurs des sermens. La religion fut donc très utile aux Romains. Il n'était point du tout ordonné de croire aux deux œufs de Léda, au changement de la fille d'Inachus en vache.

Il ne faut donc pas dire que la religion de Numa déshonorait la Divinité. On a donc long-temps disputé sur une chimère; et c'est ce qui n'arrive que trop souvent.

On demande ensuite si un peuple d'athées peut subsister : il me semble qu'il faut distinguer entre le peuple proprement dit, et une société de philosophes au dessus du peuple. Il est très vrai que par tout pays la populace a besoin du plus grand frein, et que si Bayle avait eu seulement cinq ou six cents paysans à gouverner, il n'aurait pas manqué de leur annoncer un Dieu rémunérateur et vengeur. Mais Bayle n'en aurait pas parlé aux épicuriens qui étaient des gens riches, amoureux du repos, cultivant toutes les vertus sociales et surtout l'amitié, fuyant l'embarras et le danger des affaires publiques, menant enfin une vie commode et innocente. Il me paraît qu'ainsi la dispute est finie quant à ce qui regarde la société et la politique.

Pour les peuples entièrement sauvages, on a déjà dit qu'on ne peut les compter ni parmi les athées ni parmi les théistes. Leur demander leur croyance, ce serait autant que leur demander s'ils sont pour Aristote ou pour Démocrite : ils ne connaissent rien ; ils ne sont pas plus athées que péripatéticiens.

Mais on peut insister ; on peut dire : Ils vivent en société, et ils sont sans Dieu ; donc on peut vivre en société sans religion.

En ce cas je répondrai que les loups vivent ainsi, et que ce n'est pas une société qu'un assemblage de barbares anthropophages tels que vous les supposez ; et je vous demanderai toujours si, quand vous avez prêté votre argent à quelqu'un de votre société, vous voudriez que ni votre débiteur, ni votre procureur, ni votre notaire, ni votre juge, ne crussent en Dieu.

SECTION II.

Des athées modernes. Raisons des adorateurs de Dieu.

Nous sommes des êtres intelligens ; or des êtres intelligens ne peuvent avoir été formés par un être brut, aveugle, insensible. Il y a certainement quelque différence entre les idées de Newton et des crottes de mulet. L'intelligence de Newton venait donc d'une autre intelligence.

Quand nous voyons une belle machine, nous disons qu'il y a un bon machiniste, et que ce machiniste a un excellent entendement. Le monde est assurément une machine admirable; donc il y a dans le monde une admirable intelligence, quelque part qu'elle soit. Cet argument est vieux et n'en est pas plus mauvais.

Tous les corps vivans sont composés de leviers, de poulies, qui agissent suivant les lois de la mécanique, de liqueurs que les lois de l'hydrostatique font perpétuellement circuler; et, quand on songe que tous ces êtres ont du sentiment qui n'a aucun rapport à leur organisation, on est accablé de surprise.

Le mouvement des astres, celui de notre petite terre autour du soleil, tout s'opère en vertu des lois de la mathématique la plus profonde. Comment Platon, qui ne connaissait pas une de ces lois, le chimérique Platon, qui disait que la terre était fondée sur un triangle équilatère, et l'eau sur un triangle rectangle, l'étrange Platon, qui dit qu'il ne peut y avoir que cinq mondes, parce qu'il n'y a que cinq corps réguliers; comment, dis-je, Platon, qui ne savait pas la trigonométrie sphérique, a-t-il eu cependant un génie assez beau, un instinct assez heureux pour appeler Dieu l'*éternel géomètre*, pour sentir qu'il existe une intelligence formatrice? Spinosa lui-même l'avoue. Il est impossible de se débattre contre cette vérité qui nous environne et qui nous presse de tous côtés.

Raisons des athées.

J'ai cependant connu des mutins qui disent qu'il n'y a point d'intelligence formatrice, et que le mouvement seul a formé par lui-même tout ce que nous voyons et tout ce que nous sommes. Ils vous disent hardiment : La combinaison de cet univers était possible puisqu'elle existe; donc il était possible que le mouvement seul l'arrangeât. Prenez quatre astres seulement, Mars, Vénus, Mercure et la Terre; ne songeons d'abord qu'à la place où ils sont, en fesant abstraction de tout le reste, et voyons combien nous avons de probabilités pour que le seul mouvement les mette à ces places respectives. Nous n'avons que vingt-quatre hasards dans cette combinaison; c'est-à-dire, il n'y a que vingt-quatre contre un à parier, que ces astres se trouveront où ils sont les uns par rapport aux autres. Ajoutons à ces quatre globes celui de Jupiter; il n'y aura que cent vingt contre un à parier que Jupiter, Mars, Vénus, Mercure et notre globe ne seront pas placés où nous les voyons.

Ajoutez-y enfin Saturne; il n'y aura que sept cent vingt hasards contre un, pour mettre ces six grosses planètes dans l'arrangement qu'elles gardent entre elles selon leurs distances données. Il est donc démontré qu'en sept cent vingt jets le seul mouvement a pu mettre ces six planètes principales dans leur ordre.

Prenez ensuite tous les astres secondaires, toutes leurs combinaisons, tous leurs mouvemens, tous les êtres qui végètent, qui vivent, qui sentent, qui pensent, qui agissent dans tous les globes, vous n'aurez qu'à augmenter le nombre des hasards; multipliez ce nombre dans toute l'éternité, jusqu'au nombre que notre faiblesse appelle *infini*, il y aura toujours une unité en faveur de la formation du monde, tel qu'il est, par le seul mouvement: donc il est possible que dans toute l'éternité le seul mouvement de la matière ait produit l'univers entier tel qu'il existe. Il est même nécessaire que dans l'éternité cette combinaison arrive. Ainsi, disent-ils, non seulement il est possible que le monde soit tel qu'il est par le seul mouvement; mais il était impossible qu'il ne fût pas de cette façon après des combinaisons infinies.

Réponse.

Toute cette supposition me paraît prodigieusement chimérique, pour deux raisons ; la première, c'est que dans cet univers il y a des êtres intelligens, et que vous ne sauriez prouver qu'il soit possible que le seul mouvement produise l'entendement ; la seconde, c'est que, de votre propre aveu, il y a l'infini contre un à parier, qu'une cause intelligente a formé l'univers. Quand on est tout seul vis-à-vis l'infini, on est bien pauvre.

Encore une fois, Spinosa lui-même admet cette intelligence ; c'est la base de son système [1]. Vous ne l'avez pas lu, et il faut le lire. Pourquoi voulez-vous aller plus loin que lui, et plonger par un sot orgeuil votre raison dans un abyme où Spinosa n'a pas osé descendre ? Sentez-vous bien l'extrême folie de dire que c'est une cause aveugle qui fait que le carré d'une révolution d'une planète est toujours au carré des révolutions des autres planètes, comme le cube de sa distance est au cube des distances des autres au centre commun ? Ou les astres sont de grands géomètres, ou l'éternel géomètre a arrangé les astres.

Mais, où est l'éternel géomètre ? Est-il en un lieu, ou en tout lieu, sans occuper d'espace ? je n'en sais rien. Est-ce de sa propre substance qu'il a arrangé toutes choses ? je n'en sais rien. Est-il immense sans quantité et sans qualité ? je n'en sais rien. Tout ce que je sais, c'est qu'il faut l'adorer et être juste.

Nouvelle objection d'un athée moderne. Peut-on dire

[1] Rien d'étonnant à cela : il ne reconnaît d'autre être que Dieu. (E. B.)

que les parties des animaux soient conformées selon leurs besoins? Quels sont ces besoins? la conservation et la propagation. Or, faut-il s'étonner que, des combinaisons infinies que le hasard a produites, il n'ait pu subsister que celles qui avaient des organes propres à la nourriture et à la continuation de leur espèce? toutes les autres n'ont-elles pas dû nécessairement périr?

Réponse. Ce discours, rebattu d'après Lucrèce, est assez réfuté par la sensation donnée aux animaux, et par l'intelligence donnée à l'homme. Comment des combinaisons *que le hasard a produites* produiraient-elles cette sensation et cette intelligence (ainsi qu'on vient de le dire au paragraphe précédent)? Oui, sans doute, les membres des animaux sont faits pour tous leurs besoins avec un art incompréhensible, et vous n'avez pas même la hardiesse de le nier. Vous n'en parlez plus. Vous sentez que vous n'avez rien à répondre à ce grand argument que la nature fait contre vous. La disposition d'une aile de mouche, les organes d'un limaçon, suffisent pour vous attérer.

Objection de Maupertuis. Les physiciens modernes n'ont fait qu'étendre ces prétendus argumens, ils les ont souvent poussés jusqu'à la minutie et à l'indécence. On a trouvé Dieu dans les plis de la peau du rhinocéros : on pouvait, avec le même droit, nier son existence à cause de l'écaille de la tortue.

Réponse. Quel raisonnement! La tortue et le rhinocéros, et toutes les différentes espèces, prouvent également, dans leurs variétés infinies, la même cause, le même dessein, le même but, qui sont la conservation, la génération et la mort. L'unité se trouve dans cette infinie variété; l'écaille et la peau rendent également témoignage. Quoi! nier Dieu parce que l'écaille ne ressemble pas à du cuir! Et des journalistes ont prodigué à ces inepties des éloges qu'ils n'ont pas donnés à Newton et à Locke, tous deux adorateurs de la Divinité en connaissance de cause.

Objection de Maupertuis. A quoi sert la beauté et la convenance dans la construction du serpent ? Il peut, dit-on, avoir des usages que nous ignorons. Taisons-nous donc au moins, et n'admirons pas un animal que nous ne connaissons que par le mal qu'il fait.

Réponse. Taisez-vous donc aussi, puisque vous ne concevez pas son utilité plus que moi ; ou avouez que tout est admirablement proportionné dans les reptiles.

Il y en a de venimeux, vous l'avez été vous-même. Il ne s'agit ici que de l'art prodigieux qui a formé les serpens, les quadrupèdes, les oiseaux, les poissons et les bipèdes. Cet art est assez manifeste. Vous demandez pourquoi le serpent nuit ? Et vous, pourquoi avez-vous nui tant de fois? pourquoi avez-vous été persécuteur, ce qui est le plus grand des crimes pour un philosophe? C'est une autre question, c'est celle du mal moral et du mal physique. Il y a longtemps qu'on demande pourquoi il y a tant de serpens et tant de méchans hommes pires que les serpens? Si les mouches pouvaient raisonner, elles se plaindraient à Dieu de l'existence des araignées; mais elles avoueraient ce que Minerve avoua d'Arachné, dans la fable, qu'elle arrange merveilleusement sa toile.

Il faut donc absolument reconnaître une intelligence ineffable que Spinosa même admettait. Il faut convenir qu'elle éclate dans le plus vil insecte comme dans les astres. Et, à l'égard du mal moral et physique, que dire et que faire? Se consoler par la jouissance du bien physique et moral, en adorant l'Être éternel qui a fait l'un et permis l'autre.

Encore un mot sur cet article. L'athéisme est le vice de quelques gens d'esprit, et la superstition le vice des sots : mais les fripons! que sont-ils? des fripons.

SECTION IV.

Disons un mot de la question de morale agitée par Bayle, savoir, *si une société d'athées pourrait subsister?* Remarquons d'abord sur cet article quelle est l'énorme contradiction des hommes dans la dispute : ceux qui se sont élevés contre l'opinion de Bayle avec le plus d'emportement, ceux qui lui ont nié avec le plus d'injures la possibilité d'une société d'athées, ont soutenu depuis, avec la même intrépidité que l'athéisme [1] est la religion du gouvernement de la Chine.

Ils se sont assurément bien trompés sur le gouvernement chinois; ils n'avaient qu'à lire les édits des empereurs de ce vaste pays, ils auraient vu que ces édits sont des sermons, et que partout il y est parlé de l'Être suprême, gouverneur, vengeur, et rémunérateur.

Mais en même temps ils ne se sont pas moins trompés sur l'impossibilité d'une société d'athées ; et je ne sais comment M. Bayle a pu oublier un exemple frappant qui aurait pu rendre sa cause victorieuse.

En quoi une société d'athées paraît-elle impossible? C'est qu'on juge que des hommes qui n'auraient pas de frein ne pourraient jamais vivre ensemble ; que les lois ne peuvent rien contre les crimes secrets ; qu'il faut un Dieu vengeur qui punisse dans ce monde-ci ou dans l'autre les méchans échappés à la justice humaine.

[1] La Chine n'est assurément pas athée ; mais il n'y a, dans ce pays, aucune religion qui se présente comme révélée. (E. B.)

Les lois de Moïse, il est vrai, n'enseignaient point une vie à venir, ne menaçaient point de châtimens après la mort, n'enseignaient point aux premiers Juifs l'immortalité de l'ame; mais les Juifs, loin d'être athées, loin de croire se soustraire à la vengeance divine, étaient les plus religieux de tous les hommes. Non seulement ils croyaient l'existence d'un Dieu éternel, mais ils le croyaient toujours présent parmi eux; ils tremblaient d'être punis dans eux-mêmes, dans leurs femmes, dans leurs enfans, dans leur postérité, jusqu'à la quatrième génération : ce frein était très puissant.

Mais, chez les Gentils, plusieurs sectes n'avaient aucun frein: les sceptiques doutaient de tout; les académiciens suspendaient leur jugement sur tout; les épicuriens étaient persuadés que la Divinité ne pouvait se mêler des affaires des hommes, et, dans le fond, il n'admettaient aucune divinité. Ils étaient convaincus que l'ame n'est point une substance, mais une faculté qui naît et qui périt avec le corps; par conséquent ils n'avaient aucun joug que celui de la morale et de l'honneur. Les sénateurs et les chevaliers romains étaient de véritables athées, car les dieux n'existaient pas pour des hommes qui ne craignaient ni n'espéraient rien d'eux. Le sénat romain était donc réellement une assemblée d'athées du temps de César et de Cicéron.

Ce grand orateur, dans sa harangue pour Cluentius, dit à tout le sénat assemblé : « Quel mal lui fait la mort? nous rejetons toutes les fables ineptes des enfers; qu'est-ce donc que la mort lui a ôté? rien que le sentiment des douleurs.

César, l'ami de Catilina, voulant sauver la vie de son ami contre ce même Cicéron, ne lui objecte-t-il pas que ce n'est point punir un criminel que de le faire mourir, que la mort *n'est rien*, que c'est seulement la fin de nos maux, que c'est un moment plus heureux que fatal? Cicéron et tout le sénat ne se rendent-ils pas à ces raisons? Les vainqueurs et les législateurs de l'univers connu formaient donc visiblement une société d'hommes qui ne craignaient rien des dieux, qui étaient de véritables athées.

Bayle examine ensuite si l'idolâtrie est plus dangereuse que l'athéisme ; si c'est un crime plus grand de ne point croire à la Divinité que d'avoir d'elle des opinions indignes : il est en cela du sentiment de Plutarque ; il croit qu'il vaut mieux n'avoir nulle opinion qu'une mauvaise opinion; mais, n'en déplaise à Plutarque, il est évident qu'il valait infiniment mieux pour les Grecs de craindre Cérès, Neptune et Jupiter, que de ne rien craindre du tout. Il est clair que la sainteté des sermens et nécessaire, et qu'on doit se fier davantage à ceux qui pensent qu'un faux serment sera puni, qu'à ceux qui pensent qu'ils peuvent faire un faux serment avec impunité. Il est indubitable que dans une ville policée il est infiniment plus utile d'avoir une religion, même mauvaise, que de n'en avoir point du tout.

Il paraît donc que Bayle devait plutôt examiner quel est le plus dangereux, du fanatisme, ou de l'athéisme. Le fanatisme est certainement mille fois plus funeste; car l'athéisme n'inspire point de passion sanguinaire, mais le fanatisme en inspire ; l'athéisme ne s'oppose pas aux crimes, mais le fanatisme les fait commettre. Supposons avec l'auteur du *Commentarium rerum gallicarum*, que le chancelier de l'Hospital fût athée; il n'a fait que de sages lois, et n'a conseillé que la modération et la concorde : les fanatiques commirent les massacres de la Saint-Barthélemi. Hobbes passa pour un athée ; il mena une vie tranquille et innocente : les fanatiques de son temps inondèrent de sang l'Angleterre, l'Écosse et l'Irlande. Spinosa était non-seulement[1] athée, mais il enseigna l'athéisme : ce ne fut pas lui assurément qui eut part à l'assassinat juridique de Barneveldt; ce ne fut pas lui qui déchira les deux frères de Wit en morceaux, et qui les mangea sur le gril.

Les athées sont pour la plupart des savans hardis et égarés qui raisonnent mal, et qui, ne pouvant comprendre la création, l'origine du mal, et d'autres difficultés, ont recours à l'hypothèse de l'éternité des choses et de la nécessité.

Les ambitieux, les voluptueux, n'ont guère le temps de raisonner et d'embrasser un mauvais système ; ils ont autre chose à faire qu'à comparer Lucrèce avec Socrate. C'est ainsi que vont les choses parmi nous.

Il n'en était pas ainsi du sénat de Rome, qui était presque tout composé d'athées de théorie et de pratique, c'est-à-dire, qui ne croyaient ni à la Providence ni à la vie future ; ce sénat était une assemblée de philosophes, de voluptueux et d'ambitieux, tous très dangereux, et qui perdirent la république. L'épicuréisme subsista sous les empereurs : les athées du sénat avaient été des factieux dans les temps de Sylla et de César ; ils furent sous Auguste et Tibère des athées esclaves.

Je ne voudrais pas avoir affaire à un prince athée, qui trouverait son intérêt à me faire piler dans un mortier : je suis bien sûr que je serais pilé. Je ne voudrais pas, si j'étais souverain, avoir affaire à des courtisans athées dont l'intérêt serait de m'empoisonner : il me faudrait prendre au hasard du contre-poison tous les jours. Il est donc absolument nécessaire, pour les princes et pour les peuples,

[1] Voy. section II, note 1. (E. B.)

que l'idée d'un Être suprême, créateur, gouverneur, rémunérateur et vengeur, soit profondément gravée dans les esprits.

Il y a des peuples athées, dit Bayle dans ses *Pensées sur les comètes*. Les Cafres, les Hottentots, les Topinambous, et beaucoup d'autres petites nations n'ont point de Dieu : ils ne le nient ni ne l'affirment ; ils n'en ont jamais entendu parler; dites-leur qu'il y en a un, ils le croiront aisément. Dites-leur que tout se fait par la nature des choses, ils vous croiront de même. Prétendre qu'ils sont athées est la même imputation que si l'on disait qu'ils sont anti-cartésiens ; ils ne sont ni pour ni contre Descartes. Ce sont de vrais enfans; un enfant n'est ni athée ni déiste, il n'est rien.

Quelle conclusion tirerons-nous de tout ceci ? Que l'athéisme[1] est un monstre très pernicieux dans ceux qui gouvernent ; qu'il l'est aussi dans les gens de cabinet, quoique leur vie soit innocente, parce que de leur cabinet ils peuvent percer jusqu'à ceux qui sont en place ; que, s'il n'est pas si funeste que le fanatisme, il est presque toujours fatal à la vertu. Ajoutons surtout qu'il y a moins d'athées aujourd'hui que jamais, depuis que les philosophes ont reconnu qu'il n'y a aucun être végétant sans germe, aucun germe sans dessein, etc., et que le blé ne vient point de pourriture.

Des géomètres non philosophes ont rejeté les causes finales, mais les vrais philosophes les admettent; et, comme on l'a dit déjà, un catéchiste annonce Dieu aux enfans, et Newton le démontre aux sages.

[1] Voy. *Homélie sur l'Athéisme.* (E. B.)

BIEN.

Du bien et du mal physique.

Voici une question des plus difficiles et des plus importantes. Il s'agit de toute la vie humaine. Il serait bien plus important de trouver un remède à nos maux; mais il n'y en a point, et nous sommes réduits à rechercher tristement leur origine. C'est sur cette origine qu'on dispute depuis Zoroastre, et qu'on a, selon les apparences, disputé avant lui. C'est pour expliquer ce mélange de bien et de mal qu'on a imaginé les deux principes, Oromase, l'auteur de la lumière, et Arimane, l'auteur des ténèbres; la boîte de Pandore, les deux tonneaux de Jupiter, et tant d'autres systèmes. Le premier des dialecticiens, non pas le premier des philosophes, l'illustre Bayle a fait assez voir comment il est difficile aux chrétiens qui admettent un seul Dieu, bon et juste, de répondre aux objections des manichéens qui reconnaissent deux dieux, dont l'un est bon et l'autre méchant.

Le fond du système des manichéens, tout ancien qu'il est, n'en était pas plus raisonnable. Il faudrait avoir établi des lemmes géométriques pour oser en venir à ce théorème : « Il y a deux êtres nécessaires, tous deux suprêmes, tous deux infinis, tous deux également puissans, tous deux s'étant fait la guerre, et s'accordant enfin pour verser sur cette petite planète, l'un tous les trésors de sa bénéficence, et l'autre tout l'abyme de sa malice » En vain, par cette hypothèse, expliquent-ils la cause du bien et du mal; la fable de Prométhée l'explique encore mieux; mais toute hypothèse qui ne sert qu'à rendre raison des choses, et qui n'est pas d'ailleurs fondée sur des principes certains, doit être rejetée.

On ne conçoit pas comment Bayle, qui maniait avec tant de force et de finesse les armes de la dialectique, s'est contenté de faire argumenter[1] un manichéen, un calviniste, un moliniste, un socinien : que n'a-t-il fait parler un homme raisonnable? que Bayle n'a-t-il parlé lui-même, il aurait dit bien mieux que nous ce que nous allons hasarder.

Qu'est-ce que le mal physique ? De tous les maux le plus grand sans doute est la mort. Voyons s'il était possible que l'homme eût été immortel.

Pour qu'un corps tel que le nôtre fût indissoluble, impérissable, il faudrait qu'il ne fût point composé de parties ; il faudrait qu'il ne naquît point, qu'il ne prît ni nourriture, ni accroissement, qu'il ne pût éprouver aucun changement. Qu'on examine toutes ces questions que chaque lecteur peut étendre à son gré, et l'on verra que la proposition de l'homme immortel est contradictoire.

Si notre corps organisé était immortel, celui des animaux le serait aussi ; or, il est clair qu'en peu de temps le globe ne pourrait suffire à nourrir tant d'animaux ; ces êtres immortels, qui ne subsistent qu'en renouvelant leurs corps par la nourriture, périraient donc faute de pouvoir se renouveler ; tout cela est contradictoire. On en pourrait dire beaucoup davantage ; mais tout lecteur vraiment philosophe verra que la mort était nécessaire à tout ce qui est né.

L'homme né pour mourir ne pouvait pas plus être soustrait aux douleurs qu'à la mort. Pour qu'une substance

[1] Voy. dans Bayle les articles *Manichéens*, *Marcionites*, *Pauliciens*.

organisée et douée de sentiment n'éprouvât jamais de douleur, il faudrait que toutes les lois de la nature changeassent, que la matière ne fût plus divisible, qu'il n'y eût plus ni pesanteur, ni action, ni force, qu'un rocher pût tomber sur un animal sans l'écraser, que l'eau ne pût le suffoquer, que le feu ne pût le brûler. L'homme impassible est donc aussi contradictoire que l'homme immortel.

Ce sentiment de douleur était nécessaire pour nous avertir de nous conserver, et pour nous donner des plaisirs autant que le comportent les lois générales auxquelles tout est soumis.

Si nous n'éprouvions pas la douleur, nous nous blesserions à tout moment sans le sentir. Sans le commencement de douleur, nous ne ferions aucune fonction de la vie, nous ne la communiquerions pas, nous n'aurions aucun plaisir. La faim est un commencement de douleur qui nous avertit de prendre de la nourriture, l'ennui une douleur qui nous force à nous occuper, l'amour un besoin qui devient douloureux quand il n'est pas satisfait. Tout désir, en un mot, est un besoin, une douleur commencée. La douleur est donc le premier ressort de toutes les actions des animaux. Tout animal doué de sentiment doit être sujet à la douleur si la matière est divisible. La douleur était donc aussi nécessaire que la mort. Elle ne peut donc être ni une erreur de la Providence, ni une malice, ni une punition. Si nous n'avions vu souffrir que les brutes, nous n'accuserions pas la nature; si, dans un état impassible, nous étions témoins de la mort lente et douloureuse des colombes sur lesquelles fond un épervier qui dévore à loisir leurs entrailles, et qui ne fait que ce que nous fesons, nous serions loin de murmurer; mais de quel droit nos corps seront-ils moins sujets à être déchirés que ceux des brutes ? Est-ce parce que nous avons une intelligence supérieure à la leur ? Mais qu'a de commun ici l'intelligence avec une matière divisible ? Quelques idées de plus ou de moins dans un cerveau doivent-elles, peuvent-elles empêcher que le feu ne nous brûle, et qu'un rocher ne nous écrase.

CAUSES FINALES.

SECTION PREMIÈRE.

VIRGILE dit (*Æn.*, lib. VI, v. 727) :

Mens agitat molem et magno se corpore miscet.

L'esprit régit le monde; il s'y mêle, il l'anime.

Virgile a bien dit ; et B. Spinosa qui n'a pas la clarté de Virgile, et qui ne le vaut pas, est forcé de reconnaître une intelligence qui préside à tout. S'il me l'avait niée, je lui aurais dit : Benoît tu es fou ; tu as une intelligence et tu la nies : et à qui la nies-tu ?

Il vient en 1770 un homme très-supérieur à Spinosa à quelques égards, aussi éloquent que le juif hollandais est sec; non moins méthodique, cent fois plus clair, aussi géomètre sans affecter la marche ridicule de la géométrie dans un sujet métaphysique et moral : c'est l'auteur du *Système de la nature* : il a pris le nom de Mirabaud, secrétaire de l'Académie française. Hélas ! notre bon Mirabaud n'était pas capable d'écrire une page du livre de notre redoutable adversaire. Vous tous, qui voulez vous servir de votre raison et vous instruire, lisez cet éloquent et dangereux passage du *Système de la nature* (Partie II, chap. V, page 153 et suivantes).

« On prétend que les animaux nous fournissent une preuve convaincante d'une cause puissante de leur existence; on nous dit que l'accord admirable de leurs parties, que l'on voit se prêter des secours mutuels afin de remplir leurs fonctions et de maintenir leur ensemble, nous annonce un ouvrier qui réunit la puissance à la sagesse. Nous ne pouvons douter de la puissance de la nature; elle produit tous les animaux que nous voyons, à l'aide des combinaisons de la matière, qui est dans une action continuelle; l'accord des parties de ces mêmes animaux est une suite des lois nécessaires de leur nature et de leur combinaison; dès que cet accord cesse, l'animal se détruit nécessairement. Que deviennent alors la sagesse, l'intelligence [1] ou la bonté de la cause prétendue à qui l'on fesait honneur d'un accord si vanté? Ces animaux si merveilleux que l'on dit être les ouvrages d'un dieu immuable, ne s'altèrent-ils point sans cesse et ne finissent-ils pas toujours par se détruire? Où est la sagesse, la bonté, la prévoyance, l'immutabilité [2] d'un ouvrier qui ne paraît occupé qu'à déranger et briser les ressorts des machines qu'on nous annonce comme les chefs-d'œuvre de sa puissance et de son habileté? Si ce Dieu ne peut faire autrement [3], il n'est ni libre ni tout-puissant. S'il change de volonté, il n'est point immuable. S'il permet que des machines qu'il a rendues sensibles éprouvent de la douleur, il manque de bonté [4].

[1] Y a-t-il moins d'intelligence, parce que les générations se succèdent?

[2] Il y a immutabilité de dessein quand vous voyez immutabilité d'effets. Voy. *Dieu*.

[3] Être libre, c'est faire sa volonté. S'il l'opère, il est libre.

[4] Voy. la réponse dans les articles *Athéisme* et *Dieu*.

S'il n'a pu rendre ses ouvrages plus solides, c'est qu'il a manqué d'habileté. En voyant que les animaux, ainsi que tous les ouvrages de la Divinité, se détruisent, nous ne pouvons nous empêcher d'en conclure, ou que tout ce que la nature fait est nécessaire et n'est qu'une suite de ses lois, ou que l'ouvrier qui la fait agir est dépourvu de plan, de puissance, de constance, d'habileté, de bonté.

« L'homme, qui se regarde lui-même comme le chef-d'œuvre de la Divinité, nous fournirait plus que toute autre production la preuve de l'incapacité ou de la malice [1] de son auteur prétendu. Dans cet être sensible, intelligent, pensant, qui se croit l'objet constant de la prédilection divine, et qui fait son Dieu d'après son propre modèle, nous ne voyons qu'une machine plus mobile, plus frêle, plus sujette à se déranger par sa grande complication que celle des êtres les plus grossiers. Les bêtes dépourvues de nos connaissances, les plantes qui végètent, les pierres privées de sentiment, sont à bien des égards des êtres plus favorisés que l'homme; ils sont au moins exempt des peines d'esprit, des tourmens de la pensée, des chagrins dévorans, dont celui-ci est si souvent la proie. Qui est-ce qui ne voudrait point être un animal ou une pierre toutes les fois qu'il se rappelle la perte irréparable d'un objet aimé [2]? Ne vaudrait-il pas mieux être une masse inanimée qu'un superstitieux inquiet, qui ne fait que trembler ici-bas sous le joug de son Dieu, et qui prévoit encore des tourmens

[1] S'il est malin, il n'est point incapable; et s'il est capable, ce qui comprend pouvoir et sagesse, il n'est pas malin.

[2] L'auteur tombe ici dans une inadvertance à laquelle nous sommes tous sujets. Nous disons souvent : J'aimerais mieux être oiseau, quadrupède, que d'être homme, avec les chagrins que j'essuie. Mais quand on tient ce discours, on ne songe pas qu'on souhaite d'être anéanti ; car, si vous êtes autre chose que vous-même, vous n'avez plus rien de vous-même.

infinis dans une vie future? Les êtres privés de sentiment, de vie, de mémoire et de pensée, ne sont point affligés par l'idée du passé, du présent de l'avenir; ils ne se croient pas en danger de devenir éternellement malheureux pour avoir mal raisonné, comme tant d'êtres favorisés, qui prétendent que c'est pour eux que l'architecte du monde a construit l'univers.

« Que l'on ne nous dise point que nous ne pouvons avoir l'idée d'un ouvrage, sans avoir celle d'un ouvrier distingué de son ouvrage. *La nature n'est point un ouvrage* : elle a toujours existé par elle-même [1], c'est dans son sein que tout se fait; elle est un atelier immense pourvu de matériaux, et qui fait les instrumens dont elle se sert pour agir : tous ces ouvrages sont des effets de son énergie et des agens ou causes qu'elle fait, qu'elle renferme, qu'elle met en action. Des élémens éternels, incréés, indestructibles, toujours en mouvement, en se combinant diversement, font éclore tous les êtres et les phénomènes que nous voyons, tous les effets bons ou mauvais que nous sentons, l'ordre ou le désordre, que nous ne distinguons jamais que par les différentes façons dont nous sommes affectés; en un mot toutes les merveilles sur lesquelles nous méditons et raisonnons. Ces élémens n'ont besoin pour cela que de leurs propriétés, soit particulières, soit réunies, et du mouvement qui leur est essentiel, sans qu'il soit nécessaire de recourir à un ouvrier inconnu pour les arranger, les façonner, les combiner, les conserver, et les dissoudre.

« Mais en supposant pour un instant qu'il soit impossible de concevoir l'univers sans un ouvrier qui l'ait formé et qui veille à son ouvrage, où placerons-nous cet ou-

[1] Vous supposez ce qui est en question, et cela n'est que trop ordinaire à ceux qui font des systêmes.

vrier[1] ? sera-t-il dedans ou hors de l'univers? est-il matière ou mouvement? ou bien n'est-il que l'espace, le néant ou le vide? Dans tous ces cas, ou il ne serait rien, ou il serait contenu dans la nature, et soumis à ses lois. S'il est dans la nature, je n'y pense voir que de la matière en mouvement, et je dois en conclure que l'agent qui la meut est corporel et matériel, et que par conséquent il est sujet à se dissoudre. Si cet agent est hors de la nature, je n'ai plus aucune idée[2] du lieu qu'il occupe, ni d'un être immatériel, ni de la façon dont un esprit sans étendue peut agir sur la matière dont il est séparé. Ces espaces ignorés, que l'imagination a placés au delà du monde visible, n'existent point pour un être qui voit à peine à ses pieds[3] : la puissance idéale qui les habite ne peut se peindre à mon esprit que lorsque mon imagination combinera au hasard les couleurs fantastiques qu'elle est toujours forcée de prendre dans le monde où je suis ; dans ce cas je ne ferai que reproduire en idée ce que mes sens auront réellement aperçu ; et ce Dieu, que je m'efforce de distinguer de la nature et de placer hors de son enceinte, y rentrera toujours nécessairement et malgré moi.

« L'on insistera, et l'on dira que, si l'on portait une statue ou une montre à un sauvage qui n'en aurait jamais vu, il ne pourrait s'empêcher de reconnaître que ces choses sont des ouvrages de quelque agent intelligent, plus habile et plus industrieux que lui-même : l'on conclura de là que nous sommes pareillement forcés de reconnaître que

1 Est-ce à nous à lui trouver sa place ? C'est à lui de nous donner la nôtre. Voy. *la Réponse*.

2 Êtes-vous fait pour avoir des idées de tout, et ne voyez-vous pas dans cette nature une intelligence admirable ?

3 Ou le monde est infini, ou l'espace est infini : choisissez.

la machine de l'univers, que l'homme, que les phénomènes de la nature, sont des ouvrages d'un agent dont l'intelligence et le pouvoir surpassent de beaucoup les nôtres.

« Je réponds, en premier lieu, que nous ne pouvons douter que la nature ne soit très puissante et très industrieuse [1]; nous admirons son industrie toutes les fois que nous sommes surpris des effets étendus, variés et compliqués que nous trouvons dans ceux de ses ouvrages que nous prenons la peine de méditer : cependant elle n'est ni plus ni moins industrieuse dans l'un de ses ouvrages que dans les autres. Nous ne comprenons pas plus comment elle a pu produire une pierre ou un métal qu'une tête organisée comme celle de Newton. Nous appelons *industrieux* un homme qui peut faire des choses que nous ne pouvons pas faire nous-mêmes. La nature peut tout; et dès qu'une chose existe, c'est une preuve qu'elle a pu la faire. Ainsi ce n'est jamais que relativement à nous-mêmes que nous jugeons la nature industrieuse; nous la comparons alors à nous-mêmes; et comme nous jouissons d'une qualité que nous nommons *intelligence*, à l'aide de laquelle nous produisons des ouvrages où nous montrons notre industrie, nous en concluons que les ouvrages de la nature qui nous étonnent le plus ne lui appartiennent point, mais sont dus à un ouvrier intelligent comme nous, dont nous proportionnons l'intelligence à l'étonnement que ses œuvres produisent en nous, c'est-à-dire à notre faiblesse et à notre propre ignorance [2]. »

[1] *Puissante et industrieuse;* je m'en tiens là. Celui qui est assez puissant pour former l'homme et le monde est Dieu. Vous admettez Dieu malgré vous.

[2] Si nous sommes si ignorans, comment oserons-nous affirmer que tout se fait sans Dieu?

Voyez la réponse à ces argumens aux articles *Athéisme* et *Dieu*, et à la section suivante, écrite longtemps avant le *Système de la nature.*

SECTION II.

Si une horloge n'est pas faite pour montrer l'heure, j'avouerai alors que les causes finales sont des chimères; et je trouverai fort bon qu'on m'appelle *cause-finalier*, c'est-à-dire, un imbécille.

Toutes les pièces de la machine de ce monde semblent pourtant faites l'une pour l'autre. Quelques philosophes affectent de se moquer des causes finales rejetées par Epicure et par Lucrèce. C'est plutôt, ce me semble, d'Epicure et de Lucrèce qu'il faudrait se moquer. Ils vous disent que l'œil n'est point fait pour voir, mais qu'on s'en est servi pour cet usage quand on s'est aperçu que les yeux y pouvaient servir. Selon eux, la bouche n'est point faite pour parler, pour manger, l'estomac pour digérer, le cœur pour recevoir le sang des veines et l'envoyer dans les artères, les pieds pour marcher, les oreilles pour entendre. Ces gens-là cependant avouaient que les tailleurs leur fesaient des habits pour les vêtir, et les maçons des maisons pour les loger; et ils osaient nier à la nature, au grand Être, à l'Intelligence universelle, ce qu'ils accordaient tous à leurs moindres ouvriers.

Il ne faut pas sans doute abuser des causes finales. Nous avons remarqué qu'en vain M. le Prieur, dans le *Spectacle de la nature,* prétend que les marées sont données à l'Océan pour que les vaisseaux entrent plus aisément dans les ports, et pour empêcher que l'eau de la mer ne se corrompe. En vain dirait-il que les jambes sont faites pour être bottées, et les nez pour porter des lunettes.

Pour qu'on puisse s'assurer de la fin véritable pour laquelle une cause agit, il faut que cet effet soit de tous les temps et de tous les lieux. Il n'y a pas eu des vaisseaux en tout temps et sur toutes les mers; ainsi l'on ne peut pas dire que l'Océan ait été fait pour les vaisseaux. On sent combien il serait ridicule de prétendre que la nature eût travaillé de tous temps pour s'ajuster aux inventions de nos arts arbitraires, qui tous ont paru si tard; mais il est bien évident que si les nez n'ont pas été faits pour les bésicles, ils l'ont été pour l'odorat, et qu'il y a des nez depuis qu'il y a des hommes. De même les mains n'ayant pas été données en faveur des gantiers, elles sont visiblement destinées à tous les usages que le métacarpe et les phalanges de nos doigts, et les mouvemens du muscle circulaire du poignet nous procurent.

Cicéron, qui doutait de tout, ne doutait pas pourtant des causes finales.

Épicure était un grand homme pour son temps; il vit ce que Descartes a nié, ce que Gassendi a affirmé, ce que Newton a démontré, qu'il n'y a point de mouvement sans vide. Il conçut la nécessité des atomes pour servir de parties constituantes aux espèces invariables. Ce sont là des idées très philosophiques. Rien n'était surtout plus respectable que la morale des vrais épicuriens; elle consistait dans l'éloignement des affaires publiques, incompatibles avec la sagesse, et dans l'amitié, sans laquelle la vie est un fardeau : mais pour le reste de la physique d'Epicure, elle ne paraît pas plus admissible que la matière cannelée de Descartes. C'est, ce me semble, se boucher les yeux et l'entendement que de prétendre qu'il n'y a aucun dessein dans la nature; et, s'il y a du dessein, il y a une cause intelligente, il existe un Dieu.

On nous objecte les irrégularités du globe, les volcans, les plaines de sables mouvans, quelques petites montagnes abymées et d'autres formées par des tremblemens de terre, etc. Mais de ce que les moyeux des roues de votre carrosse auront pris feu, s'ensuit-il que votre carrosse n'ait pas été fait expressément pour vous porter d'un lieu à un autre?

Les chaînes des montagnes qui couronnent les deux hémisphères, et plus de six cents fleuves qui coulent jusqu'aux mers du pied de ces rochers; toutes les rivières qui descendent de ces mêmes réservoirs, et qui grossissent les fleuves, après avoir fertilisé les campagnes; des milliers de fontaines qui partent de la même source, et qui abreuvent le genre animal et le végétal; tout cela ne paraît pas plus l'effet d'un cas fortuit et d'une déclinaison d'atomes que la rétine qui reçoit les rayons de la lumière, le cristallin qui les réfracte, l'enclume, le marteau, l'étrier, le tambour de l'oreille, qui reçoit les sons, les routes du sang dans nos veines, la systole et la diastole du cœur, ce balancier de la machine qui fait la vie.

SECTION III.

Il paraît qu'il faut être forcené pour nier que les estomacs soient faits pour digérer, les yeux pour voir, les oreilles pour entendre.

D'un autre côté, il faut avoir un étrange amour des causes finales pour assurer que la pierre a été formée pour bâtir des maisons, et que les vers à soie sont nés à la Chine afin que nous ayons du satin en Europe.

Mais, dit-on, si Dieu a fait visiblement une chose à dessein, il a donc fait toutes choses à dessein. Il est ridicule d'admettre la Providence dans un cas, et de la nier dans les autres. Tout ce qui est fait a été prévu, a été arrangé. Nul arrangement sans objet, nul effet sans cause : donc tout est également le résultat, le produit d'une cause finale; donc il est aussi vrai de dire que les nez ont été faits pour porter des lunettes, et les doigts pour être ornés de bagues, qu'il est vrai de dire que les oreilles ont été formées pour entendre les sons, et les yeux pour recevoir la lumière.

Il ne résulte de cette objection rien autre, ce me semble, sinon que tout est l'effet prochain ou éloigné d'une cause finale générale; que tout est la suite des lois éternelles.

Quand les effets sont invariablement les mêmes, en tout lieu et en tout temps; quand ces effets uniformes sont indépendans des êtres auxquels ils appartiennent, alors il y a visiblement une cause finale.

Tous les animaux ont des yeux, ils voient; tous ont des oreilles, et ils entendent; tous une bouche par laquelle ils mangent; un estomac, ou quelque chose d'approchant, par lequel ils digèrent; et ces dons de la nature opèrent en eux sans qu'aucun art s'en mêle. Voilà des causes finales clairement établies, et c'est pervertir notre faculté de penser que de nier une vérité si universelle.

Mais les pierres, en tout lieu et en tout temps, ne composent pas des bâtimens; tous les nez ne portent pas des lunettes; tous les doigts n'ont pas une bague; toutes les jambes ne sont pas couvertes de bas de soie. Un ver à soie n'est donc pas fait pour couvrir mes jambes, précisément comme votre bouche est faite pour manger. Il y a donc des effets immédiats produits par les causes finales, et des effets en très grand nombre qui sont des produits éloignés de ces causes.

Tout ce qui appartient à la nature est uniforme, immuable, et l'ouvrage immédiat du maître; c'est lui qui a créé les lois par lesquelles la lune entre pour les trois quarts dans la cause du flux et du reflux de l'Océan, et le soleil pour son quart ; c'est lui qui a donné un mouvement de rotation au soleil, par lequel cet astre envoie en sept minutes et demie des rayons de lumière dans les yeux des hommes, des crocodiles et des chats.

Mais si, après bien des siècles, nous nous sommes avisés d'inventer des ciseaux et des broches, de tondre avec les uns la laine des moutons, et de les faire cuire avec les autres pour les manger, que peut-on en inférer autre chose, sinon que Dieu nous a faits de façon qu'un jour nous deviendrions nécessairement industrieux et carnassiers?

Les moutons n'ont pas sans doute été faits absolument pour être cuits et mangés, puisque plusieurs nations s'abstiennent de cette horreur. Les hommes ne sont pas créés essentiellement pour se massacrer, puisque les brames, et les respectables primitifs qu'on nomme *quakers,* ne tuent personne; mais la pâte dont nous sommes pétris produit souvent des massacres, comme elle produit des calomnies, des vanités, des persécutions et des impertinences. Ce n'est pas que la formation de l'homme soit précisément la cause finale de nos fureurs et de nos sottises, car une cause finale est universelle et invariable en tout temps et en tout lieu : mais les horreurs et les absurdités de l'espèce humaine n'en sont pas moins dans l'ordre éternel des choses. Quand nous battons notre blé, le fléau est la cause finale de la séparation du grain. Mais si ce fléau, en battant mon grain, écrase mille insectes, ce n'est point par ma volonté déterminée, ce n'est pas non plus par hasard; c'est que ces insectes se sont trouvés cette fois sous mon fléau, et qu'ils devaient s'y trouver.

C'est une suite de la nature des choses qu'un homme soit ambitieux, que cet homme enrégimente quelquefois d'autres hommes, qu'il soit vainqueur, ou qu'il soit battu; mais jamais on ne pourra dire : L'homme a été créé de Dieu pour être tué à la guerre.

Les instrumens que nous a donnés la nature ne peuvent être toujours des causes finales en mouvement. Les yeux donnés pour voir ne sont pas toujours ouverts, chaque sens a ses temps de repos. Il y a même des sens dont on ne fait jamais d'usage; mais la cause finale n'en subsiste pas moins; elle agira dès qu'elle sera libre.

CHAINE

OU

GÉNÉRATION DES ÉVÉNEMENS[1].

Le présent accouche, dit-on, de l'avenir. Les événemens sont enchaînés les uns aux autres par une fatalité invincible : c'est le destin qui, dans Homère, est supérieur à Jupiter même. Ce maître des dieux et des hommes déclare net qu'il ne peut empêcher Sarpédon son fils de mourir dans le temps marqué. Sarpédon était né dans le moment qu'il fallait qu'il naquît, et ne pouvait pas naître dans un autre; il ne pouvait mourir ailleurs que devant

[1] Voy. *Poëme sur le Désastre de Lisbonne*, note 1.

Troie ; il ne pouvait être enterré ailleurs qu'en Lycie ; son corps devait dans le temps marqué produire des légumes qui devaient se changer dans la substance de quelques Lyciens; ses héritiers devaient établir un nouvel ordre dans ses états ; ce nouvel ordre devait influer sur les royaumes voisins ; il en résulterait un nouvel arrangement de guerre et de paix avec les voisins des voisins de la Lycie : ainsi de proche en proche la destinée de toute la terre a dépendu de la mort de Sarpédon, laquelle dépendait de l'enlèvement d'Hélène ; et cet enlèvement était nécessairement lié au mariage d'Hécube, qui, en remontant à d'autres événemens, était lié à l'origine des choses.

Si un seul de ces faits avait été arrangé différemment, il en aurait résulté un autre univers ; or il n'était pas possible que l'univers actuel n'existât pas ; donc il n'était pas possible à Jupiter de sauver la vie à son fils, tout Jupiter qu'il était.

Ce système de la nécessité et de la fatalité a été inventé de nos jours par Leibnitz, à ce qu'on dit, sous le nom de *raison suffisante* ; il est pourtant fort ancien : ce n'est pas d'aujourd'hui qu'il n'y a point d'effet sans cause, et que souvent la plus petite cause produit les plus grands effets.

Milord Bolingbrocke avoue que les petites querelles de madame Marlborough et de madame Masham lui firent naître l'occasion de faire le traité particulier de la reine Anne avec Louis XIV ; ce traité amena la paix d'Utrecht ; cette paix d'Utrecht affermit Philippe V sur le trône d'Espagne. Philippe V prit Naples et la Sicile sur la maison d'Autriche ; le prince espagnol qui est aujourd'hui roi de Naples doit évidemment son royaume à milady Masham : et il ne l'aurait pas eu, il ne serait peut-être même pas né, si la duchesse de Marlborough avait été plus complaisante envers la reine d'Angleterre. Son existence à Naples dépendait d'une sottise de plus ou de moins à la cour de Londres.

Examinez les situations de tous les peuples de l'univers ; elles sont ainsi établies sur une suite de faits qui paraissent ne tenir à rien et qui tiennent à tout. Tout est rouage, poulie, corde, ressort dans cette immense machine.

Il en est de même dans l'ordre physique. Un vent qui souffle du fond de l'Afrique et des mers australes, amène une partie de l'atmosphère africaine, qui retombe en pluie dans les vallées des Alpes ; ces pluies fécondent nos terres ; notre vent du nord à son tour envoie nos vapeurs chez les nègres ; nous fesons du bien à la Guinée, et la Guinée nous en fait. La chaîne s'étend d'un bout de l'univers à l'autre.

Mais il me semble qu'on abuse étrangement de la vérité de ce principe. On en conclut qu'il n'y a si petit atome dont le mouvement n'ait influé dans l'arrangement actuel du monde entier ; qu'il n'y a si petit accident, soit parmi les hommes, soit parmi les animaux, qui ne soit un chaînon essentiel de la grande chaîne du destin.

Entendons-nous : tout effet a évidemment sa cause, à remonter de cause en cause dans l'abyme de l'éternité ; mais toute cause n'a pas son effet, à descendre jusqu'à la fin des siècles. Tous les événemens sont produits les uns par les autres, je l'avoue ; si le passé est accouché du présent, le présent accouche du futur ; tout a des pères, mais tout n'a pas toujours des enfans. Il en est ici précisément comme d'un arbre généalogique : chaque maison remonte, comme on sait, à Adam ; mais dans la famille il y a bien des gens qui sont morts sans laisser de postérité.

Il y a un arbre généalogique des événemens de ce monde. Il est incontestable que les habitans des Gaules et de l'Espagne descendent de Gomer; et les russes de Magog, son frère cadet : on trouve cette généalogie dans tant de gros livres! Sur ce pied-là, on ne peut nier que le Grand-Turc, qui descend aussi de Magog, ne lui ait l'obligation d'avoir été bien battu en 1769 par l'impératrice de Russie Catherine II. Cette aventure tient évidemment à d'autres grandes aventures. Mais que Magog ait craché à droite ou à gauche, auprès du mont Caucase, et qu'il ait fait deux ronds dans un puits ou trois, qu'il ait dormi sur le côté gauche ou sur le côté droit, je ne vois pas que cela ait influé beaucoup sur les affaires présentes.

Il faut songer que tout n'est pas plein dans la nature, comme Newton l'a démontré, et que tout mouvement ne se communique pas de proche en proche, jusqu'à faire le tour du monde, comme il l'a démontré encore. Jetez dans l'eau un corps de pareille densité, vous calculez aisément qu'au bout de quelque temps le mouvement de ce corps, et celui qu'il a communiqué à l'eau, sont anéantis; le mouvement se perd et se répare; donc le mouvement que put produire Magog en crachant dans un puits ne peut avoir influé sur ce qui se passe aujourd'hui en Moldavie et en Valachie; donc les événemens présens ne sont pas les enfans de tous les événemens passés : ils ont leurs lignes directes; mais mille petites lignes collatérales ne leur servent à rien. Encore une fois, tout être a son père, mais tout être n'a pas des enfans.

Du fondement de la philosophie de Spinosa.

Le grand dialecticien Bayle a réfuté Spinosa [1]. Ce système n'est donc pas démontré comme une proposition d'Euclide. S'il l'était, on ne saurait le combattre. Il est donc au moins obscur.

J'ai toujours eu quelque soupçon que Spinosa, avec sa substance universelle, ses modes et ses accidens, avait entendu autre chose que ce que Bayle entend, et que par conséquent Bayle peut avoir eu raison, sans avoir confondu Spinosa. J'ai toujours cru surtout que Spinosa ne s'entendait pas souvent lui-même, et que c'est la principale raison pour laquelle on ne l'a pas entendu.

Il me semble qu'on pourrait battre les remparts du spinosisme par un côté que Bayle a négligé. Spinosa pense qu'il ne peut exister qu'une seule substance; et il paraît par tout son livre qu'il se fonde sur la méprise de Descartes, *que tout est plein*. Or il est aussi faux que tout soit plein, qu'il est faux que tout soit vide. Il est démontré aujourd'hui que le mouvement est aussi impossible dans le plein absolu, qu'il est impossible que, dans une balance égale, un poids de deux livres élève un poids de quatre.

Or, si tous les mouvemens exigent absolument des espaces vides, que deviendra la substance unique de Spinosa? comment la substance d'une étoile entre laquelle et nous existe un espace vide si immense, sera-t-elle précisément la substance de notre terre, la substance de moi-même [2], la substance d'une mouche mangée par une araignée ?

[1] Voy. l'article *Spinosa*, Dictionnaire de Bayle.

[2] Ce qui fait que Bayle n'a pas pressé cet argument, c'est qu'il

Je me trompe peut-être; mais je n'ai jamais conçu comment Spinosa, admettant une substance infinie dont la pensée et la matière sont les deux modalités, admettant la substance, qu'il appelle Dieu, et dont tout ce que nous voyons est mode ou accident, a pu cependant rejeter les causes finales. Si cet être infini, universel, pense, comment n'aurait-il pas des desseins? s'il a des desseins, comment n'aurait-il pas une volonté ? Nous sommes, dit Spinosa, des modes de cet être absolu, nécessaire, infini. Je dis à Spinosa : Nous voulons, nous avons des desseins, nous qui ne sommes que des modes: donc cet être infini, nécessaire, absolu, ne peut en être privé; donc il a volonté, desseins, puissance.

Je sais bien que plusieurs philosophes, et surtout Lucrèce, ont nié les causes finales; et je sais que Lucrèce, quoique peu châtié, est un très-grand poëte dans ses descriptions et dans sa morale ; mais en philosophie il me paraît, je l'avoue, fort au dessous d'un portier de collége et d'un bedeau de paroisse. Affirmer que ni l'œil n'est fait pour voir, ni l'oreille pour entendre, ni l'estomac pour digérer, n'est-ce pas là la plus énorme absurdité, la plus révoltante folie qui soit jamais tombée dans l'esprit humain? Tout douteur que je suis, cette démence me paraît évidente, et je le dis.

Pour moi, je ne vois dans la nature, comme dans les arts, que des causes finales; et je crois un pommier fait pour porter des pommes, comme je crois une montre faite pour marquer l'heure.

Je dois avertir ici que si Spinosa, dans plusieurs endroits de ses ouvrages, se moque des causes finales, il les

n'était pas instruit des démonstrations de Newton, de Keil, de Gregory, de Halley, que le vide est nécessaire pour le mouvement.

reconnaît plus expressément que personne dans sa première partie de l'*Être en général et en particulier*.

Voici ses paroles :

« Qu'il me soit permis de m'arrêter ici quelque instant[1] pour admirer la merveilleuse dispensation de la nature, laquelle ayant enrichi la constitution de l'homme de tous les ressorts nécessaires pour prolonger jusqu'à certain terme la durée de sa fragile existence, et pour animer la connaissance qu'il a de lui-même par celle d'une infinité de choses éloignées, semble avoir exprès négligé de lui donner des moyens pour bien connaître celles dont il est obligé de faire un usage plus ordinaire, et même les individus de sa propre espèce. Cependant, à le bien prendre, c'est moins l'effet d'un refus que celui d'une extrême libéralité, puisque s'il y avait quelque être intelligent qui en pût pénétrer un autre contre son gré, il jouirait d'un tel avantage au-dessus de lui, que par cela même il serait exclu de la société; au lieu que dans l'état présent, chaque individu jouissant de lui-même avec une pleine indépendance, ne se communique qu'autant qu'il lui convient. »

Que conclurai-je de là? Que Spinosa se contredisait souvent ; qu'il n'avait pas toujours des idées nettes ; que dans le grand naufrage des systèmes il se sauvait, tantôt sur une planche, tantôt sur une autre; qu'il ressemblait par cette faiblesse à Malebranche, à Arnauld, à Bossuet, à Claude, qui se sont contredits quelquefois dans leurs disputes ; qu'il était comme tant de métaphysiciens et de théologiens. Je conclurai que je dois me défier à plus forte raison de toutes mes idées en métaphysique; que je suis un animal très faible, marchant sur des sables mouvans qui se dé-

[1] Page 146.

robent continuellement sous moi, et qu'il n'y a peut-être rien de si fou que de croire avoir toujours raison.

Vous êtes très confus, Baruch[1] Spinosa ; mais êtes-vous aussi dangereux qu'on le dit ? Je soutiens que non ; et ma raison, c'est que vous êtes confus, que vous avez écrit en mauvais latin, et qu'il n'y a pas dix personnes en Europe qui vous lisent d'un bout à l'autre, quoiqu'on vous ait traduit en français. Quel est l'auteur dangereux ? C'est celui qui est lu par les oisifs de la cour et par les dames.

SECTION IV.

Du Système de la nature.

L'auteur du *Système de la nature* a eu l'avantage de se faire lire des savans, des ignorans, des femmes ; il a donc dans le style des mérites que n'avait pas Spinosa. Souvent de la clarté, quelquefois de l'éloquence, quoiqu'on puisse lui reprocher de répéter, de déclamer et de se contredire comme tous les autres. Pour le fond des choses, il faut s'en défier très souvent en physique et en morale. Il s'agit ici de l'intérêt du genre humain. Examinons donc si sa doctrine est vraie et utile, et soyons courts si nous pouvons.

L'ordre et le désordre n'existent point, etc.[2].

Quoi ! en physique, un enfant né aveugle ou privé de ses jambes, un monstre n'est pas contraire à la nature de l'espèce ? N'est-ce pas la régularité ordinaire de la nature qui fait l'ordre, et l'irrégularité qui est le désordre ? N'est-ce pas un très grand dérangement, un désordre funeste qu'un enfant à qui la nature a donné la faim, et a bouché

[1] Il s'appelle Baruch, et non Benoît, car il ne fut jamais baptisé.

[2] Première partie, page 60.

l'œsophage? Les évacuations de toute espèce sont nécessaires, et souvent les conduits manquent d'orifices : on est obligé d'y remédier : ce désordre a sa cause, sans doute. Point d'effet sans cause; mais c'est un effet très désordonné.

L'assassinat de son ami, de son frère, n'est-il pas un désordre horrible en morale? Les calomnies d'un Garasse, d'un Le Tellier, d'un Doucin, contre des jansénistes et celles des jansénistes contre les jésuites; les impostures des Patouillet et Paulian ne sont-elles pas de petits désordres? La Saint-Barthélemi, les massacres d'Irlande, etc., etc., ne sont-ils pas des désordres exécrables? Ce crime a sa cause dans des passions; mais l'effet est exécrable; la cause est fatale; ce désordre fait frémir. Reste à découvrir, si l'on peut, l'origine de ce désordre, mais il existe.

L'expérience prouve que les matières que nous regardons comme inertes et mortes prennent de l'action, de l'intelligence, de la vie, quand elles sont combinées d'une certaine façon [1].

C'est là précisément la difficulté. Comment un germe parvient-il à la vie? l'auteur et le lecteur n'en savent rien. De là les deux volumes du *Système;* et tous les systèmes du monde ne sont-ils pas des rêves!

Il faudrait définir la vie, et c'est ce que j'estime impossible [2].

Cette définition n'est-elle pas très-aisée, très-commune? la vie n'est-elle pas organisation avec sentiment? Mais que vous teniez ces deux propriétés du mouvement seul de la matière, c'est ce dont il est impossible de donner une preuve; et, si on ne peut le prouver, pourquoi l'affirmer? pourquoi dire tout haut: *Je sais*, quand on se dit tout bas : *J'ignore?*

[1] Page 69.
[2] Page 78.

L'on demandera ce que c'est que l'homme, etc. [1].

Cet article n'est pas assurément plus clair que les plus obscurs de Spinosa, et bien des lecteurs s'indigneront de ce ton décisif que l'on prend sans rien expliquer.

La matière est éternelle et nécessaire, mais ses formes et ses combinaisons sont passagères et contingentes, etc. [2].

Il est difficile de comprendre comment la matière étant nécessaire, et aucun être libre n'existant, selon l'auteur, il y aurait quelque chose de contingent. On entend par contingence ce qui peut être et ne pas être ; mais tout devant être d'une nécessité absolue, toute manière d'être qu'il appelle ici mal à propos *contingent* est d'une nécessité aussi absolue que l'être même. C'est là où l'on se trouve plongé dans un labyrinthe où l'on ne voit point d'issue.

Lorsqu'on ose assurer qu'il n'y a point de Dieu, que la matière agit par elle-même, par une nécessité éternelle, il faut le démontrer comme une proposition d'Euclide, sans quoi vous n'appuyez votre système que sur un peut-être. Quel fondement pour la chose qui intéresse le plus le genre humain !

Si l'homme, d'après sa nature, est forcé d'aimer son bien-être, il est forcé d'en aimer les moyens. Il serait inutile et peut-être injuste de demander à un homme d'être vertueux, s'il ne peut l'être sans se rendre malheureux. Dès que le vice le rend heureux, il doit aimer le vice [3].

Cette maxime est encore plus exécrable en morale que les autres ne sont fausses en physique. Quand il serait vrai qu'un homme ne pourrait être vertueux sans souffrir, il faudrait l'encourager à l'être. La proposition de l'auteur

[1] Page 80.
[2] Page 82.
[3] Page 152.

serait visiblement la ruine de la société. D'ailleurs, comment saura-t-on qu'on ne peut-être heureux sans avoir des vices? n'est-il pas au contraire prouvé par l'expérience que la satisfaction de les avoir domptés est cent fois plus grande que le plaisir d'y avoir succombé; plaisir toujours empoisonné, plaisir qui mène au malheur? On acquiert, en domptant ses vices, la tranquillité, le témoignage consolant de sa conscience; on perd, en s'y livrant, son repos, sa santé; on risque tout. Aussi l'auteur lui-même, en vingt endroits, veut qu'on sacrifie tout à la vertu; et il n'avance cette proposition que pour donner dans son système une nouvelle preuve de la nécessité d'être vertueux.

Ceux qui rejettent avec tant de raison les idées innées,... auraient dû sentir que cette intelligence ineffable que l'on place au gouvernail du monde, et dont nos sens ne peuvent constater ni l'existence ni les qualités, est un être de raison [1].

En vérité, de ce que nous n'avons point d'idées innées, comment s'ensuit-il qu'il n'y a point de Dieu? cette conséquence n'est-elle pas absurde? y a-t-il quelque contradiction à dire que Dieu nous donne des idées par nos sens? n'est-il pas, au contraire, de la plus grande évidence que, s'il est un être tout-puissant dont nous tenons la vie, nous lui devons nos idées et nos sens comme tout le reste? Il faudrait avoir prouvé auparavant que Dieu n'existe pas; et c'est ce que l'auteur n'a point fait; c'est même ce qu'il n'a pas encore tenté de faire jusqu'à cette page du chapitre X.

Dans la crainte de fatiguer les lecteurs par l'examen de tous ces morceaux détachés, je viens au fondement du livre, et à l'erreur étonnante sur laquelle il a élevé son système. Je dois absolument répéter ici ce qu'on a dit ailleurs.

[1] Page 167.

Histoire des anguilles sur lesquelles est fondé le Système [1].

Il y avait en France, vers l'an 1750, un jésuite anglais nommé Needham, déguisé en séculier, qui servait alors de précepteur au neveu de M. Dillon, archevêque de Toulouse. Cet homme faisait des expériences de physique, et surtout de chimie.

Après avoir mis de la farine de seigle ergoté dans des bouteilles bien bouchées, et du jus de mouton bouilli dans d'autres bouteilles, il crut que son jus de mouton et son seigle avaient fait naître des anguilles, lesquelles même en reproduisaient bientôt d'autres, et qu'ainsi une race d'anguilles se formait indifféremment d'un jus de viande, ou d'un grain de seigle.

Un physicien qui avait de la réputation ne douta pas que ce Needham ne fût un profond athée. Il conclut que, puisque l'on fesait des anguilles avec de la farine de seigle, on pouvait faire des hommes avec de la farine de froment; que la nature et la chimie produisaient tout, et qu'il était démontré qu'on peut se passer d'un Dieu formateur de toutes choses.

Cette propriété de la farine trompa aisément un homme [2] malheureusement égaré alors dans des idées qui doivent faire trembler pour la faiblesse de l'esprit humain. Il voulait creuser un trou jusqu'au centre de la terre pour voir le feu central, disséquer des Patagons pour connaître la nature de l'âme, enduire les malades de poix résine pour les empêcher de transpirer, exalter son âme pour

[1] Voy. *Anguilles*, chap. XX des Singularités de la nature, volume de Physique.

[2] Maupertuis.

prédire l'avenir. Si on ajoutait qu'il fut encore plus malheureux en cherchant à opprimer deux de ses confrères, cela ne ferait pas d'honneur à l'athéisme, et servirait seulement à nous faire rentrer en nous-mêmes avec confusion.

Il est bien étrange que des hommes, en niant un Créateur, se soient attribué le pouvoir de créer des anguilles.

Ce qu'il y a de plus déplorable, c'est que des physiciens plus instruits adoptèrent le ridicule système du jésuite Needham, et le joignirent à celui de Maillet, qui prétendait que l'Océan avait formé les Pyrénées et les Alpes, et que les hommes étaient originairement des marsouins, dont la queue fourchue se changea en cuisses et en jambes dans la suite des temps, ainsi que nous l'avons dit. De telles imaginations peuvent être mises avec les anguilles formées par de la farine.

Il n'y a pas long-temps qu'on assura qu'à Bruxelles un lapin avait fait une demi douzaine de lapereaux à une poule.

Cette transmutation de farine et de jus de mouton en anguilles fut démontrée aussi fausse et aussi ridicule qu'elle l'est en effet par M. Spalanzani, un peu meilleur observateur que Needham.

On n'avait pas besoin même de ces observations pour démontrer l'extravagance d'une illusion si palpable. Bientôt les anguilles de Needham allèrent trouver la poule de Bruxelles.

Cependant, en 1768, le traducteur exact, élégant et judicieux de Lucrèce se laisse surprendre au point que non seulement il rapporte dans ses notes du livre VIII, page 361, les prétendues expériences de Needham, mais qu'il fait ce qu'il peut pour en constater la validité.

Voilà pour le nouveau fondement du *Système de la na-*

ture. L'auteur, dès le second chapitre, s'exprime ainsi :

En humectant de la farine avec de l'eau, et en renfermant ce mélange, on trouve au bout de quelque temps, à l'aide du microscope, qu'il a produit des êtres organisés dont on croyait la farine et l'eau incapables. C'est ainsi que la nature inanimée peut passer à la vie, qui n'est elle-même qu'un assemblage de mouvemens [1].

Quand cette sottise inouïe serait vraie, je ne vois pas, à raisonner rigoureusement, qu'elle prouvât qu'il n'y a point de dieu ; car il se pourrait très bien qu'il y eût un Être suprême, intelligent et puissant, qui, ayant formé le soleil et les astres, daignât former aussi des animalcules sans germe. Il n'y a point là de contradiction dans les termes. Il faudrait chercher ailleurs une preuve démonstrative que Dieu n'existe pas, et c'est ce qu'assurément personne n'a trouvé ni ne trouvera.

L'auteur traite avec mépris les causes finales, parce que c'est un argument rebattu ; mais cet argument si méprisé est de Cicéron et de Newton. Il pourrait par cela seul faire entrer les athées en quelque défiance d'eux-mêmes. Le nombre est assez grand des sages qui, en observant le cours des astres et l'art prodigieux qui règne dans la structure des animaux et des végétaux, reconnaissent une main puissante qui opère ces continuelles merveilles.

L'auteur prétend que la matière aveugle et sans choix produit des animaux intelligens. Produire sans intelligence des êtres qui en ont ! cela est-il concevable ? ce système est-il appuyé sur la moindre vraisemblance ? Une opinion si contradictoire exigerait des preuves aussi étonnantes qu'elle-même. L'auteur n'en donne aucune ; il ne prouve jamais rien, et il affirme tout ce qu'il avance. Quel chaos ! quelle confusion ! mais quelle témérité !

[1] Première partie, page 23. Voy. sur les anguilles de Needham, dans le volume de *Physique* le chapitre XX *des Singularités de la nature.*

Spinosa du moins avouait une intelligence agissante dans ce grand tout, qui constituait la nature ; il y avait là de la philosophie. Mais je suis forcé de dire que je n'en trouve aucune dans le nouveau système.

La matière est étendue, solide, gravitante, divisible ; j'ai tout cela aussi bien que cette pierre. Mais a-t-on jamais vu un pierre sentante et pensante? Si je suis étendu, solide, divisible, je le dois à la matière. Mais j'ai sensations et pensées ; à qui le dois-je ? ce n'est pas à de l'eau, à de la fange ; il est vraisemblable que c'est à quelque chose de plus puissant que moi. C'est à la combinaison seule des élémens, me dites-vous. Prouvez-le-moi donc ; faites-moi donc voir nettement qu'une cause intelligente ne peut m'avoir donné l'intelligence. Voilà où vous êtes réduit.

L'auteur combat avec succès le dieu des scolastiques, un dieu composé de qualités discordantes, un dieu auquel on donne, comme à ceux d'Homère, les passions des hommes ; un dieu capricieux, inconséquent, absurde : mais il ne peut combattre le dieu des sages. Les sages, en contemplant la nature, admettent un pouvoir intelligent et suprême. Il est peut-être impossible à la raison humaine, destituée du secours divin, de faire un pas plus avant.

L'auteur demande où réside cet être ; et de ce que personne sans être infini ne peut dire où il réside, il conclut qu'il n'existe pas. Cela n'est pas philosophique ; car, de ce que nous ne pouvons dire où est la cause d'un effet, nous ne devons pas conclure qu'il n'y a point de cause. Si vous n'aviez jamais vu de canonniers, et que vous vissiez l'effet d'une batterie de canon, vous ne devriez pas dire : Elle agit toute seule par sa propre vertu.

Ne tient-il donc qu'à dire : Il n'y a point de dieu, pour qu'on vous en croie sur votre parole ?

Enfin, sa grande objection est dans les malheurs et dans les crimes du genre humain, objection aussi ancienne que philosophique ; objection commune, mais fatale et terrible, à laquelle on ne trouve de réponse que dans l'espérance d'une vie meilleure. Et quelle est encore cette espérance ? nous n'en pouvons avoir aucune certitude par la raison. Mais j'ose dire que quand il nous est prouvé qu'un vaste édifice construit avec le plus grand art est bâti par un architecte, quel qu'il soit, nous devons croire à cet architecte, quand même l'édifice serait teint de notre sang, souillé de nos crimes, et qu'il nous écraserait par sa chute. Je n'examine pas encore si l'architecte est bon, si je dois être satisfait de son édifice, si je dois en sortir plutôt que d'y demeurer ; si ceux qui sont logés comme moi dans cette maison pour quelques jours en sont contens : j'examine seulement s'il est vrai qu'il y ait un architecte, ou si cette maison, remplie de tant de beaux appartemens et de vilains galetas, s'est bâtie toute seule.

SECTION V.

De la nécessité de croire un Être suprême.

Le grand objet, le grand intérêt, ce me semble, n'est pas d'argumenter en métaphysique, mais de peser s'il faut, pour le bien commun de nous autres animaux misérables et pensans, admettre un Dieu rémunérateur et vengeur, qui nous serve à la fois de frein et de consolation, ou rejeter cette idée en nous abandonnant à nos calamités sans espérances, et à nos crimes sans remords.

Hobbes dit que, si dans une république où l'on ne reconnaîtrait point de Dieu, quelque citoyen en proposait un, il le ferait pendre.

Il entendait apparemment, par cette étrange exagération,

un citoyen qui voudrait dominer au nom de Dieu, un charlatan qui voudrait se faire un tyran. Nous entendons des citoyens qui, sentant la faiblesse humaine, sa perversité et sa misère, cherchent un point fixe pour assurer leur morale, et un appui qui les soutienne dans les langueurs et dans les horreurs de cette vie.

Depuis Job jusqu'à nous, un très grand nombre d'hommes a maudit son existence; nous avons donc un besoin perpétuel de consolation et d'espoir. Votre philosophie nous en prive. La fable de Pandore valait mieux, elle nous laissait l'espérance, et vous nous la ravissez! La philosophie, selon vous, ne fournit aucune preuve d'un bonheur à venir. Non; mais vous n'avez aucune démonstration du contraire. Il se peut qu'il y ait en nous une monade indestructible qui sente et qui pense, sans que nous sachions le moins du monde comment cette monade est faite. La raison ne s'oppose point absolument à cette idée, quoique la raison seule ne la prouve pas. Cette opinion n'a-t-elle pas un prodigieux avantage sur la vôtre? La mienne est utile au genre humain, la vôtre est funeste; elle peut, quoi que vous en disiez, encourager les Néron, les Alexandre VI, et les Cartouche; la mienne peut les réprimer.

Marc-Antonin, Epictète croyaient que leur monade, de quelque espèce qu'elle fût, se rejoindrait à la monade du grand Être; et ils furent les plus vertueux des hommes.

Dans le doute où nous sommes tous deux, je ne vous dis pas avec Pascal : *Prenez le plus sûr*. Il n'y a rien de sûr dans l'incertitude. Il ne s'agit pas ici de parier, mais d'examiner : il faut juger; et notre volonté ne détermine pas notre jugement. Je ne vous propose pas de croire des choses extravagantes pour vous tirer d'embarras; je ne vous dis pas : soyez imbécille et fanatique pour acquérir la faveur de l'Être des êtres. Je vous dis : Continuez à cultiver la vertu, à être bienfesant, à regarder toute superstition avec horreur ou avec pitié ; mais adorez avec moi le dessein qui se manifeste dans toute la nature, et par conséquent l'auteur de ce dessein, la cause primordiale et finale de tout ; espérez avec moi que notre monade qui raisonne sur le grand Être éternel pourra être heureuse par ce grand Être même. Il n'y a point là de contradiction. Vous ne m'en démontrerez pas l'impossibilité; de même que je ne puis vous démontrer mathématiquement que la chose est ainsi. Nous ne raisonnons guère en métaphysique que sur des probabilités ; nous nageons tous dans une mer dont nous n'avons jamais vu le rivage. Malheur à ceux qui se battent en nageant ! Abordera qui pourra ; mais celui qui me crie : Vous nagez en vain, il n'y a point de port, me décourage et m'ôte toutes mes forces.

De quoi s'agit-il dans notre dispute? de consoler notre malheureuse existence. Qui la console ? vous ou moi?

Vous avouez vous-même, dans quelques endroits de votre ouvrage, que la croyance d'un Dieu a retenu quelques hommes sur le bord du crime : cet aveu me suffit. Quand cette opinion n'aurait prévenu que dix assassinats, dix calomnies, dix jugemens iniques sur la terre, je tiens que la terre entière doit l'embrasser.

La religion, dites-vous, a produit des milliasses de forfaits ; dites la superstition qui règne sur notre triste globe; elle est la plus cruelle ennemie de l'adoration pure qu'on doit à l'Être suprême. Détestons ce monstre qui a toujours déchiré le sein de sa mère ; ceux qui le combattent sont les bienfaiteurs du genre humain ; c'est un serpent qui entoure la religion de ses replis ; il faut lui écraser la tête sans blesser celle qu'il infecte et qu'il dévore.

Vous craignez qu'*en adorant Dieu on ne redevienne bientôt superstitieux et fanatique*. Mais n'est-il pas à craindre qu'en le niant on ne s'abandonne aux passions les plus atroces et aux crimes les plus affreux? Entre ces deux excès, n'y a-t-il pas un milieu très-raisonnable? Où est l'asile entre ces deux écueils? le voici : Dieu, et des lois sages.

Vous affirmez qu'il n'y a qu'un pas de l'adoration à la superstition. Il y a l'infini pour les esprits bien faits : et ils sont aujourd'hui en grand nombre ; ils sont à la tête des nations, ils influent sur les mœurs publiques; et d'année en année, le fanatisme qui couvrait la terre se voit enlever ses détestables usurpations.

Je répondrai encore un mot à vos paroles de la page 223.

Si l'on présume des rapports entre l'homme et cet être incroyable, il faudra lui élever des autels, lui faire des présens, etc. ; si l'on ne conçoit rien à cet être il faudra s'en rapporter a des prêtres qui... etc., etc., etc.

Le grand mal de s'assembler au temps des moissons pour remercier Dieu du pain qu'il nous a donné! qui vous dit de faire des présens à Dieu? l'idée en est ridicule : mais où est le mal de charger un citoyen, qu'on appellera *vieillard* ou *prêtre*, de rendre des actions de grâces à la Divinité au nom des autres citoyens, pourvu que ce prêtre ne soit pas un Grégoire VII qui marche sur la tête des rois, ou un Alexandre VI ; pourvu que ce prêtre ne soit pas un Le Tellier, qui met tout un royaume en combustion par des fourberies dignes du pilori ; un Warburton, qui viole les lois de la société en manifestant les papiers secrets d'un membre du parlement pour le perdre, et qui calomnie quiconque n'est pas de son avis? Ces derniers cas sont rares. L'état du sacerdoce est un frein qui force à la bienséance.

Un sot prêtre excite le mépris ; un mauvais prêtre inspire l'horreur ; un bon prêtre, doux, pieux, sans superstition, charitable, tolérant, est un homme qu'on doit chérir et respecter. Vous craignez l'abus, et moi aussi. Unissons-nous pour le prévenir ; mais ne condamnons pas l'usage quand il est utile à la société, quand il n'est pas perverti par le fanatisme, ou par la méchanceté frauduleuse.

J'ai une chose très importante à vous dire. Je suis persuadé que vous êtes dans une grande erreur ; mais je suis également convaincu que vous vous trompez en honnête homme. Vous voulez qu'on soit vertueux, même sans Dieu, quoique vous ayez dit malheureusement que, *dès que le vice rend l'homme heureux, il doit aimer le vice;* proposition affreuse que vos amis auraient dû vous faire effacer. Partout ailleurs vous inspirez la probité. Cette dispute philosophique ne sera qu'entre vous et quelques philosophes répandus dans l'Europe ; le reste de la terre n'en entendra point parler ; le peuple ne vous lit pas. Si quelque théologien voulait vous persécuter, il serait un méchant, il serait un imprudent qui ne servirait qu'à vous affermir et à faire de nouveaux athées.

Vous avez tort ; mais les Grecs n'ont point persécuté Epicure, les Romains n'ont point persécuté Lucrèce. Vous avez tort ; mais il faut respecter votre génie et votre vertu, en vous réfutant de toutes ses forces.

Le plus bel hommage, à mon gré, qu'on puisse rendre à Dieu, c'est de prendre sa défense sans colère ; comme le plus indigne portrait qu'on puisse faire de lui, est de le peindre vindicatif et furieux. Il est la vérité même : la vérité est sans passions. C'est être disciple de Dieu que de l'annoncer d'un cœur doux et d'un esprit inaltérable.

Je pense avec vous que le fanatisme est un monstre mille

fois plus dangereux que l'athéisme philosophique. Spinosa n'a pas commis une seule mauvaise action. Chatel et Ravaillac, tous deux dévots, assassinèrent Henri IV.

L'athée de cabinet est presque toujours un philosophe tranquille; le fanatique est toujours turbulent; mais l'athée de cour, le prince athée pourrait être le fléau du genre humain. Borgia et ses semblables ont fait presque autant de mal que les fanatiques de Munster et des Cévènes : je dis les fanatiques des deux partis. Le malheur des athées de cabinet est de faire des athées de cour. C'est Chiron qui élève Achille; il le nourrit de moelle de lion. Un jour Achille traînera le corps d'Hector autour des murailles de Troie, et immolera douze captifs innocens à sa vengeance.

Dieu nous garde d'un abominable prêtre qui hache un roi en morceaux avec son couperet sacré, mais que Dieu nous préserve aussi d'un despote colère et barbare, qui, ne croyant point un dieu, serait son dieu à lui-même; qui se rendrait indigne de sa place sacrée, en foulant aux pieds les devoirs que cette place impose, qui sacrifierait sans remords ses amis, ses parens, ses serviteurs, son peuple, à ses passions. Ces deux tigres, l'un tondu, l'autre couronné, sont également à craindre. Par quel frein pouvons-nous les retenir? etc., etc.

Si l'idée d'un Dieu auquel nos ames peuvent se rejoindre, a fait des Titus, des Trajan, des Antonin, des Marc-Aurèle, et ces grands empereurs chinois dont la mémoire est si précieuse dans le second des plus anciens et des plus vastes empires du monde; ces exemples suffisent pour ma cause, et ma cause est celle de tous les hommes.

NATURE

Dialogue entre le Philosophe et la Nature.

LE PHILOSOPHE.

Qui es-tu, nature? je vis dans toi; il y a cinquante ans que je te cherche, et je n'ai pu te trouver encore.

LA NATURE.

Les anciens Egyptiens, qui vivaient, dit-on, des douze cents ans, me firent le même reproche. Ils m'appelaient Isis; ils me mirent un grand voile sur la tête, et ils dirent que personne ne pouvait le lever.

LE PHILOSOPHE.

C'est ce qui fait que je m'adresse à toi. J'ai bien pu mesurer quelques uns de tes globes, connaître leurs routes, assigner les lois du mouvement, mais je n'ai pu savoir qui tu es.

Es-tu toujours agissante? es-tu toujours passive? tes élémens se sont-ils arrangés d'eux-mêmes, comme l'eau se place sur le sable, l'huile sur l'eau, l'air sur l'huile? As-tu un esprit qui dirige toutes tes opérations? De grâce, dis-moi le mot de ton énigme.

LA NATURE.

Je suis le grand tout. Je n'en sais pas davantage. Je ne suis pas mathématicienne; et tout est arrangé chez moi selon les lois mathématiques. Devine si tu peux comment tout cela s'est fait.

LE PHILOSOPHE.

Certainement, puisque ton grand tout ne sait pas les mathématiques, et que tes lois sont de la plus profonde géométrie, il faut qu'il y ait un éternel géomètre qui te dirige, une intelligence suprême qui préside à tes opérations.

LA NATURE.

Tu as raison ; je suis eau, terre, feu, atmosphère, métal, minéral, pierre, végétal, animal. Je sens bien qu'il y a dans moi une intelligence ; tu en as une, tu ne la vois pas. Je ne vois pas non plus la mienne ; je sens cette puissance invisible ; je ne puis la connaître : pourquoi voudrais-tu, toi qui n'es qu'une partie de moi-même, savoir ce que je ne sais pas ?

LE PHILOSOPHE.

Nous sommes curieux. Je voudrais savoir comment, étant si brute dans tes montagnes, dans tes déserts, dans tes mers, tu parais pourtant si industrieuse dans tes animaux, dans tes végétaux.

LA NATURE.

Mon pauvre enfant, veux-tu que je te dise la vérité? c'est qu'on m'a donné un nom qui ne me convient pas ; on m'appelle *nature* et je suis tout art.

LE PHILOSOPHE.

Ce mot dérange toutes mes idées. Quoi ! la nature ne serait que l'art ?

LA NATURE.

Oui, sans doute. Ne sais-tu pas qu'il y a un art infini dans ces mers, dans ces montagnes que tu trouves si brutes? Ne sais-tu pas que toutes ces eaux gravitent vers le centre de la terre, et ne s'élèvent que par des lois immuables; que ces montagnes qui couronnent la terre sont les immenses réservoirs des neiges éternelles qui produisent sans cesse ces fontaines, ces lacs, ces fleuves, sans lesquels mon genre animal et mon genre végétal périraient? Et quant à ce qu'on appelle mes règnes animal, végétal, minéral, tu n'en vois ici que trois; apprends que j'en ai des millions. Mais si tu considères seulement la formation d'un insecte, d'un épi de blé, de l'or et du cuivre, tout te paraîtra merveilles de l'art.

LE PHILOSOPHE.

Il est vrai. Plus j'y songe, plus je vois que tu n'es que l'art de je ne sais quel grand être bien puissant et bien industrieux, qui se cache et qui te fait paraître. Tous les raisonneurs depuis Thalès, et probablement longtemps avant lui, ont joué à colin-maillard avec toi; ils ont dit : Je te tiens, et ils ne tenaient rien. Nous ressemblons tous à Ixion; il croyait embrasser Junon, et il ne jouissait que d'une nuée.

LA NATURE.

Puisque je suis tout ce qui est, comment un être tel que toi, une si petite partie de moi-même pourrait-elle me saisir? Contentez-vous, atomes mes enfans, de voir quelques atomes qui vous environnent, de boire quelques gouttes de mon lait, de végéter quelques momens sur mon sein, et de mourir sans avoir connu votre mère et votre nourrice.

LE PHILOSOPHE.

Ma chère mère, dis-moi un peu pourquoi tu existes, pourquoi il y a quelque chose?

LA NATURE.

Je te répondrai ce que je réponds depuis tant de siècles à tous ceux qui m'interrogent sur les premiers principes : « Je n'en sais rien. »

LE PHILOSOPHE.

Le néant vaudrait-il mieux que cette multitude d'existences faites pour être continuellement dissoutes; cette foule d'animaux nés et reproduits pour en dévorer d'autres et pour être dévorés; cette foule d'êtres sensibles formés pour tant de sensations douloureuses; cette autre foule d'intelligences qui si rarement entendent raison ? A quoi bon tout cela, nature ?

LA NATURE.

Oh ! va interroger celui qui m'a faite.

LETTRES DE MEMMIUS A CICERON[1].

LETTRE TROISIÈME.

J'entre en matière tout d'un coup cette fois-ci, et je dis, malgré Lucrèce et Épicure, non pas qu'il y a des dieux, mais qu'il existe un Dieu. Bien des philosophes me siffleront, ils m'appelleront *esprit faible* ; mais, comme je leur pardonne leur témérité, je les supplie de me pardonner ma faiblesse.

Je suis du sentiment de Balbus dans votre excellent ouvrage de la *Nature des dieux*. La terre, les astres, les vé-

[1] 1771.

gétaux, les animaux, tout m'annonce une intelligence productrice.

Je dis avec Platon (sans adopter ses autres principes) : Tu crois que j'ai de l'intelligence, parce que tu vois de l'ordre dans mes actions, des rapports et une fin ; il y en a mille fois plus dans l'arrangement de ce monde : juge donc que ce monde est arrangé par une Intelligence suprême.

On n'a jamais répondu à cet argument que par des suppositions puériles; personne n'a jamais été assez absurde pour nier que la sphère d'Archimède et celle de Posidonius soient des ouvrages de grands mathématiciens : elles ne sont cependant que des images très faibles, très imparfaites, de cette immense sphère du monde, que Platon appelle avec tant de raison l'*ouvrage de l'éternel Géomètre* Comment donc oser supposer que l'original est l'effet du hasard, quand on avoue que la copie est de la main d'un grand génie ?

Le hasard n'est rien; il n'est point de hasard. Nous avons nommé ainsi l'effet que nous voyons d'une cause que nous ne voyons pas. Point d'effet sans cause; point d'existence sans raison d'exister : c'est là le premier principe de tous les vrais philosophes.

Comment Épicure et ensuite Lucrèce ont-ils le front de nous dire que des atomes, s'étant fortuitement accrochés, ont produit d'abord des animaux, les uns sans bouche, les autres sans viscères, ceux-ci privés de pieds, ceux-là de tête, et qu'enfin le même hasard a fait naître des animaux accomplis.

C'est ainsi, disent-ils, qu'on voit encore en Égypte des rats dont une moitié est formée, et dont l'autre n'est encore que de la fange. Ils se sont bien trompés ; ces sottises pouvaient être imaginées par des Grecs ignorans qui n'avaient jamais été en Égypte. Le fait est faux ; le fait est impossible. Il n'y eut, il n'y aura jamais ni d'animal ni de végétal sans germe. Quiconque dit que la corruption produit la génération est un rustre, et non pas un philosophe, c'est un ignorant qui n'a jamais fait d'expérience.

J'ai trouvé de ces vils charlatans qui me disaient : Il faut que le blé pourrisse et germe dans la terre pour ressusciter, se former et nous alimenter. Je leur dis : Misérables, servez-vous de vos yeux avant de vous servir de votre langue ; suivez les progrès de ce grain que je confie à la terre ; voyez comme il s'attendrit, comme il s'enfle, comme il se relève, et avec quelle vertu incompréhensible il étend ses racines et ses enveloppes. Quoi ! vous avez l'impudence d'enseigner les hommes, et vous ne savez pas seulement d'où vient le pain que vous mangez !

Mais qui a fait ces astres, cette terre, ces animaux, ces végétaux, ces germes, dans lesquels un art si merveilleux éclate ? Il faut bien que ce soit un sublime artiste ; il faut bien que ce soit une intelligence prodigieusement au-dessus de la nôtre, puisqu'elle a fait ce que nous pouvons à peine comprendre ; et cette intelligence, cette puissance, c'est ce que j'appelle Dieu.

Je m'arrête à ce mot. La foule et la suite de mes idées produiraient un volume au lieu d'une lettre. Je vous envoie ce petit volume, puisque vous le permettez ; mais ne le montrez qu'à des hommes qui vous ressemblent ; à des hommes sans impiété et sans superstition; dégagés des préjugés de l'école et de ceux du monde; qui aiment la vérité et non la dispute ; qui ne sont certains que de ce qui est démontré, et qui se défient encore de ce qui est le plus vraisemblable.

ICI SUIT LE TRAITÉ DE MEMMIUS.

I. Qu'il n'y a qu'un Dieu, contre Épicure, Lucrèce et autres philosophes.

Je ne dois admettre que ce qui m'est prouvé, et il m'est prouvé qu'il y a dans la nature une puissance intelligente[1].

Cette puissance intelligente est-elle séparée du grand tout? y est-elle unie? y est-elle identifiée? en est-elle le principe? y a-t-il plusieurs puissances intelligentes pareilles?

J'ai été effrayé de ces questions que je me suis faites à moi-même. C'est un poids immense que je ne puis porter; pourrai-je au moins le soulever?

Les arbres, les plantes, tout ce qui jouit de la vie, et surtout l'homme, la terre, la mer, le soleil et tous les astres, m'ayant appris qu'il est une intelligence active, c'est-à-dire un Dieu, je leur ai demandé à tous ce que c'est que Dieu, où il habite, s'il a des associés? J'ai contemplé le divin ouvrage, et je n'ai point vu l'ouvrier; j'ai interrogé la nature, elle est demeurée muette.

Mais, sans me dire son secret, elle s'est montrée, et c'est comme si elle m'avait parlé; je crois l'entendre. Elle me dit : Mon soleil fait éclore et mûrir mes fruits sur ce petit globe, qu'il éclaire et qu'il échauffe ainsi que les autres globes. L'astre de la nuit donne sa lumière réfléchie à la terre qui lui envoie la sienne; tout est lié, tout est assujetti à des lois qui jamais ne se démentent : donc tout a été combiné par une seule intelligence.

Ceux qui en supposeraient plusieurs doivent absolument

[1] Il l'a prouvé dans sa troisième lettre.

les supposer ou contraires ou d'accord ensemble, ou différentes, ou semblables. Si elles sont différentes ou contraires, elles n'ont pu faire rien d'uniforme; si elles sont semblables, c'est comme s'il n'y en avait qu'une. Tous les philosophes conviennent qu'il ne faut pas multiplier les êtres sans nécessité; ils conviennent donc tous malgré eux qu'il n'y a qu'un Dieu.

La nature a continué, et m'a dit : Tu me demandes où est ce Dieu? il ne peut être que dans moi, car s'il n'est pas dans la nature, où serait-il? dans les espaces imaginaires? il ne peut être une substance à part; il m'anime, il est ma vie. Ta sensation est dans tout ton corps, Dieu est dans tout le mien. A cette voix de la nature, j'ai conclu qu'il m'est impossible de nier l'existence de ce Dieu, et impossible de le connaître.

Ce qui pense en moi, ce que j'appelle *mon âme*, ne se voit pas; comment pourrais-je voir ce qui est l'ame de l'univers entier?

II. Suite des probabilités de l'unité de Dieu.

Platon, Aristote, Cicéron et moi, nous sommes des animaux, c'est-à-dire, nous sommes animés. Il se peut que dans d'autres globes il soit des animaux d'une autre espèce, mille millions de fois plus éclairés et plus puissans que nous; comme il se peut qu'il y ait des montagnes d'or et des rivières de nectar. On appellera ces animaux *dieux* improprement; mais il se peut aussi qu'il n'y en ait pas; nous ne devons donc pas les admettre. La nature peut exister sans eux; mais ce que nous connaissons de la nature ne pouvait exister sans un dessein, sans un plan; et ce dessein, ce plan ne pouvait être conçu et exécuté sans une intelligence puissante; donc je dois reconnaître cette intelligence, ce Dieu, et rejeter tous ces prétendus dieux, habitans des planètes et de l'Olympe.

Tenons-nous-en donc à ce que nous voyons évidemment, que dans le grand tout il est une grande intelligence. Fixons-nous à ce point jusqu'à ce que nous puissions faire encore quelques pas dans ce vaste abyme.

III. Contre les athées.

Il était bien hardi ce Straton qui, accordant l'intelligence aux opérations de son chien de chasse, la niait aux œuvres merveilleuses de toute la nature. Il avait le pouvoir de penser, et il ne voulait pas qu'il y eût dans la fabrique du monde un pouvoir qui pensât.

Il disait que la nature seule, par ses combinaisons, produit des animaux pensans. Je l'arrête là, et je lui demande quelle preuve il en a? Il me répond que c'est son système, son hypothèse, que cette idée en vaut bien une autre.

Mais moi, je lui dis : Je ne veux point d'hypothèse, je veux des preuves. Quand Posidonius me dit qu'il peut carrer des lunules du cercle, et qu'il ne peut carrer le cercle, je ne le crois qu'après en avoir vu la démonstration.

Je ne sais pas si dans la suite des temps il se trouvera quelqu'un d'assez fou pour assurer que la matière, sans penser, produit d'elle-même des milliards d'êtres qui pensent. Je lui soutiendrai que, suivant ce beau système, la matière pourrait produire un Dieu sage, puissant et bon.

Car si la matière seule a produit Archimède et vous, pourquoi ne produirait-elle pas un être qui serait incomparablement au dessus d'Archimède et de vous par le génie, au-dessus de tous les hommes ensemble par la force et par la puissance, qui disposerait des élémens beaucoup mieux que le potier ne rend un peu d'argile souple à ses volontés; en un mot, un Dieu? Je n'y vois aucune difficulté. Cette folie suit évidemment de son système.

IV. Suite de la réfutation de l'athéisme.

D'autres, comme Architas, supputent que l'univers est le produit des nombres. Oh! que les chances ont de pouvoir! un coup de dés doit nécessairement amener rafle de mondes; car le seul mouvement des trois dés dans un cornet vous amènera rafle de six, le point de Vénus, très aisément en un quart d'heure. La matière, toujours en mouvement dans toute l'éternité, doit donc amener toutes les combinaisons possibles. Ce monde est une de ces combinaisons; donc elle avait autant de droit à l'existence que toutes les autres; donc elle devait arriver; donc il était impossible qu'elle n'arrivât pas, toutes les autres combinaisons ayant été épuisées; donc à chaque coup de dés il y avait l'unité à parier contre l'infini que cet univers serait formé tel qu'il est.

Je laisse Architas jouer un jeu aussi désavantageux; et, puisqu'il y a toujours l'infini contre un à parier contre lui, je le fais interdire par le Préteur, de peur qu'il ne se ruine. Mais avant de lui ôter la jouissance de son bien, je lui demande comment, à chaque instant, le mouvement de son cornet qui roule toujours ne détruit pas ce monde si ancien, et n'en forme pas un nouveau.

Vous riez de toutes ces folies, sage Cicéron, et vous en riez avec indulgence. Vous laissez tous ces enfans souffler en l'air sur leurs bouteilles de savon; leurs vains amusemens ne seront jamais dangereux. Un an des guerres civiles de César et de Pompée a fait plus de mal à la terre que n'en pourraient faire tous les athées ensemble pendant toute l'éternité.

IL FAUT PRENDRE UN PARTI,

OU

LE PRINCIPE D'ACTION [1].

I. Du principe d'action [1].

Tout est en mouvement, tout agit, et tout réagit dans la nature.

Notre soleil tourne sur lui-même avec une rapidité qui nous étonne, et les autres soleils tournent de même, tandis qu'une foule innombrable de planètes roule autour d'eux dans leurs orbites, et que le sang circule plus de vingt fois par heure dans les plus vils de nos animaux.

Une paille que le vent emporte tend, par sa nature, vers le centre de la terre, comme la terre gravite vers le soleil et le soleil vers elle. La mer doit aux mêmes lois son flux et son reflux éternel. C'est par ces mêmes lois que des vapeurs qui forment notre atmosphère s'échappent continuellement de la terre, et retombent en rosée, en pluie, en grêle, en neige, en tonnerres.

Tout est action, la mort même est agissante. Les cadavres se décomposent, se métamorphosent en végétaux,

[1] 1772.

nourrissent les vivans, qui à leur tour en nourrissent d'autres. Quel est le principe de cette action universelle ?

Il faut que le principe soit unique. Une uniformité constante dans les lois qui dirigent la marche des corps célestes, dans les mouvemens de notre globe, dans chaque espèce, dans chaque genre d'animal, de végétal, de minéral, indique un seul moteur. S'il y en avait deux, ils seraient ou divers, ou contraires, ou semblables. Si divers, rien ne se correspondrait ; si contraires, tout se détruirait ; si semblables, c'est comme s'il n'y en avait qu'un ; c'est un double emploi.

Je me confirme dans cette idée qu'il ne peut exister qu'un seul principe, un seul moteur, dès que je fais attention aux lois constantes et uniformes de la nature entière.

La même gravitation pénètre dans tous les globes, et les fait tendre les uns vers les autres en raison directe, non de leurs surfaces, ce qui pourrait être l'effet de l'impulsion d'un fluide, mais en raison de leurs masses.

Le carré de la révolution de toute planète est comme la racine du cube de sa distance au soleil (et cela prouve, en passant, ce que Platon avait deviné, je ne sais comment, que le monde est l'ouvrage de l'éternel Géomètre).

Les rayons de lumière ont leurs réflexions et leurs réfractions dans toute l'étendue de l'univers. Toutes les vérités mathématiques doivent être les mêmes dans l'étoile Sirius et dans notre petite loge.

Si je porte ma vue ici-bas sur le règne animal, tous les quadrupèdes et les bipèdes qui n'ont point d'ailes perpétuent leur espèce par la même copulation ; toutes les femelles sont vivipares.

Tous les oiseaux femelles pondent des œufs.

Dans toute espèce, chaque genre peuple et se nourrit uniformément.

Chaque genre de végétal a le même fonds de propriétés.

Certes, le chêne et le noisetier ne se sont pas entendus pour naître et croître de la même façon, de même que Mars et Saturne n'ont pas été d'intelligence pour observer les mêmes lois. Il y a donc une intelligence unique, universelle et puissante, qui agit toujours par des lois invariables.

Personne ne doute qu'une sphère armillaire, des paysages, des animaux dessinés, des anatomies en cire colorée, ne soient des ouvrages d'habiles artistes. Se pourrait-il que les copies fussent d'une intelligence, et que les originaux n'en fussent pas? Cette seule idée me paraît la plus forte démonstration, et je ne conçois pas comment on peut la combattre.

II. Du principe d'action nécessaire et éternel.

Ce moteur unique est très puissant, puisqu'il dirige une machine si vaste et si compliquée. Il est très intelligent, puisque le moindre des ressorts de cette machine ne peut être égalé par nous qui sommes intelligens.

Il est un être nécessaire, puisque sans lui la machine n'existerait pas.

Il est éternel; car il ne peut être produit du néant, qui n'étant rien ne peut rien produire; et, dès qu'il existe quelque chose, il est démontré que quelque chose est de toute éternité. Cette vérité sublime est devenue triviale. Tel a été de nos jours l'élancement de l'esprit humain, malgré les efforts que nos maîtres d'ignorance ont faits pendant tant de siècles pour nous abrutir.

III. Quel est ce principe ?

Je ne puis me démontrer l'existence du principe d'action, du premier moteur, de l'Être suprême, par la synthèse; comme le docteur Clarke. Si cette méthode pouvait appartenir à l'homme, Clarke était digne peut-être de l'employer; mais l'analyse me paraît plus faite pour nos faibles conceptions. Ce n'est qu'en remontant le fleuve de l'éternité que je puis essayer de remonter à sa source.

Ayant donc connu par le mouvement qu'il y a un moteur; m'étant prouvé par l'action qu'il y a un principe d'action, je cherche ce que c'est que ce principe universel; et la première chose que j'entrevois avec une secrète douleur, mais avec une résignation entière, c'est qu'étant une partie imperceptible du grand tout, étant, comme dit Timée, un point entre deux éternités, il me sera impossible de comprendre ce grand tout et son maître, qui m'engloutissent de toutes parts.

Cependant je me rassure un peu en voyant qu'il m'a été donné de mesurer la distance des astres, de connaître le cours et les lois qui les retiennent dans leurs orbites. Je me dis : Peut-être parviendrai-je, en me servant de bonne foi de ma raison, jusqu'à trouver quelques lueurs de vraisemblance qui m'éclairera dans la profonde nuit de la nature; et, si ce petit crépuscule que je cherche ne peut m'apparaître, je me consolerai en sentant que mon ignorance est invincible, que des connaissances qui me sont interdites me sont très sûrement inutiles, et que le grand Être ne me punira pas d'avoir voulu le connaître, et de n'avoir pu y parvenir.

HISTOIRE DE JENNI,

OU

L'ATHÉE ET LE SAGE.

1769.

. . . .
. . . .
Où est donc, dit Birton, le Dieu juste et vengeur ? non, pardieu, il n'y a point de Dieu.

M. Freind, d'un air austère, mais tranquille, lui dit : Monsieur, vous ne devriez pas, ce me semble, jurer par Dieu même que ce Dieu n'existe pas. Songez que Newton et Locke n'ont prononcé jamais ce nom sacré sans un air de recueillement et d'adoration secrète qui a été remarqué de tout le monde.

Bah ! repartit Birton; je me soucie bien de la mine que deux hommes ont faite. Quelle mine avait donc Newton quand il commentait l'Apocalypse ? et quelle grimace fesait Locke lorsqu'il racontait la longue conversation d'un perroquet avec le prince Maurice ? Alors Freind prononça ces belles paroles d'or qui se gravèrent dans mon cœur : « Oublions les rêves des grands hommes, et souvenons-« nous des vérités qu'ils nous ont enseignées. » Cette réponse engagea une dispute réglée, plus intéressante que la conversation avec le bachelier de Salamanque; je me mis dans un coin, j'écrivis en notes tout ce qui fut dit: on se rangea autour des deux combattans; le bon homme Parouba, son fils, et surtout sa fille, les compagnons des débauches de Jenni, écoutaient, le cou tendu, les yeux fixés; et Jenni, la tête baissée, les deux coudes sur ses genoux, les mains sur ses yeux, semblait plongé dans la plus profonde méditation.

Voici mot à mot la dispute.

CHAPITRE VIII.

Dialogue de Freind et de Birton sur l'athéisme.

FREIND.

Je ne vous répèterai pas, monsieur, les argumens métaphysiques de notre célèbre Clarke. Je vous exhorte seulement à les relire; ils sont plus faits pour vous éclairer que pour vous toucher: je ne veux vous apporter que des raisons qui peut-être parleront plus à votre cœur.

BIRTON.

Vous me ferez plaisir; je veux qu'on m'amuse et qu'on m'intéresse; je hais les sophismes: les disputes métaphysiques ressemblent à des ballons remplis de vent que les combattans se renvoient. Les vessies crèvent, l'air en sort, il ne reste rien.

FREIND.

Peut-être, dans les profondeurs du respectable arien Clarke, y a-t-il quelques obscurités, quelques vessies; peut-être s'est-il trompé sur la réalité de l'infini actuel et de l'espace, etc.; peut-être, en se fesant commentateur de Dieu, a-t-il imité quelquefois les commentateurs d'Homère, qui lui supposent des idées auxquelles Homère ne pensa jamais.

(A ces mots d'infini, d'espace, d'Homère, de commentateurs, le bon homme Parouba et sa fille, et quelques Anglais même, voulurent aller prendre l'air sur le tillac; mais Freind ayant promis d'être intelligible, ils demeurèrent; et moi j'expliquais tout bas à Parouba quelques mots un peu scientifiques que des gens nés sur les montagnes bleues ne pouvaient entendre aussi commodément que des docteurs d'Oxford et de Cambridge.)

L'ami Freind continua donc ainsi : Il serait triste que, pour être sûr de l'existence de Dieu, il fût nécessaire d'être un profond métaphysicien : il n'y aurait tout au plus en Angleterre qu'une centaine d'esprits bien versés ou renversés dans cette science ardue du pour et du contre, qui fussent capables de sonder cet abyme; et le reste de la terre entière croupirait dans une ignorance invincible, abandonné en proie à ses passions brutales, gouverné par le seul instinct, et ne raisonnant passablement que sur les grossières notions de ses intérêts charnels. Pour savoir s'il est un Dieu, je ne vous demande qu'une chose, c'est d'ouvrir les yeux.

BIRTON.

Ah! je vous vois venir; vous recourez à ce vieil argument tant rebattu, que le soleil tourne sur son axe en vingt-cinq jours et demi, en dépit de l'absurde inquisition de Rome; que la lumière nous arrive réfléchie de Saturne en quatorze minutes, malgré les suppositions absurdes de Descartes; que chaque étoile fixe est un soleil comme le nôtre, environné de planètes; que tous ces astres innombrables, placés dans les profondeurs de l'espace, obéissent aux lois mathématiques découvertes et démontrées par le grand Newton; qu'un catéchiste annonce Dieu aux enfans, et que Newton le prouve aux sages, comme le dit un philosophe *frenchman*, persécuté dans son drôle de pays pour l'avoir dit [1].

Ne vous tourmentez pas à m'étaler cet ordre constant qui règne dans toutes les parties de l'univers; il faut bien que tout ce qui existe soit dans un ordre quelconque; il faut bien que la matière plus rare s'élève sur la plus massive, que le plus fort en tous sens presse le plus faible, que ce qui est poussé avec plus de mouvement coure plus vite; tout s'arrange ainsi de soi-même. Vous auriez beau, après avoir bu une pinte de vin comme Esdras, me parler comme lui neuf cent soixante heures de suite sans fermer la bouche, je ne vous en croirais pas davantage. Voudriez-vous que j'adoptasse un être éternel, infini et immuable, qui s'est plu, dans je ne sais quel temps, à créer de rien des choses qui changent à tout moment, et à faire des araignées pour éventrer des mouches? voudriez-vous que je disse, avec ce bavard impertinent de Nieuwentyt, que « Dieu nous a donné des oreilles pour avoir la foi, parce « la foi vient par ouï-dire ? » Non, non, je ne croirai point à des charlatans qui ont vendu cher leurs drogues à des imbécilles; je m'en tiens au petit livre d'un *frenchman*, qui dit que rien n'existe et ne peut exister, sinon la nature; que la nature fait tout, que la nature est tout, qu'il est impossible et contradictoire qu'il existe quelque chose au delà du tout; en un mot, je ne crois qu'à la nature [2].

[1] Voltaire lui-même. (E. B.)

[2] Allusion au *Système de la nature* de d'Holbach. Voy. la réfutation de ce livre, plus haut, page 109. (E. B.)

FREIND.

Et si je vous disais qu'il n'y a point de nature, et que dans nous, autour de nous, et à cent millions de lieues, tout est art sans aucune exception?

BIRTON.

Comment! tout est art! en voici bien d'une autre!

FREIND.

Presque personne n'y prend garde; cependant rien n'est plus vrai. Je vous dirai toujours : Servez-vous de vos yeux, et vous reconnaîtrez, vous adorerez un Dieu. Songez comment ces globes immenses, que vous voyez rouler dans leur immense carrière, observent les lois d'une profonde mathématique; il y a donc un grand mathématicien, que Platon appelait l'*éternel Géomètre*. Vous admirez des machines d'une nouvelle invention, qu'on appelle *oreri*, parce que mylord Orery les a mises à la mode en protégeant l'ouvrier par ses libéralités; c'est une très faible copie de notre monde planétaire et de ses révolutions. La période même du changement des solstices et des équinoxes, qui nous amène de jour en jour une nouvelle étoile polaire, cette période, cette course si lente d'environ vingt-six mille ans, n'a pu être exécutée par des mains humaines dans nos oreris. Cette machine est très imparfaite; il faut la faire tourner avec une manivelle ; cependant c'est un chef-d'œuvre de l'habileté de nos artisans. Jugez donc quelle est la puissance, quel est le génie de l'éternel Architecte, si l'on peut se servir de ces termes impropres si mal assortis à l'Être suprême.

(Je donnai une légère idée d'un oreri à Parouba. Il dit : S'il y a du génie dans cette copie, il faut bien qu'il y en ait dans l'original : je voudrais voir un oreri; mais le ciel est plus beau. Tous les assistans, anglais et américains, entendant ces mots, furent également frappés de la vérité, et levèrent les mains au ciel. Birton demeura tout pensif, puis il s'écria : Quoi, tout serait art ! et la nature ne serait que l'ouvrage d'un suprême Artisan ! serait-il possible ? Le sage Freind continua ainsi :)

Portez à présent vos yeux sur vous-même; examinez avec quel art étonnant, et jamais assez connu, tout y est en dedans et en dehors pour tous vos usages et pour tous vos désirs; je ne prétends pas faire ici une leçon d'anatomie; vous savez assez qu'il n'y a pas un viscère qui ne soit nécessaire, et qui ne soit secouru dans ses dangers par le jeu continuel de ses viscères voisins. Les secours dans le corps sont si artificieusement préparés de tous côtés, qu'il n'y a pas une seule veine qui n'ait ses valvules, ses écluses, pour ouvrir au sang des passages. Depuis la racine des cheveux jusqu'aux orteils des pieds, tout est art, tout est préparation, moyen et fin. Et, en vérité, on ne peut que sentir de l'indignation contre ceux qui osent nier les véritables causes finales, et qui ont assez de mauvaise foi ou de fureur pour dire que la bouche n'est pas faite pour parler et pour manger; que ni les yeux ne sont merveilleusement disposés pour voir, ni les oreilles pour entendre : cette audace est si folle, que j'ai peine à la comprendre.

Avouons que chaque animal rend témoignage au suprême Fabricateur.

La plus petite herbe suffit pour confondre l'intelligence humaine, et cela est si vrai, qu'il est impossible aux efforts de tous les hommes réunis de produire un brin de paille, si le germe n'est pas dans la terre ; et il ne faut pas dire que les germes pourrissent pour produire, car ces bêtises ne se disent plus.

(L'assemblée sentit la vérité de ces preuves plus vivement que tout le reste, parce qu'elles étaient plus palpables. Birton disait entre ses dents : Faudra-t-il se soumettre à reconnaître un Dieu? Nous verrons cela, pardieu! c'est une affaire à examiner. Jenni rêvait toujours profondément, et était touché, et notre Freind acheva sa phrase :)

Non, mes amis, nous ne fesons rien ; nous ne pouvons rien faire : il nous est donné d'arranger, d'unir, de désunir, de nombrer, de peser, de mesurer ; mais faire ! quel mot ! il n'y a que l'Être nécessaire, l'Être existant naturellement par lui-même, qui fasse; voilà pourquoi les charlatans qui travaillent à la pierre philosophale sont de si grands imbécilles, ou de si grands fripons. Ils se vantent de créer de l'or, et ils ne pourraient pas créer de la crotte.

Avouons donc, mes amis, qu'il est un Être suprême, nécessaire, incompréhensible, qui nous a faits.

BIRTON.

Et où est-il, cet Être ? s'il y en a un, pourquoi se cache-t-il ? Quelqu'un l'a-t-il jamais vu? doit-on se cacher quand on a fait du bien?

FREIND.

Avez-vous jamais vu Christophe Wren, qui a bâti Saint-Paul de Londres ? Cependant il est démontré que cet édifice est l'ouvrage d'un architecte très habile.

BIRTON.

Tout le monde conçoit aisément que Wren a bâti avec beaucoup d'argent ce vaste édifice, où Burgess nous endort quand il prêche. Nous savons bien pourquoi et comment nos pères ont élevé ce bâtiment; mais pourquoi et comment un Dieu aurait-il créé de rien cet univers? Vous savez l'ancienne maxime de toute antiquité : *Rien ne peut rien créer, rien ne retourne à rien*. C'est une vérité dont personne n'a jamais douté. Votre *Bible* même dit expressément que votre Dieu fit le ciel et la terre, quoique le ciel, c'est-à-dire l'assemblage de tous les astres, soit beaucoup plus supérieur à la terre que cette terre ne l'est au plus petit des grains de sable; mais votre *Bible* n'a jamais dit que Dieu fit le ciel et la terre avec rien du tout : elle ne prétend point que le Seigneur ait fait la femme de rien. Le chaos existait, selon la *Bible* même, avant la terre; donc la matière était aussi éternelle que votre Dieu.

(Il s'éleva alors un petit murmure dans l'assemblée; on disait : Birton pourrait bien avoir raison; mais Freind répondit :)

Je vous ai, je pense, prouvé qu'il existe une Intelligence suprême, une Puissance éternelle à qui nous devons une vie passagère : je ne vous ai point promis de vous expliquer le pourquoi et le comment. Dieu m'a donné assez de raison pour comprendre qu'il existe; mais non assez pour savoir au juste si la matière lui a été éternellement soumise, s'il l'a fait naître dans le temps. Que vous importe l'éternité ou la création de la matière, pourvu que vous reconnaissiez un Dieu, un Maître de la matière et de vous? Vous me demandez où Dieu est; je n'en sais rien, et je ne dois pas le savoir. Je sais qu'il est; je sais qu'il est notre maître, qu'il fait tout, que nous devons tout attendre de sa bonté.

BIRTON.

De sa bonté! vous vous moquez de moi. Vous m'avez dit : Servez-vous de vos yeux; et moi je vous dis : Servez-vous des vôtres. Jetez seulement un coup d'œil sur la terre entière, et jugez si votre Dieu serait bon.

(M. Freind sentit bien que c'était là le fort de la dispute, et que Birton lui préparait un rude assaut; il s'aperçut que les auditeurs, et surtout les Américains, avaient besoin de prendre haleine pour écouter, et lui pour parler. Il se recommanda à Dieu : on alla se promener sur le tillac ; on prit ensuite du thé dans le yacht, et la dispute réglée recommença.)

CHAPITRE IX.

Sur l'athéisme.

BIRTON.

Pardieu ! monsieur, vous n'aurez pas si beau jeu sur l'article de la bonté que vous l'avez eu sur la puissance et sur l'industrie ; je vous parlerai d'abord des énormes défauts de ce globe, qui sont précisément l'opposé de cette industrie tant vantée ; ensuite je mettrai sous vos yeux les crimes et les malheurs perpétuels des habitans, et vous jugerez de l'affection paternelle que, selon vous, le maître a pour eux.

Je commence par vous dire que les gens de Glocestershire, mon pays, quand ils ont fait naître des chevaux dans leurs haras, les élèvent dans de beaux pâturages, leur donnent ensuite une bonne écurie, et de l'avoine et de la paille à foison ; mais, s'il vous plaît, quelle nourriture et quel abri avaient tous ces pauvres Américains du nord quand nous les avons découverts après tant de siècles? Il fallait qu'ils courussent trente ou quarante milles pour avoir de quoi manger. Toute la côte boréale de notre ancien monde languit à peu près sous la même nécessité, et, depuis la Laponie suédoise jusqu'aux mers septentrionales du Japon, cent peuples traînent leur vie, aussi courte qu'insupportable, dans une disette affreuse, au milieu de leurs neiges éternelles.

Les plus beaux climats sont exposés sans cesse à des fléaux destructeurs. Nous y marchons sur des précipices enflammés, recouverts de terrains fertiles qui sont des piéges de mort. Il n'y a point d'autres enfers, sans doute, et ces enfers se sont ouverts mille fois sous nos pas.

On nous parle d'un déluge universel; mais du moins on nous console en nous disant qu'il n'a duré que dix mois: il devait éteindre ces feux qui depuis ont détruit tant de villes florissantes. Votre saint Augustin nous apprend qu'il y eut cent villes entières d'embrasées et d'abymées en Libye par un seul tremblement de terre; ces volcans ont bouleversé toute la belle Italie. Pour comble de maux, les tristes habitans de la zone glaciale ne sont pas exempts de ces gouffres souterrains; les Islandais, toujours menacés, voient la faim devant eux, cent pieds de glace, et cent pieds de flamme à droite et à gauche sur leur mont Hécla; car tous les grands volcans sont placés sur ces montagnes hideuses.

On a beau nous dire que ces montagnes de deux mille toises de hauteur ne sont rien par rapport à la terre, qui a trois mille lieues de diamètre; que c'est un grain de la peau d'une orange sur la rondeur de ce fruit, que ce n'est pas un pied sur trois mille. Hélas! qui sommes-nous donc, si les hautes montagnes ne font sur la terre que la figure d'un pied sur trois pieds, et de quatre pouces sur mille pieds? Nous sommes donc des animaux absolument imperceptibles; et cependant nous sommes écrasés par tout ce qui nous environne, quoique notre infinie petitesse, si voisine du néant, semblât devoir nous mettre à l'abri de tous les accidens. Après cette innombrable quantité de villes détruites, rebâties et détruites encore comme des fourmilières, que dirons-nous de ces mers de sable qui traversent le milieu de l'Afrique, et dont les vagues brûlantes, amoncelées par les vents, ont englouti des armées entières? A quoi servent ces vastes déserts à côté de la belle Syrie? déserts si affreux, si inhabitables, que les Juifs se crurent dans le paradis terrestre, quand ils passèrent de ces lieux d'horreur dans un coin de terre dont on pouvait cultiver quelques arpens.

Ce n'est pas encore assez que l'homme, cette noble créature, ait été si mal logé, si mal vêtu, si mal nourri pendant tant de siècles; il naît pour respirer deux jours; et pendant ces deux jours, composés d'espérances trompeuses et de chagrins réels, son corps, formé avec un art inutile, est en proie à tous les maux qui résultent de cet art même; il n'y a personne qui puisse mettre dans sa mémoire la liste de toutes les maladies qui nous poursuivent.

(Pendant que Birton parlait ainsi, la compagnie était tout attentive et tout émue; le bon homme Parouba disait : Voyons comme notre docteur se tirera de là; Jenni même laissa échapper ces paroles à voix basse : Ma foi! il a raison; j'étais bien sot de m'être laissé toucher des discours de mon père. M. Freind laissa passer cette première bordée, qui frappait toutes les imaginations; puis il dit :)

Un jeune théologien répondrait par des sophismes à ce torrent de tristes vérités, et vous citerait saint Basile et saint Cyrille, qui n'ont que faire ici. Pour moi, messieurs, je vous avouerai sans détour qu'il y a beaucoup de mal physique sur la terre; je n'en diminue pas l'existence; mais

M. Birton l'a trop exagérée. Je m'en rapporte à vous, mon cher Parouba; votre climat est fait pour vous, et il n'est pas si mauvais, puisque ni vous ni vos compatriotes n'avez jamais voulu le quitter. Les Esquimaux, les Islandais, les Lapons, les Ostiaks, les Samoïèdes, n'ont jamais voulu sortir du leur. Les rangifères ou rennes, que Dieu leur a donnés pour les nourrir, les vêtir et les traîner, meurent quand on les transporte dans une autre zone. Les Lapons mêmes aussi meurent dans les climats un peu méridionaux; le climat de la Sibérie est trop chaud pour eux; ils se trouveraient brûlés dans le parage où nous sommes.

Il est clair que Dieu a fait chaque espèce d'animaux et de végétaux pour la place dans laquelle ils se perpétuent. Les Nègres, cette espèce d'hommes si différente de la nôtre, sont tellement nés pour leur patrie, que des milliers de ces animaux noirs se sont donné la mort, quand notre barbare avarice les a transportés ailleurs. Le chameau et l'autruche vivent commodément dans les sables de l'Afrique; le taureau et ses compagnes bondissent dans les pays gras où l'herbe se renouvelle continuellement pour leur nourriture; la cannelle et le girofle ne croissent qu'aux Indes; le froment n'est bon que dans le peu de pays où Dieu le fait croître. On a d'autre nourriture dans toute votre Amérique, depuis la Californie jusqu'au détroit de Lemaire : nous ne pouvons cultiver la vigne dans notre fertile Angleterre, non plus qu'en Suède et en Canada. Ceux qui fondent dans quelques pays l'essence de leurs rites religieux sur du pain et du vin font très bien de remercier Dieu de l'aliment et de la boisson qu'ils tiennent de sa bonté; et vous ferez très bien, vous, Américains, de lui rendre grâce de votre maïs, de votre manioc et de votre cassave. Dieu, dans toute la terre, a proportionné les organes et les facultés des animaux, depuis l'homme jusqu'au limaçon, au lieu où il leur a donné la vie : n'accusons donc pas toujours la Providence, quand nous lui devons souvent des actions de graces.

Venons aux fléaux, aux inondations, aux volcans, aux tremblemens de terre. Si vous ne considérez que ces calamités, si vous ne ramassez qu'un assemblage affreux de tous les accidens qui ont attaqué quelques roues de la machine de cet univers, Dieu est un tyran à vos yeux ; si vous faites attention à ses innombrables bienfaits, Dieu est un père. Vous me citez saint Augustin le rhéteur, qui, dans son *Livre des Miracles*, parle de cent villes englouties à la fois en Lybie ; mais songez que cet Africain prodiguait dans ses écrits la figure de l'exagération : il traitait les tremblemens de terre comme la grace efficace, et la damnation éternelle de tous les petits enfants morts sans baptême.

Nous, nous ne devons aller ni au delà, ni en deçà de la vérité : cette vérité est que, sur cent mille habitations, on en peut compter tout au plus une détruite chaque siècle par les feux nécessaires à la formation de ce globe.

Le feu est tellement nécessaire à l'univers entier, que sans lui il n'y aurait sur la terre ni animaux, ni végétaux, ni minéraux : il n'y aurait ni soleil ni étoiles dans l'espace. Ce feu, répandu sous la première écorce de la terre, obéit aux lois générales établies par Dieu même : il est impossible qu'il n'en résulte quelques désastres particuliers : or, on ne peut pas dire qu'un artisan soit une mauvais ouvrier, quand une machine immense, formée par lui seul, subsiste depuis tant de siècles sans se déranger. Si un homme avait inventé une machine hydraulique qui arrosât toute une province et la rendît fertile, lui reprocheriez-vous que l'eau qu'il vous donnerait noyât quelques insectes?

Je vous ai prouvé que la machine du monde est l'ouvrage d'un être souverainement intelligent et puissant : vous qui êtes intelligens, vous devez l'admirer ; vous qui êtes comblés de ses bienfaits, vous devez l'aimer.

Mais les malheureux, dites-vous, condamnés à souffrir toute leur vie, accablés de maladies incurables, peuvent-ils l'admirer et l'aimer? Je vous dirai, mes amis, que ces maladies si cruelles viennent presque toutes de notre faute, ou de celle de nos pères, qui ont abusé de leur corps; et non de la faute du grand Fabricateur. On ne connaissait guère de maladie que celle de la décrépitude dans toute l'Amérique septentrionale, avant que nous vous y eussions apporté cette eau de mort que nous appelons *eau-de-vie*, et qui donne mille maux divers à quiconque en a trop bu. La petite-vérole, née dans l'Arabie-Heureuse, n'était qu'une faible éruption, une ébullition passagère sans danger, une simple dépuration du sang : elle est devenue mortelle en Angleterre, comme dans d'autres climats; notre avarice l'a portée dans ce Nouveau-Monde; elle l'a dépeuplé.

Souvenons-nous que, dans le poëme de Milton, Adam demande à l'ange Gabriel s'il vivra longtemps. Oui, lui répond l'ange, si tu observes la grande règle *Rien de trop*. Observez tous cette règle, mes amis; oseriez-vous exiger que Dieu vous fît vivre sans douleur des siècles entiers pour prix de votre gourmandise, de votre ivrognerie, de votre incontinence, de votre abandonnement à d'infâmes passions qui corrompent le sang, et qui abrègent nécessairement la vie?

(J'approuvai cette réponse; Parouba en fut assez content; mais Birton ne fut pas ébranlé; et je remarquai dans les yeux de Jenni qu'il était encore très indécis. Birton répliqua en ces termes :)

Puisque vous vous êtes servi de lieux communs mêlés avec quelques réflexions nouvelles, j'emploierai aussi un lieu commun auquel on n'a jamais pu répondre que par des fables et du verbiage. S'il existait un Dieu si puissant, si bon, il n'aurait pas mis le mal sur la terre ; il n'aurait pas dévoué ses créatures à la douleur et au crime. S'il n'a pu empêcher le mal, il est impuissant ; s'il l'a pu et ne l'a pas voulu, il est barbare.

Nous n'avons des annales que d'environ huit mille années, conservées chez les brachmanes ; nous n'en avons que d'environ cinq mille ans chez les Chinois ; nous ne connaissons rien que d'hier ; mais dans cet hier tout est horreur. On s'est égorgé d'un bout de la terre à l'autre, et on a été assez imbécille pour donner le nom de grands hommes, de héros, de demi-dieux, de dieux même, à ceux qui ont fait assassiner le plus grand nombre des hommes leurs semblables.

Il restait dans l'Amérique deux grandes nations civilisées qui commençaient à jouir des douceurs de la paix : les Espagnols arrivent et en massacrent douze millions : ils vont à la chasse aux hommes avec des chiens ; et Ferdinand, roi de Castille, assigne une pension à ces chiens, pour l'avoir si bien servi. Les héros vainqueurs du Nouveau-Monde, qui massacrent tant d'innocens désarmés et nus, font servir sur leur table des gigots d'hommes et de femmes, des avant-bras, des mollets en ragoût ; ils font rôtir sur des brasiers le roi Gatimozin au Mexique ; ils courent au Pérou convertir le roi Atabalipa. Un nommé *Almagro*, prêtre, condamné à être pendu en Espagne pour avoir été voleur de grand chemin, vient avec un nommé

Pizarro signifier au roi, par la voix d'un autre prêtre, qu'un troisième prêtre, nommé *Alexandre VI*, souillé d'incestes, d'assassinats et d'homicides, a donné de son plein gré, *proprio motu*, et de sa pleine puissance, non-seulement le Pérou, mais la moitié du Nouveau-Monde, au roi d'Espagne ; qu'Atabalipa doit sur-le-champ se soumettre, sous peine d'encourir l'indignation des apôtres saint Pierre et saint Paul. Et, comme ce roi n'entendait pas la langue latine plus que le prêtre qui lisait la bulle, il fut déclaré incrédule et hérétique : on fit pendre Atabalipa, comme on avait brûlé Gatimozin : on massacra sa nation, et tout cela pour ravir de la boue jaune endurcie, qui n'a servi qu'à dépeupler l'Espagne et à l'appauvrir ; car elle lui a fait négliger la véritable boue qui nourrit les hommes quand elle est cultivée.

Çà, mon cher M. Freind, si l'être fantastique et ridicule qu'on appelle *le diable* avait voulu faire des hommes à son image, les aurait-il formés autrement? Cessez donc d'attribuer à un Dieu un ouvrage si abominable.

(Cette tirade fit revenir toute l'assemblée au sentiment de Birton. Je voyais Jenni en triompher en secret ; il n'y eut pas jusqu'à la jeune Parouba qui ne fut saisie d'horreur contre le prêtre Almagro, contre le prêtre Alexandre VI, contre tous les chrétiens qui avaient commis tant de crimes inconcevables par dévotion, et pour voler de l'or. J'avoue que je tremblais pour l'ami Freind ; je désespérais de sa cause : voici pourtant comme il répondit sans s'étonner :)

Mes amis, souvenez-vous toujours qu'il existe un Etre suprême ; je vous l'ai prouvé, vous en êtes convenus ; et, après avoir été forcés d'avouer qu'il est, vous vous efforcez de lui chercher des imperfections, des vices, des méchancetés.

Je suis bien loin de vous dire, comme certains raisonneurs, que les maux particuliers forment le bien général. Cette extravagance est trop ridicule. Je conviens avec douleur qu'il y a beaucoup de mal moral et de mal physique; mais puisque l'existence de Dieu est certaine, il est aussi très certain que tous ces maux ne peuvent empêcher que Dieu existe. Il ne peut être méchant, car quel intérêt aurait-il à l'être ? Il y a des maux horribles, mes amis; hé bien, n'en augmentons pas le nombre. Il est impossible qu'un Dieu ne soit pas bon, mais les hommes sont pervers : ils font un détestable usage de la liberté que ce grand Être leur a donnée ou dû leur donner, c'est-à-dire de la puissance d'exécuter leurs volontés, sans quoi ils ne seraient que de pures machines, formées par un être méchant pour être brisées par lui.

Tous les Espagnols éclairés conviennent qu'un petit nombre de leurs ancêtres abusa de cette liberté jusqu'à commettre des crimes qui font frémir la nature. Don Carlos, second du nom (de qui M. l'archiduc puisse être le successeur !), a réparé autant qu'il a pu les atrocités auxquelles les Espagnols s'abandonnèrent sous Ferdinand et sous Charles-Quint.

Mes amis, si le crime est sur la terre, la vertu y est aussi.

BIRTON.

Ha, ha, ha, la vertu ! voilà une plaisante idée, pardieu ! Je voudrais bien savoir comment la vertu est faite, et où l'on peut la trouver.

(A ces paroles, je ne me contins pas; j'interrompis Birton à mon tour. Vous la trouverez chez M. Freind, lui dis-je, chez le bon Parouba, chez vous-même, quand vous aurez nettoyé votre cœur des vices qui le couvrent. Il rougit, Jenni aussi : puis Jenni baissa les yeux, et parut sentir des remords. Son père le regarda avec quelque compassion, et poursuivit ainsi son discours :)

FREIND.

Oui, mes chers amis, il y eut toujours des vertus, s'il y eut des crimes. Athènes vit des Socrate, si elle vit des Anitus; Rome eut des Caton, si elle eut des Sylla ; Caligula, Néron, effrayèrent la terre par leurs atrocités; mais Titus, Trajan, Antonin-le-Pieux, Marc-Aurèle, la consolèrent par leur bienfesance : mon ami Sherloc dira en peu de mots au bon Parouba ce qu'étaient les gens dont je parle. J'ai heureusement mon Epictète dans ma poche : cet Epictète n'était qu'un esclave, mais égal à Marc-Aurèle par ses sentimens. Ecoutez, et puissent tous ceux qui se mêlent d'enseigner les hommes écouter ce qu'Epictète se dit à lui-même ! « C'est Dieu qui m'a créé, je le porte dans « moi; oserai-je le déshonorer par des pensées infames, « par des actions criminelles, par d'indignes désirs ? » Sa vie fut conforme à ses discours. Marc-Aurèle, sur le trône de l'Europe et de deux autres parties de notre hémisphère, ne pensa pas autrement que l'esclave Epictète ; l'un ne fut jamais humilié de sa bassesse ; l'autre ne fut jamais ébloui de sa grandeur : et, quand ils écrivirent leurs pensées, ce fut pour eux-mêmes et pour leurs disciples, et non pour être loués dans des journaux. Et à votre avis, Locke, Newton, Tillotson, Penn, Clarke, le bon homme qu'on appelle *the man of Ross*, tant d'autres dans notre île et hors de notre île, que je pourrais vous citer, n'ont-ils pas été des modèles de vertu?

Vous m'avez parlé, monsieur Birton, des guerres aussi

cruelles qu'injustes dont tant de nations se sont rendues coupables; vous avez peint les abominations des chrétiens au Mexique et au Pérou, vous pouvez y ajouter la Saint-Barthélemi de France, et les massacres d'Irlande; mais n'est-il pas des peuples entiers qui ont toujours eu l'effusion du sang en horreur? les brachmanes n'ont-ils pas donné de tout temps cet exemple au monde? Et, sans sortir du pays où nous sommes, n'avons-nous pas auprès de nous la Pensylvanie où nos primitifs, qu'on défigure en vain par le nom de *quakers*, ont toujours détesté la guerre? N'avons-nous pas la Caroline, où le grand Locke a dicté ses lois? Dans ces deux patries de la vertu, tous les citoyens sont égaux, toutes les consciences sont libres, toutes les religions sont bonnes, pourvu qu'on adore un Dieu; tous les hommes y sont frères. Vous avez vu, monsieur Birton, comme au seul nom d'un descendant de Penn les habitans des montagnes bleues, qui pouvaient vous exterminer, ont mis bas les armes. Ils ont senti ce que c'est que la vertu, et vous vous obstinez à l'ignorer! Si la terre produit des poisons comme des alimens salutaires, voudrez-vous ne vous nourrir que de poisons?

BIRTON.

Ah! monsieur, pourquoi tant de poisons? si Dieu a tout fait, ils sont son ouvrage; il est le maître de tout; il fait tout, il dirige la main de Cromwell qui signe la mort de Charles Ier; il conduit le bras du bourreau qui lui tranche la tête : non, je ne puis admettre un Dieu homicide.

FREIND.

Ni moi non plus. Écoutez, je vous prie; vous conviendrez avec moi que Dieu gouverne le monde par des lois générales. Selon ces lois, Cromwell, monstre de fanatisme et d'hypocrisie, résolut la mort de Charles Ier pour son intérêt, que tous les hommes aiment nécessairement, et qu'ils n'entendent pas tous également. Selon les lois du mouvement établies par Dieu même, le bourreau coupa la tête de ce roi ; mais certainement Dieu n'assassina pas Charles Ier par un acte particulier de sa volonté. Dieu ne fut ni Cromwell, ni Jeffreys, ni Ravaillac, ni Balthazar Gérard, ni le frère prêcheur Jacques Clément. Dieu ne commet, ni n'ordonne, ni ne permet le crime; mais il a fait l'homme, et il a fait les lois du mouvement; ces lois éternelles du mouvement sont également exécutées par la main de l'homme charitable qui secourt le pauvre, et par la main du scélérat qui égorge son frère. De même que Dieu n'éteignit point son soleil et n'engloutit point l'Espagne sous la mer pour punir Cortez, Almagro et Pizarro, qui avaient inondé de sang humain la moitié d'un hémisphère; de même aussi il n'envoie point une troupe d'anges à Londres, et ne fait point descendre du ciel cent mille tonneaux de vin de Bourgogne, pour faire plaisir à ses chers Anglais, quand ils ont fait une bonne action. Sa providence générale serait ridicule, si elle descendait dans chaque moment à chaque individu ; et cette vérité est si palpable, que jamais Dieu ne punit sur-le-champ un criminel par un coup éclatant de sa toute-puissance : il laisse luire son soleil sur les bons et sur les méchans. Si quelques scélérats sont morts immédiatement après leurs crimes, ils sont morts par les lois générales qui président au monde. J'ai lu dans le gros livre d'un *frenchman*, nommé *Mézeray*, que Dieu avait fait mourir notre grand Henri V de la fistule à l'anus, parcequ'il avait osé s'asseoir sur le trône du roi très chrétien; non, il mourut parceque les lois générales émanées de la toute-puissance avaient tellement arrangé la matière, que la fistule à l'anus devait terminer la vie de ce héros. Tout le physique d'une mauvaise action est l'effet des lois générales imprimées par la main de Dieu à la matière : tout le mal moral de l'action criminelle est l'effet de la liberté dont l'homme abuse.

Enfin, sans nous plonger dans les brouillards de la métaphysique, souvenons-nous que l'existence de Dieu est démontrée ; il n'y a plus à disputer sur son existence. Otez Dieu au monde, l'assassinat de Charles Ier en devient-il plus légitime? son bourreau vous en sera-t-il plus cher? Dieu existe, il suffit ; s'il existe, il est juste : soyez donc justes.

BIRTON.

Votre petit argument sur le concours de Dieu a de la finesse et de la force, quoiqu'il ne disculpe pas Dieu entièrement d'être l'auteur du mal physique et du mal moral. Je vois que la manière dont vous excusez Dieu fait quelque impression sur l'assemblée ; mais ne pouvait-il pas faire en sorte que ses lois générales n'entraînassent pas tant de malheurs particuliers? Vous m'avez prouvé un Être éternel et puissant ; et, Dieu me pardonne ! j'ai craint un moment que vous ne me fissiez croire en Dieu ; mais j'ai de terribles objections à vous faire : allons, Jenni, prenons courage ; ne nous laissons point abattre.

Et vous, monsieur Freind, qui parlez si bien, avez-vous lu le livre intitulé *le Bon sens* [1]?

FREIND.

Oui, je l'ai lu, et je ne suis point de ceux qui condam-

[1] De D'Holbach. (E. B.)

nent tout dans leurs adversaires. Il y a dans ce livre des vérités bien exposées; mais elles sont gâtées par un grand défaut. L'auteur veut continuellement détruire le Dieu de Scot, d'Albert, de Bonaventure, le Dieu des ridicules scolastiques et des moines. Remarquez qu'il n'ose pas dire un mot contre le Dieu de Socrate, de Platon, d'Épictète, de Marc-Aurèle; contre le Dieu de Newton et de Locke, j'ose dire contre le mien. Il perd son temps à déclamer contre des superstitions absurdes et abominables dont tous les honnêtes gens sentent aujourd'hui le ridicule et l'horreur. C'est comme si on écrivait contre la nature, parceque les tourbillons de Descartes l'ont défigurée; c'est comme si on disait que le bon goût n'exsite pas, parceque la plupart des auteurs n'ont point de goût. Celui qui a fait le livre du *Bon sens* croit avoir attaqué Dieu; et en cela il manque tout-à-fait de bon sens; il n'a écrit que contre certains prêtres anciens et modernes. Croit-il avoir anéanti le maître pour avoir redit qu'il a été souvent servi par des fripons?

BIRTON.

Écoutez, nous pourrions nous rapprocher. Je pourrais respecter le maître, si vous m'abandonniez les valets. J'aime la vérité; faites-la-moi voir, et je l'embrasse.

CHAPITRE X.

Sur l'athéisme.

La nuit était venue, elle était belle, l'atmosphère était une voûte d'azur transparent, semée d'étoiles d'or; ce spectacle touche toujours les hommes, et leur inspire une douce rêverie : le bon Parouba admirait le ciel, comme un allemand admire Saint-Pierre de Rome, ou l'Opéra de Naples, quand il le voit pour la première fois. Cette voûte est bien hardie, disait Parouba à Freind; et Freind lui disait : Mon cher Parouba, il n'y a point de voûte; ce cintre bleu n'est autre chose qu'une étendue de vapeurs, de nuages légers que Dieu a tellement disposés et combinés avec la mécanique de vos yeux, qu'en quelque endroit que vous soyez, vous êtes toujours au centre de votre promenade, et vous voyez ce qu'on nomme *le ciel*, et qui n'est point le ciel, arrondi sur votre tête. Et ces étoiles, monsieur Freind? Ce sont, comme je vous l'ai déjà dit, autant de soleils autour desquels tournent d'autres mondes; loin d'être attachées à cette voûte bleue, souvenez-vous qu'elles en sont à des distances différentes et prodigieuses : cette étoile que vous voyez est à douze cents millions de mille pas de notre soleil. Alors il lui montra le télescope qu'il avait apporté : il lui fit voir nos planètes, Jupiter avec ses quatre lunes, Saturne avec ses cinq lunes [1] et son inconcevable anneau lumineux; c'est la même lumière, lui disait-il, qui part de tous ces globes, et qui arrive à nos yeux; de cette planète-ci en un quart-d'heure, de cette étoile-ci en six mois. Parouba se mit à genoux, et dit : Les cieux annoncent Dieu. Tout l'équipage était autour du vénérable Freind, regardait, et admirait. Le coriace Birton avança sans rien regarder, et parla ainsi :

BIRTON.

Eh bien soit! il y a un Dieu, je vous l'accorde; mais qu'importe à vous et à moi? Qu'y a-t-il entre l'Être infini

[1] Il faudrait dire maintenant avec ses sept lunes. (E. B.)

et nous autres vers de terre? quel rapport peut-il exister de son essence à la nôtre? Épicure, en admettant des dieux dans les planètes, avait bien raison d'enseigner qu'ils ne se mêlaient nullement de nos sottises et de nos horreurs; que nous ne pouvions ni les offenser, ni leur plaire; qu'ils n'avaient nul besoin de nous, ni nous d'eux : vous admettez un Dieu plus digne de l'esprit humain que les dieux d'Épicure, et que tous ceux des orientaux et des occidentaux. Mais si vous disiez, comme tant d'autres, que ce Dieu a formé le monde et nous pour sa gloire; qu'il exigea autrefois des sacrifices des bœufs pour sa gloire, qu'il apparut, pour sa gloire, sous notre forme de bipèdes, etc., vous diriez, ce me semble, une chose absurde qui ferait rire tous les gens qui pensent. L'amour de la gloire n'est autre chose que de l'orgueil, et l'orgueil n'est que de la vanité : un orgueilleux est un fat que Shakespeare jouait sur son théâtre : cette épithète ne peut pas plus convenir à Dieu que celle d'injuste, de cruel, d'inconstant. Si Dieu a daigné faire, ou plutôt arranger l'univers, ce ne doit être que dans la vue d'y faire des heureux. Je vous laisse à penser s'il est venu à bout de ce dessein, le seul pourtant qui pût convenir à la nature divine.

FREIND.

Oui, sans doute, il y a réussi avec toutes les ames honnêtes; elles seront heureuses un jour, si elles ne le sont pas aujourd'hui.

BIRTON.

Heureuses! quel rêve! quel conte de *Peau-d'Ane!* Où? quand? comment? qui vous l'a dit?

FREIND.

Sa justice.

BIRTON.

N'allez-vous pas me dire, après tant de déclamateurs, que nous vivrons éternellement quand nous ne serons plus; que nous possédons une ame immortelle, ou plutôt qu'elle nous possède, après nous avoir avoué que les Juifs eux-mêmes, Les Juifs auxquels vous vous vantez d'avoir été subrogés, n'ont j'amais soupçonné seulement cette immortalité de l'ame jusqu'au temps d'Hérode? Cette idée d'une ame immortelle avait été inventée par les brachmanes, adoptée par les Perses, les Chaldéens, les Grecs, ignorée très long-temps de la malheureuse petite horde judaïque. Hélas! monsieur, savons-nous seulement si nous avons une ame? savons-nous si les animaux, dont le sang fait la vie, comme il fait la nôtre, qui ont, comme nous, des volontés, des appétits, des passions, des idées, de la mémoire, de l'industrie; savez-vous, dis-je, si ces êtres, aussi incompréhensibles que nous, ont une ame, comme on prétend que nous en avons une?

J'avais cru jusqu'à présent qu'il est dans la nature une force active dont nous tenons le don de vivre dans tout notre corps, de marcher par nos pieds, de prendre par nos mains, de voir par nos yeux, d'entendre par nos oreilles, de sentir par nos nerfs, de penser par notre tête, et que tout cela était ce que nous appelons l'*ame*, mot vague qui ne signifie au fond que le principe inconnu de nos facultés. J'appellerai *Dieu*, avec vous, ce principe intelligent et puissant qui anime la nature entière; mais a-t-il daigné se faire connaître à nous?

FREIND.

Oui, par ses œuvres.

BIRTON.

Nous a-t-il dicté ses lois? nous a-t-il parlé?

FREIND.

Oui, par la voix de votre conscience. N'est-il pas vrai que si vous aviez tué votre père et votre mère, cette conscience vous déchirerait par des remords aussi affreux qu'involontaires? Cette vérité n'est-elle pas sentie et avouée par l'univers entier? Descendons maintenant à de moindres crimes. Y en a-t-il un seul qui ne vous effraie au premier coup d'œil, qui ne vous fasse pâlir la première fois que vous le commettez, et qui ne laisse dans votre cœur l'aiguillon du repentir?

BIRTON.

Il faut que je l'avoue.

FREIND.

Dieu vous a donc expressément ordonné, en parlant à votre cœur, de ne vous souiller jamais d'un crime évident. Et quant à toutes ces actions équivoques, que les uns condamnent et que les autres justifient, qu'avons-nous de mieux à faire que de suivre cette grande loi du premier des Zoroastres, tant remarquée de nos jours par un auteur français? Quand tu ne sais si l'action que tu médites est bonne ou mauvaise, abstiens-toi.

BIRTON.

Cette maxime est admirable; c'est sans doute ce qu'on a jamais dit de plus beau, c'est-à-dire de plus utile en morale; et cela me ferait presque penser que Dieu a suscité de temps en temps des sages qui ont enseigné la vertu aux hommes égarés. Je vous demande pardon d'avoir raillé de la vertu.

FREIND.

Demandez-en pardon à l'Être éternel, qui peut la récompenser éternellement, et punir les transgresseurs.

BIRTON.

Quoi ! Dieu me punirait éternellement de m'être livré à des passions qu'il m'a données ?

FREIND.

Il vous a donné des passions avec lesquelles on peut faire du bien et du mal. Je ne vous dis pas qu'il vous punira à jamais, ni comment il vous punira ; car personne n'en peut rien savoir : je vous dis qu'il le peut. Les brachmanes furent les premiers qui imaginèrent une prison éternelle pour les substances célestes qui s'étaient révoltées contre Dieu dans son propre palais ; il les enferma dans une espèce d'enfer qu'ils appelaient *ondera* ; mais au bout de quelques milliers de siècles, il adoucit leurs peines, les mit sur la terre, et les fit hommes ; c'est de là que vint notre mélange de vices et de vertus, de plaisirs et de calamités. Cette imagination est ingénieuse ; la fable de *Pandore* et de *Prométhée* l'est encore davantage. Des nations grossières ont imité grossièrement la belle fable de *Pandore* ; ces inventions sont des rêves de la philosophie orientale ; tout ce que je puis vous dire, c'est que si vous avez commis des crimes en abusant de votre liberté, il vous est impossible de prouver que Dieu soit incapable de vous en punir ; je vous en défie.

BIRTON.

Attendez ; vous pensez que je ne peux pas vous démontrer qu'il est impossible au grand Être de me punir : par ma foi, vous avez raison ; j'ai fait ce que j'ai pu pour me prouver que cela était impossible, et je n'en suis jamais venu à bout. J'avoue que j'ai abusé de ma liberté, et que Dieu peut m'en châtier ; mais, pardieu ! je ne serai pas puni quand je ne serai plus.

FREIND.

Le meilleur parti que vous ayez à prendre est d'être honnête homme tandis que vous existez.

BIRTON.

D'être honnête homme pendant que j'existe ?... oui, je l'avoue ; oui, vous avez raison ; c'est le parti qu'il faut prendre.

(Je voudrais, mon cher ami, que vous eussiez été témoin de l'effet que firent les discours de Freind sur tous les Anglais et sur tous les Américains. Birton, si évaporé et si audacieux, prit tout-à-coup un air recueilli et modeste ; Jenni, les yeux mouillés de larmes, se jeta aux genoux de son père, et son père l'embrassa : voici enfin la dernière scène de cette dispute si épineuse et si intéressante.)

CHAPITRE XI.

De l'athéisme.

BIRTON.

Je conçois bien que le grand Être, le Maître de la nature, est éternel ; mais nous qui n'étions pas hier, pouvons-nous avoir la folle hardiesse de prétendre à une éternité future? Tout périt sans retour autour de nous, depuis l'insecte dévoré par l'hirondelle jusqu'à l'éléphant mangé des vers.

FREIND.

Non, rien ne périt, tout change; les germes impalpables des animaux et des végétaux subsistent, se développent, et perpétuent les espèces. Pourquoi ne voudriez-vous pas que Dieu conservât le principe qui vous fait agir et penser, de quelque nature qu'il puisse être? Dieu me garde de faire un système, mais certainement il y a dans nous quelque chose qui pense et qui veut : ce quelque chose, que l'on appelait autrefois une *monade*, ce quelque chose est imperceptible. Dieu nous l'a donnée, ou peut-être, pour parler plus juste, Dieu nous a donnés à elle. Êtes-vous bien sûr qu'il ne peut la conserver? Songez, examinez; pouvez-vous m'en fournir quelque démonstration ?

BIRTON.

Non, j'en ai cherché dans mon entendement, dans tous les livres des athées, et surtout dans le troisième chant de *Lucrèce*; j'avoue que je n'ai jamais trouvé que des vraisemblances.

FREIND.

Et sur ces simples vraisemblances, nous nous abandonnerions à toutes nos passions funestes ! nous vivrions en brutes ! n'ayant pour règle que nos appétits, et pour frein que la crainte des autres hommes rendus éternellement ennemis les uns des autres par cette crainte mutuelle; car on veut toujours détruire ce qu'on craint : pensez-y bien, monsieur Birton; réfléchissez-y sérieusement, mon fils

Jenni : n'attendre de Dieu ni châtiment ni récompense, c'est être véritablement athée. A quoi servirait l'idée d'un Dieu qui n'aurait sur vous aucun pouvoir? C'est comme si l'on disait ; Il y a un roi de la Chine qui est très puissant: je réponds : grand bien lui fasse ; qu'il reste dans son manoir, et moi dans le mien : je ne me soucie pas plus de lui qu'il ne se soucie de moi ; il n'a pas plus de juridiction sur ma personne qu'un chanoine de Windsor n'en a sur un membre de notre parlement ; alors je suis mon Dieu à moi-même, je sacrifie le monde entier à mes fantaisies, si j'en trouve l'occasion ; je suis sans loi, je ne regarde que moi. Si les autres êtres sont moutons, je me fais loup ; s'ils sont poules, je me fais renard.

Je suppose, ce qu'à Dieu ne plaise, que toute notre Angleterre soit athée par principe ; je conviens qu'il pourra se trouver plusieurs citoyens qui, nés tranquilles et doux, assez riches pour n'avoir pas besoin d'être injustes, gouvernés par l'honneur, et par conséquent attentifs à leur conduite, pourront vivre ensemble en société ; ils cultiveront les beaux-arts, par qui les mœurs s'adoucissent ; ils pourront vivre dans la paix, dans l'innocente gaieté des honnêtes gens ; mais l'athée pauvre et violent, sûr de l'impunité, sera un sot s'il ne vous assassine pas pour voler votre argent. Dès lors tous les liens de la société sont rompus, tous les crimes secrets inondent la terre, comme les sauterelles, à peine d'abord aperçues, viennent ravager les campagnes : le bas peuple ne sera qu'une horde de brigands, comme nos voleurs, dont on ne pend pas la dixième partie à nos sessions ; ils passent leur misérable vie dans des tavernes avec des filles perdues, ils les battent, ils se battent entre eux ; ils tombent ivres au milieu de leurs pintes de plomb dont ils se sont cassé la tête ; ils se réveillent pour voler et pour assassiner; ils recommencent chaque jour ce cercle abominable de brutalités.

Qui retiendra les grands et les rois dans leurs vengeances, dans leur ambition à laquelle ils veulent tout immoler? Un roi athée est plus dangereux qu'un Ravaillac fanatique.

Les athées fourmillaient en Italie au quinzième siècle; qu'en arriva-t-il? il fut aussi commun d'empoisonner que de donner à souper; et d'enfoncer un stylet dans le cœur de son ami que de l'embrasser; il y eut des professeurs du crime, comme il y a aujourd'hui des maîtres de musique et de mathématiques. On choisissait exprès les temples pour y assassiner les princes au pied des autels. Le pape Sixte IV et un archevêque de Florence firent assassiner ainsi les deux princes les plus accomplis de l'Europe. (Mon cher Sherloc, dites, je vous prie, à Parouba et à ses enfans ce que c'est qu'un pape et un archevêque, et dites leur sur-tout qu'il n'est plus de pareils monstres.) Mais continuons. Un duc de Milan fut assassiné de même au milieu d'une église. On ne connaît que trop les étonnantes horreurs d'Alexandre VI. Si de telles mœurs avaient subsisté, l'Italie aurait été plus déserte que ne l'a été le Pérou après son invasion.

La croyance d'un Dieu rémunérateur des bonnes actions, punisseur des méchantes, pardonneur des fautes légères, est donc la croyance la plus utile au genre humain; c'est le seul frein des hommes puissans qui commettent insolemment les crimes publics; c'est le seul frein des hommes qui commettent adroitement les crimes secrets. Je ne vous dis pas, mes amis, de mêler à cette croyance nécessaire des superstitions qui la déshonoreraient, et qui même pourraient la rendre funeste : l'athée est un monstre qui ne dévorera que pour apaiser sa faim ; le superstitieux est un autre monstre qui déchirera les hommes par devoir. J'ai toujours remarqué qu'on peut guérir un athée ; mais on ne guérit jamais le superstitieux radicalement ; l'athée est un homme d'esprit qui se trompe, mais qui pense par lui-même ; le superstitieux est un sot brutal qui n'a jamais eu que les idées des autres : l'athée violera Iphigénie près d'épouser Achille ; mais le fanatique l'égorgera pieusement sur l'autel, et croira que Jupiter lui en aura beaucoup d'obligation ; l'athée dérobera un vase d'or dans une église, pour donner à souper à des filles de joie; mais le fanatique célèbrera un auto-da-fé dans cette église, et chantera un cantique juif à plein gosier, en fesant brûler des Juifs. Oui, mes amis, l'athéisme et le fanatisme sont les deux pôles d'un univers de confusion et d'horreur. La petite zone de la vertu est entre ces deux pôles ; marchez d'un pas ferme dans ce sentier ; croyez un Dieu bon, et soyez bons. C'est tout ce que les grands législateurs Locke et Penn demandent à leurs peuples.

Répondez-moi, monsieur Birton, vous et vos amis : Quel mal peut vous faire l'adoration d'un Dieu jointe au bonheur d'être honnête homme? Nous pouvons tous être attaqués d'une maladie mortelle au moment où je vous parle : qui de nous alors ne voudrait pas avoir vécu dans l'innocence? Voyez comme notre méchant Richard III meurt dans Shakespeare ; comme les spectres de tous ceux qu'il a tués viennent épouvanter son imagination. Voyez comme expire Charles IX de France après sa Saint-Barthélemi. Son chapelain a beau lui dire qu'il a bien fait, son crime le déchire, son sang jaillit par ses pores, et tout le sang qu'il fit couler crie contre lui. Soyez sûr que, de tous ces monstres il n'en est aucun qui n'ait vécu dans les tourmens des remords et qui n'ait fini dans la rage du désespoir.

Birton et ses amis ne purent tenir davantage ; ils se jetèrent au genoux de Freind. Oui, dit Birton, je crois en Dieu et en vous.

DIALOGUES D'ÉVÉMÈRE.

XXXI.

SECOND DIALOGUE.

SUR LA DIVINITÉ.

CALLICRATES.

Je commence par la question ordinaire : Y a-t-il un Théos? Le grand-prêtre de Jupiter Ammon a déclaré qu'Alexandre était son fils, et il a été bien payé ; mais ce Théos existe-t-il ? et depuis le temps qu'on en parle, ne s'est-on pas moqué de nous ?

ÉVÉMÈRE.

On s'en est bien moqué en effet, quand on nous a fait adopter un Jupiter mort en Crète, et un bélier de pierre caché dans les sables de la Libye. Les Grecs, qui ont de l'esprit jusqu'à la folie, se sont indignement moqués du genre humain, quand, d'un mot grec qui signifiait *courir*, ils ont fait des *theoi*, des dieux qui courent. Leurs prétendus philosophes, qui sont, à mon avis, les raisonneurs de ce monde les moins raisonnables, ont prétendu que les coureurs, tels que Mars, Mercure, Jupiter, Saturne, étaient des dieux immortels, parce qu'ils marchent toujours, et qu'ils paraissent se mouvoir eux-mêmes. Ils auraient pu, par le même argument, donner de la divinité aux moulins à vent.

CALLICRATES.

Non, non, je ne vous parle pas des rêveries d'Athènes, ni de celles de l'Égypte. Je ne vous demande pas si une planète est dieu, si le bélier d'Ammon est dieu, si le bœuf Apis est dieu, et si Cambyse a mangé un dieu en le fesant mettre à la broche ; je vous demande très sérieusement s'il y a un dieu qui ait fait le monde. On m'a ri au nez dans Syracuse, quand j'ai dit que peut-être il y en avait un.

ÉVÉMÈRE.

Et où logez-vous, s'il vous plaît, dans Syracuse ?

CALLICRATES.

Chez Hiérax, l'archonte, qui est mon ami intime, et qui ne croit pas plus en Dieu qu'Épicure.

ÉVEMÈRE.

N'a-t-il pas un beau palais, cet archonte ?

CALLICRATES.

Admirable; c'est un corps de logis orné de trente-six colonnes corinthiennes, entre lesquelles sont des statues de la main des plus grands maîtres. Et pour les deux ailes....

ÉVÉMÈRE.

Faites-moi grace des deux ailes. Il me suffit qu'un beau palais me démontre un architecte.

CALLICRATES.

Ah! je vois où vous en voulez venir; vous allez me dire que l'arrangement de l'univers, l'immensité de l'espace remplie de mondes qui tournent régulièrement autour de leurs soleils, la lumière qui jaillit en torrens de ces soleils, et qui court animer tous ces globes, enfin cette fabrique incompréhensible démontre un fabricateur souverainement intelligent, puissant, éternel; vous allez m'étaler les belles découvertes des Platon qui ont agrandi la sphère des êtres; vous m'allez faire voir le grand Être qui préside à cette foule d'univers tous faits les uns pour les autres. Ces discours tant rebattus ne persuadent pas nos épicuriens. Ils vous disent froidement qu'il ne disconviennent pas que la nature a tout fait, que c'est là le grand Être: qu'on la voit, qu'on la sent dans le soleil, dans les astres, dans toutes les productions de notre globe, dans nous-mêmes, et qu'il y a une grande faiblesse, et bien peu de bon sens, à vouloir attribuer à je ne sais quel être imaginaire qu'on ne peut voir, et dont il est impossible de se former la plus légère idée; de lui attribuer, dis-je, les opérations de cette nature qui nous est si sensible, si connue par ses travaux continuels, qui est partout sous nos pieds, sur nos têtes, qui nous a fait naître, qui nous fait vivre et mourir, et qui est visiblement le Dieu que vous cherchez: lisez le *Système de la nature*[1], l'*Histoire de la nature*, les *Principes de la nature*[2], la *Philosophie de la*

[1] De d'Holbach, sous le nom de Mirabaud. (E. B.)

[2] *Principes de la nature, suivant les opinions des anciens philosophes*, 2 vol. in-12, 1725, par François-Marie-Pompée Colonne, mort à Paris, le 6 mars 1726, dans l'incendie de sa maison. (GLOG.)

nature [1] le *Code de la nature* [2], les *Lois de la nature* [3], *etc.*

ÉVÉMÈRE.

Et si je vous disais qu'il n'y a point de nature, que tout est art dans l'univers [4], et que l'art annonce un ouvrier!

CALLICRATES.

Comment donc ! point de nature, et tout est art? quelle idée creuse !

ÉVÉMÈRE.

C'est un philosophe peu connu, et peu compté peut-être parmi les philosophes, qui a le premier avancé cette vérité; mais elle n'est pas moins vérité pour être d'un homme obscur [5]. Vous m'avouerez que vous ne pouvez entendre par ce terme vague, *nature,* qu'un assemblage de choses qui existent, et dont la plupart n'existeront pas demain ; certes, des arbres, des pierres, des légumes, des chenilles, des chèvres, des filles et des singes ne composent point un être absolu, quel qu'il soit : des effets qui n'existaient point hier ne peuvent être la cause éternelle, nécessaire et productive. Votre nature, encore une fois, n'est qu'un mot inventé pour signifier l'universalité des choses.

[1] Par Delisle de Sales. *Voir* la lettre du 6 juin 1770 de Voltaire à Delisle de Sales. (CLOG.)

[2] Le *Code de la nature, ou le véritable esprit de ses lois*, publié en 1755, et attribué à Diderot, est de Morelli le fils, auteur de quelques autres ouvrages. (CLOG.)

[3] Voltaire, en 1777, avait passé en revue, dans l'art. XI de son ouvrage intitulé *Prix de la justice et de l'humanité* (*Politique et Législation*), les livres sur *la nature.* (CLOG.)

[4] Voy. le dialogue que contient l'article NATURE, dans le *Dictionnaire philosophique.* (CLOG)

[5] C'est de lui-même que M. de Voltaire parle ici. (*É. de K.*)

Pour vous faire voir à présent que l'art a tout fait, observez seulement un insecte, un limaçon, une mouche, vous y verrez un art infini qu'aucune industrie humaine ne peut imiter : il faut donc qu'il y ait un artiste infiniment habile, et c'est ce que les sages appellent Dieu.

CALLICRATES.

Cet artisan, que vous supposez, est, selon nos épicuriens, la force secrète qui agit éternellement dans cet assemblage toujours périssant et toujours reproduit que nous appelons nature.

ÉVÉMÈRE.

Comment une force peut-elle être répandue dans des êtres qui ne sont plus, et dans ceux qui ne sont pas encore nés? Comment cette force aveugle peut-elle avoir assez d'intelligence pour former des animaux sentans ou pensans, et tant de soleils qui probablement ne pensent point ? Vous sentez qu'un tel système, n'étant fondé sur aucune vérité antécédente, n'est qu'un rêve produit par l'imagination en délire : la force secrète dont vous parlez ne peut subsister que dans un être assez puissant et assez intelligent pour former des animaux intelligens; dans un être nécessaire, puisque sans son existence il n'y aurait rien ; dans un être éternel, puisque, existant par lui-même, on ne peut assigner de moment où il n'ait pas existé; dans un être bon, puisque, étant la cause de tout, rien ne peut avoir fait entrer le mal dans lui. Voilà ce que nous autres stoïciens nous appelons Dieu : voilà le grand Être à qui nous nous efforçons de ressembler par la vertu, autant que de faibles créatures peuvent approcher de l'ombre de leur Créateur.

CALLICRATES.

Et voilà ce que nos épicuriens nous nient. Vous êtes comme les sculpteurs ; ils font à coups de ciseau une belle statue, et ils l'adorent. Vous forgez votre dieu, et puis vous lui donnez le titre de bon ; mais regardez seulement notre Etna ; la ville de Catane, engloutie depuis peu d'années, et ses ruines encore fumantes. Souvenez-vous de ce que Platon nous apprend de la destruction de l'île Atlantique, abymée il n'y a pas plus de dix mille ans, songez à l'inondation qui détruisit la Grèce.

A l'égard du mal moral, souvenez-vous seulement de tout ce que vous avez vu, et donnez l'épithète de bon à votre dieu, si vous l'osez. On n'a jamais répondu à ce fameux argument : Ou Dieu n'a pu empêcher le mal ; et, en ce cas, est-il tout-puissant ? ou il l'a pu, et il ne l'a pas fait ; alors où est sa bonté ?

ÉVÉMÈRE.

Cet ancien raisonnement, qui semble détrôner Dieu et mettre à sa place le chaos, m'a toujours effrayé : les folles horreurs dont j'ai été témoin sur ce malheureux globe m'épouvantent encore davantage. Cependant au pied de ce mont Etna qui vomit la flamme et la mort autour de nous, je vois les campagnes les plus riantes et les plus fertiles ; et, après dix ans de carnage et de destruction, je vois renaître dans Syracuse la paix, l'abondance, les plaisirs, les chansons et la philosophie : il y a donc du bien dans ce monde, s'il y a tant de mal ; il est donc démontré que Dieu n'est pas absolument méchant, s'il est l'auteur de tout.

CALLICRATES.

Ce n'est pas assez qu'un Dieu ne soit pas toujours et

complétement cruel, il faut qu'il ne le soit jamais ; et la terre, son prétendu ouvrage, est toujours affligée de quelque affreux désastre. Quand l'Etna se repose, d'autres volcans sont en fureur. Quand Alexandre n'est plus, d'autres destructeurs s'élèvent ; il n'y a jamais eu un moment sur ce globe sans désastre et sans crime.

ÉVÉMÈRE.

C'est à quoi j'en veux venir. L'idée d'un dieu bourreau, qui fait des créatures pour les tourmenter, est horrible et absurde : l'idée de deux dieux, dont l'un fait le bien et l'autre fait le mal, est plus absurde encore, et n'est pas moins horrible. Mais, si on vous prouve une vérité, cette vérité existe-t-elle moins parce qu'elle traîne après elle des conséquences inquiétantes? Il y a un Être nécessaire, éternel, source de tous les êtres ; existera-t-il moins parce que nous souffrons? existera-t-il moins parce que je suis incapable d'expliquer pourquoi nous souffrons ?

CALLICRATES.

Capable ou non, je vous prie de hasarder avec moi ce que vous en pensez.

ÉVÉMÈRE.

Je tremble, car je vais vous dire des choses qui ressemblent à un système ; et un système qui n'est pas démontré n'est qu'une folie ingénieuse : quoi qu'il en soit, voici la très faible clarté que je crois apercevoir dans cette profonde nuit ; c'est à vous de l'éteindre ou de l'augmenter.

Je remarque d'abord que je n'ai pu acquérir l'idée d'un Dieu qu'après avoir acquis l'idée d'un être nécessaire existant par lui-même, par sa nature, éternel, intelligent, bon, et puissant. Tous ces caractères, qui me paraissent essentiels à Dieu, ne me disent pas qu'il ait fait l'impossible. Il n'empêchera jamais que les trois angles d'un triangle ne soient égaux à deux droits. Il ne pourra faire que deux propositions contradictoires s'accordent. Il était probablement contradictoire que le mal n'entrât pas dans le monde ; je présume qu'il était impossible que les vents nécessaires pour balayer les terres et pour empêcher les mers de croupir, ne produisissent pas des tempêtes. Les feux répandus sous l'écorce de la terre pour former les minéraux et les végétaux devaient aussi ébranler ces terres, renverser des villes, écraser leurs habitans, affaisser des montagnes et en élever d'autres.

Il eût été contradictoire que tous les animaux vécussent toujours et procréassent toujours : l'univers n'aurait pu les nourrir. Ainsi la mort, qu'on regarde comme le plus grand des maux, était aussi nécessaire que la vie. Il fallait que les désirs s'allumassent dans les organes de tous les animaux, qui ne pouvaient chercher leur bien-être sans le désirer ; ces affections ne pouvaient être vives sans être violentes ; et par conséquent sans exciter ces fortes passions qui produisent les querelles, les guerres, les meurtres, les fraudes et le brigandage ; enfin Dieu n'a pu former l'univers qu'aux conditions suivant lesquelles il existe.

CALLICRATES.

Votre dieu n'est donc pas tout-puissant?

ÉVÉMÈRE.

Il est véritablement le seul puissant, puisque c'est lui qui a tout formé ; mais il n'est pas extravagamment puissant. De ce qu'un architecte a élevé une maison de cinquante pieds, bâtie de marbre, ce n'est pas à dire qu'il ait pu en faire une de cinquante lieues, bâtie de confitures.

Chaque être est circonscrit dans sa nature; et j'ose croire que l'Être suprême est circonscrit dans la sienne. J'ose penser que cet architecte de l'univers, si visible à notre esprit, et en même temps si incompréhensible, n'habite ni les choux de nos jardins, ni le petit temple du Capitole. Quel est son séjour? de quel ciel, de quel soleil envoie-t-il ses éternels décrets à toute la nature? Je n'en sais rien; mais je sais que toute la nature lui obéit.

CALLICRATES.

Mais si tout lui obéit, quand croyez-vous qu'il ait donné les premières lois à toute cette nature, et qu'il ait formé ces soleils innombrables, ces planètes, ces comètes, cette chétive et malheureuse terre?

ÉVÉMÈRE.

Vous me faites toujours des questions auxquelles on ne peut répondre que par des doutes. Si j'osais faire encore une conjecture, je dirais que l'essence de l'Être suprême, de cet Être éternel, formateur, conservateur, destructeur et reproducteur, étant d'agir, il est impossible qu'il n'ait pas agi toujours. Les œuvres de l'éternel Démiourgos ont été nécessairement éternelles, comme dès qu'un soleil existe, il est nécessaire que ses rayons pénètrent l'espace en droite ligne.

CALLICRATES.

Vous me répondez par des comparaisons : cela me fait soupçonner que vous ne voyez pas bien nettement les choses dont nous parlons; vous cherchez à les éclaircir; et, quelque peine que vous preniez, vous rentrez toujours malgré vous dans le système de nos épicuriens, qui attribuent tout à une force occulte, à la nécessité. Vous appelez cette force occulte Dieu, et ils l'appellent nature.

ÉVÉMÈRE.

Je ne serais pas fâché d'avoir quelque chose de commun avec les vrais épicuriens, qui sont d'honnêtes gens, très sages et très respectables; mais je ne suis point d'accord avec ceux qui n'admettent des dieux que pour s'en moquer en les représentant comme de vieux débauchés inutiles, abrutis par le vin, la bonne chère et l'amour.

A l'égard des bons épicuriens qui ne placent le bonheur que dans la vertu, mais qui n'admettent que le pouvoir secret de la nature, je suis de leur avis, pourvu qu'ils reconnaissent que ce pouvoir secret est celui d'un Être nécessaire, éternel, puissant, intelligent : car l'être qui raisonne, appelé homme, ne peut être l'ouvrage que d'un maître très intelligent, appelé Dieu.

CALLICRATES.

Je leur communiquerai vos pensées, et je souhaite qu'ils vous regardent comme leur confrère.

FIN DU SECOND DIALOGUE.

CINQUIÈME DIALOGUE.

PAUVRES GENS QUI CREUSENT DANS UN ABYME.

INSTINCT, PRINCIPE DE TOUTE ACTION DANS LE GENRE ANIMAL.

. . . .

. . . .

CALLICRATES.

Dites-moi donc ce que c'est que notre instinct dont

vous m'avez parlé tout à l'heure; vous m'avez dit que Dieu nous avait fait non seulement présent de la raison, mais encore de l'instinct : il me semble qu'on n'accorde cette propriété qu'aux bêtes, et que même on ne sait pas trop ce qu'on entend par cette propriété. Les uns disent que c'est une ame d'une espèce différente de la nôtre; les autres croient que c'est la même ame avec d'autres organes; quelques rêveurs ont avancé que ce n'est qu'une machine[1]; et vous, que rêvez-vous?

ÉVÉMÈRE.

Je rêve que Dieu nous a tout donné, à nous et aux animaux, et que les animaux sont bien plus heureux que nos philosophes; ils ne se tourmentent pas pour savoir ce que Dieu veut qu'ils ignorent; leur instinct est plus sûr que le nôtre; ils ne font point de système sur ce que deviendront leurs facultés après leur mort : jamais abeille n'a eu la folie d'enseigner dans une ruche que son bourdonnement passerait un jour la barque à Caron, et que son ombre irait faire de la cire et du miel dans les Champs-Elysées; c'est notre raison dépravée qui a imaginé ces fables.

Notre instinct est bien plus sage, sans rien savoir; c'est par lui que l'enfant suce la mamelle de sa nourrice sans connaître qu'il forme un vide dans sa bouche, et que ce vide force le lait de la mamelle à descendre dans son estomac : toutes ses actions sont de l'instinct. Dès qu'il a un peu de force, il met ses mains au devant de sa tête quand il tombe. S'il veut franchir un petit fossé, il se donne une force nouvelle en courant, sans avoir appris quel sera le résultat de sa masse multipliée par sa vitesse. S'il trouve

[1] Voir la note sur ce sujet, plus haut, dialogue des *Adorateurs*. (E. B.)

une large pièce de bois sur un ruisseau, pour peu qu'il soit hardi, il se mettra sur cette planche pour parvenir à l'autre bord, et ne se doutera pas que le volume de bois joint à celui de son corps pèse moins qu'un pareil volume d'eau. S'il veut soulever une pierre, il emploie un bâton pour lui servir de levier, et ne sait pas assurément la théorie des forces mouvantes.

Les actions même qui paraissent en lui l'effet d'une raison que l'éducation a instruites sont les effets de cet instinct. Il ne sait pas ce que c'est que la flatterie ; mais il ne manque jamais de flatter quiconque peut lui donner ce qu'il désire. S'il voit battre un autre enfant, et s'il voit son sang couler, il crie, il pleure, il appelle au secours, sans aucun retour sur lui-même.

CALLICRATES.

Définissez-moi donc cet instinct dont vous me donnez tant d'exemples.

ÉVÉMÈRE.

C'est tout sentiment et tout acte qui prévient la réflexion.

CALLICRATES.

Mais vous me parlez là d'une qualité occulte, et vous savez qu'on se moque aujourd'hui de ces qualités si chères à tant de philosophes de la Grèce.

ÉVÉMÈRE.

Tant pis ; il fallait respecter les qualités occultes ; car depuis le brin d'herbe que l'ambre attire jusqu'à la route que tant d'astres suivent dans l'espace, depuis la formation d'une mite dans un fromage jusqu'à la galaxie [1] : soit que

[1] La voie lactée. (*Éd. de Kehl.*)

vous considériez une pierre qui tombe, soit que vous suiviez le cours d'une comète traversant les cieux, tout est qualité occulte.

Ce mot est le respectable aveu de notre ignorance : le grand architecte du monde nous a donné de mesurer, de calculer, de peser quelques uns de ses ouvrages, mais il ne nous permet pas de découvrir les premier ressorts. Les Chaldéens ont déjà soupçonné que ce n'est pas le soleil qui tourne autour des planètes, et que, au contraire, ce sont les planètes qui tournent autour de lui dans des orbites différentes; mais je doute qu'on puisse découvrir jamais quelle est la force secrète qui les emporte d'occident en orient. On calculera la chute des corps; mais trouvera-t-on la raison primitive de la force qui les fait tomber? On disputera sur le physique et sur le moral pendant l'éternité; mais l'instinct gouvernera toujours toute la terre; car les passions sont la production de l'instinct, et les passions règneront toujours.

CALLICRATES.

Si cela est, votre dieu n'est que le dieu du mal; il ne nous a fait naître que pour nous abandonner à ces passions funestes : c'est faire des hommes pour les livrer aux diables.

ÉVÉMÈRE.

Point du tout; il y a de très bonnes passions, et il nous a donné la raison pour les diriger.

CALLICRATES.

Et qu'est-ce que cette chétive raison? M'allez-vous encore dire que c'est une autre espèce d'instinct?

ÉVÉMÈRE.

A peu près ; c'est un don inexplicable de comparer le passé au présent, et de pourvoir au futur. Voilà l'origine de toute société, de toute institution, de toute police. Ce don précieux est la suite d'un autre présent de Dieu, qui est aussi incompréhensible, je veux dire la mémoire ; autre instinct que nous partageons avec les animaux, mais que nous possédons dans un degré si supérieur, qu'ils devraient nous prendre pour des dieux s'ils ne nous mangeaient pas quelquefois.

CALLICRATES.

J'entends, j'entends; Dieu s'occupe à faire ressouvenir de jeunes renards que leur père a été pris dans un piége; et ces renards, par instinct, évitent le piége qui a causé la mort de leur père. Dieu est attentif à représenter à la mémoire de nos Syracusains que nos deux Denys ont très mal gouverné, et il inspire à notre raison le gouvernement républicain. Il court au chien de berger pour lui dire de faire rentrer les moutons de peur des loups qu'il a créés exprès pour manger les moutons. Il fait tout, il arrange, il bouleverse, il répare, il détruit; il déroge continuellement à toutes ses lois, et se donne fort inutilement beaucoup de peine. C'est la *prémotion physique,* le *décret prédéterminant*, l'*action de Dieu sur les créatures* [1].

ÉVÉMÈRE.

Ou vous m'entendez fort mal, ou vous m'expliquez très malignement. Je ne prétends point que le maître de la na-

[1] Système des thomistes reproduit par Laurent-François Boursier, dans son ouvrage intitulé : *De l'action de Dieu sur les créatures.* Voir le *Dictionnaire philosophique*, article IDÉE. (CLOG.)

ture se mêle des détails, quoique je pense qu'aucun détail ne le fatiguerait ni le l'abaisserait; je pense qu'il a établi des lois générales, immuables, éternelles, par lesquelles les hommes et les animaux se conduiront toujours : je vous l'ai déjà dit assez clairement.

Diagoras[1], auteur du *Système de la nature*, dit dans sa longue déclamation à peu près la même chose que vous. Voici ses paroles dans son chapitre IV du tome II : « Votre « dieu est sans cesse occupé à produire et à détruire; par « conséquent il ne peut être appelé immuable quant à sa « façon d'exister. »

Diagoras prétend que nous composons ainsi notre dieu de qualités contradictoires; il le traite de fantôme affreux et ridicule : mais qu'il me permette de lui dire qu'il y a bien de la hardiesse à décider aussi légèrement sur un sujet si grave. Produire et détruire alternativement dans tous les siècles, par des lois toujours constantes, ce n'est pas changer au hasard; c'est, au contraire, être toujours semblable à soi-même. Dieu donne la vie et la mort; mais il les donne à tout le monde : il a rendu la vie et la mort nécessaires; il est immuable en exécutant toujours ce plan de la création, en gouvernant toujours d'une manière uniforme : s'il fesait vivre éternellement quelques hommes, on pourrait alors dire peut-être qu'il n'est pas immuable; mais quand tous naissent pour mourir, son immutabilité n'est que trop constatée.

[1] C'est-à-dire le baron d'Holbach, mort le 21 janvier 1789. Le véritable Diagoras, avec lequel d'Holbach a d'ailleurs plus d'un rapport, n'était pas athée, mais il avait manqué d'être déchiré en pièces par les Athéniens, vers l'an 400 avant J.-C., pour avoir ri des mystères d'Éleusis. (Clog.)

CALLICRATES.

Eh bien, définissez-nous donc à la fin votre dieu pour fixer nos incertitudes.

ÉVÉMÈRE.

Je crois vous avoir prouvé qu'il en existe un par ce seul argument invincible : Le monde est un ouvrage admirable ; donc il y a un artisan plus admirable : la raison nous force à l'admettre, la démence entreprend de le définir.

CALLICRATES.

C'est ne rien savoir, et même c'est ne rien dire que de nous crier sans cesse : Il y a là quelque chose d'excellent, mais je ne sais ce que c'est.

ÉVÉMÈRE.

Souvenez-vous de ces voyageurs qui en abordant dans une île y trouvèrent des figures de géométrie [1] tracées sur le sable du rivage. Courage ! dirent-ils, voilà des pas d'hommes. Nous autres stoïciens, en voyant ce monde, nous disons : Voilà des pas de Dieu.

CALLICRATES.

Montrez-nous ces pas, s'il vous plaît.

ÉVÉMÈRE.

Ne les avez-vous pas vus partout ? et cette raison, et cet instinct dont nous jouissons, ne sont-ils pas évidemment des présens de ce grand Être inconnu ? car ils ne viennent

[1] *Bene speremus, ô amici! hominum enim vestigia conspicio*, est le mot attribué par Vitruve (dans la préface de ses dix livres d'architecture) à Aristippe, né à Cyrène, lorsque ce philosophe fit naufrage sur une des côtes de l'île de Rhodes (Clog.)

ni de nous-mêmes, ni de la fange sur laquelle nous habitons.

CALLICRATES.

Eh bien! réfléchissant sur tout ce que vous m'avez dit, et malgré toutes les difficultés que le mal répandu sur la terre fait naître dans mon esprit, je m'affermis pourtant dans l'idée qu'un Dieu préside à notre globe. Mais pensez-vous, comme les Grecs, que chaque planète ait le sien; que Jupiter, Saturne et Mars règnent dans les planètes qui portent leur nom, comme les rois d'Égypte, de Perse et des Indes règnent chacun dans leur district?

ÉVÉMÈRE.

Je vous ai déjà insinué que je n'en crois rien; et voici ma raison. Soit que le soleil tourne autour de nos planètes et de notre terre, comme le croit le vulgaire, qui ne s'en rapporte qu'à ses yeux; soit que la terre et les planètes tournent elles-mêmes autour du soleil, comme les nouveaux Chaldéens [1] l'ont soupçonné, et comme il est infiniment plus vraisemblable, il est toujours certain que les mêmes torrens de lumière, dardés continuellement du soleil jusqu'à Saturne, parviennent à tous ces globes dans des temps proportionnels à leur éloignement. Il est certain que ces traits de lumière se réfléchissent de la surface de Saturne à nous, et de nous à lui, avec une vitesse toujours égale. Or une fabrique si immense, un mouvement si rapide et si uniforme, une communication de lumière si constante entre des globes si prodigieusement éloignés, tout cela paraît ne pouvoir être établi que par la même Providence. S'il y a plusieurs dieux également puissans,

[1] Copernic et Galilée. (Clog.)

ou ils auront des vues différentes, ou ils auront la même : s'ils ne sont point d'accord, il n'y aura que le chaos; s'ils ont tous le même dessein, c'est comme s'il n'y avait qu'un seul Dieu; il ne faut pas multiplier les êtres, et surtout les dieux, sans nécessité.

CALLICRATES.

Mais, si le grand Démiourgos, l'Être suprême, avait fait naître des dieux subalternes pour gouverner sous lui ; s'il avait confié notre soleil à son cocher Apollon, une planète à la belle Vénus, une autre à Mars, nos mers à Neptune, notre atmosphère à Junon, cette espèce d'hiérarchie vous paraîtrait-elle si ridicule?

ÉVÉMÈRE.

J'avoue qu'il n'y a rien là d'incompatible. Il se peut, sans doute, que le grand Être ait peuplé les cieux et les élémens de créatures supérieures à nous ; c'est un si vaste champ, c'est un si beau spectacle pour notre imagination, que toutes les nations connues ont embrassé cette idée. Mais n'admettons, croyez-moi, ces demi-dieux imaginaires que quand ils nous seront démontrés. Je ne connais dans l'univers, par ma raison, qu'un seul dieu qu'elle m'a prouvé, et ses œuvres dont je suis témoin Je sais qu'il est, sans savoir ce qu'il est : bornons-nous donc à examiner ses œuvres.

FIN DU CINQUIÈME DIALOGUE.

LIVRE II.

DE LA LIBERTÉ.

DE VOLTAIRE

AU PRINCE ROYAL DE PRUSSE[1].

A Cirey, octobre 1737.

Monseigneur,

. . . .

. . . .

Vous m'ordonnez de vous rendre compte de mes doutes métaphysiques : je prends la liberté de vous envoyer un extrait d'un chapitre sur la liberté. Votre altesse royale y verra au moins de la bonne foi, si elle y trouve de l'ignorance; et plût à Dieu que tous les ignorans fussent au moins sincères!

Peut-être l'humanité, qui est le principe de toutes mes pensées, m'a séduit dans cet ouvrage : peut-être l'idée où je suis qu'il n'y aurait ni vice ni vertu; qu'il ne faudrait ni peine ni récompense; que la société serait, surtout chez les philosophes, un commerce de méchanceté et d'hypocrisie, si l'homme n'avait pas une liberté pleine et absolue : peut-être, dis-je, cette opinion m'a entraîné trop loin. Mais si vous trouvez des erreurs dans mes pensées, pardonnez-les au principe qui les a produites.

Je ramène toujours, autant que je peux, ma métaphy-

[1] Édition Baudouin, lettre XXXII.

sique à la morale. J'ai examiné sincèrement, et avec toute l'attention dont je suis capable, si je peux avoir quelques notions de l'âme humaine; et j'ai vu que le fruit de toutes mes recherches est l'ignorance. Je trouve qu'il en est de ce principe[1] pensant, libre, agissant, à-peu-près comme de Dieu même : ma raison me dit que Dieu existe; mais cette même raison me dit que je ne puis savoir ce qu'il est. En effet, comment connaîtrions-nous ce que c'est que notre ame, nous qui ne pouvons nous former aucune idée de la lumière, quand nous avons le malheur d'être nés aveugles? Je vois donc, avec douleur, que tout ce que l'on a jamais écrit sur l'ame, ne peut nous apprendre la moindre vérité.

Mon principal but, après avoir tâtonné autour de cette ame pour deviner son espèce, est de tâcher au moins de la régler; c'est le ressort de notre horloge. Toutes les belles idées de Descartes sur l'élasticité ne m'apprennent point la nature de ce ressort; j'ignore encore la cause de l'élasticité, cependant je monte ma pendule, et elle va tant bien que mal!

C'est l'homme que j'examine. De quelques matériaux qu'il soit composé, il faut voir s'il y a en effet du vice et de la vertu. Voilà le point important à l'égard de l'homme, je ne dis pas à l'égard de telle société vivant sous telles lois, mais pour tout le genre humain; pour vous, monseigneur, qui devez régner, pour le bûcheron de vos forêts, pour le docteur chinois et pour le sauvage de l'Amérique. Locke, le plus sage métaphysicien que je connaisse, semble, en combattant avec raison les idées[1] innées, penser qu'il n'y a aucun principe universel de morale. J'ose combattre ou plutôt éclaircir en ce point l'idée de ce grand homme. Je conviens avec lui qu'il n'y a réellement aucune idée innée;

[1] Voyez Introduction, III. (E. B.)

il suit évidemment qu'il n'y a aucune proposition de morale innée dans notre ame : mais de ce que nous ne sommes pas nés avec de la barbe, s'ensuit-il que nous ne soyons pas nés, nous autres habitans de ce continent, pour être barbus à un certain âge? Nous ne naissons point avec la force de marcher; mais quiconque naît avec deux pieds marchera un jour. C'est ainsi que personne n'apporte en naissant l'idée qu'il faut être juste; mais Dieu a tellement conformé les organes des hommes, que tous, à un certain âge, conviennent de cette vérité.

Il me paraît évident que Dieu a voulu que nous vivions en société, comme il a donné aux abeilles un instinct et des instrumens propres à faire le miel. Notre société ne pouvant subsister sans les idées du juste et de l'injuste, il nous a donc donné de quoi les acquérir. Nos différentes coutumes, il est vrai, ne nous permettront jamais d'attacher la même idée de juste aux mêmes notions : ce qui est crime en Europe sera vertu en Asie; de même que certains ragoûts allemands ne plairont point aux gourmands de France; mais Dieu a tellement façonné les Allemands et les Français qu'ils aimeront tous à faire bonne chère.

Toutes les sociétés n'auront donc pas les mêmes lois, mais aucune société ne sera sans lois. Voilà donc certainement le bien de la société établi par tous les hommes, depuis Pékin jusqu'en Irlande, comme la règle immuable de la vertu : ce qui sera utile à la société sera donc bon par tout pays. Cette seule idée concilie tout d'un coup toutes les contradictions qui paraissent dans la morale des hommes. Le vol était permis à Lacédémone; mais pourquoi? parce que les biens y étaient communs, et que voler un avare qui gardait pour lui seul ce que la loi donnait au public, était servir la société.

Il y a, dit-on, des sauvages qui mangent des hommes, et qui croient bien faire : je réponds que ces sauvages ont la même idée que nous du juste et de l'injuste. Ils font la guerre comme nous par fureur et par passion : on voit partout commettre les mêmes crimes : manger ses ennemis n'est qu'une cérémonie de plus. Le mal n'est pas de les mettre à la broche ; le mal est de les tuer : et j'ose assurer qu'il n'y a point de sauvage qui croie bien faire en égorgeant son ami. J'ai vu quatre sauvages de la Louisiane qu'on amena en France, en 1723. Il y avait parmi eux une femme d'une humeur fort douce. Je lui demandai, par interprète, si elle avait mangé quelquefois de la chair de ses ennemis, et si elle y avait pris goût : elle me répondit que oui : je lui demandai si elle aurait volontiers tué ou fait tuer un de ses compatriotes pour le manger ; elle me répondit en frémissant, et avec une horreur visible pour ce crime. Parmi les voyageurs, je défie le plus déterminé menteur d'oser dire qu'il y ait une peuplade, une famille où il soit permis de manquer à sa parole. Je suis bien fondé à croire que Dieu ayant créé certains animaux pour paître en commun, d'autres pour ne se voir que deux à deux très rarement, les araignées pour faire des toiles, chaque espèce a les instrumens nécessaires pour les ouvrages qu'elle doit faire. L'homme a reçu tout ce qu'il faut pour vivre en société ; de même qu'il a reçu un estomac pour digérer, des yeux pour voir, une ame pour juger.

Mettez deux hommes sur la terre, ils n'appelleront bon, vertueux et juste, que ce qui sera bon pour eux deux. Mettez-en quatre, il n'y aura de vertueux que ce qui conviendra à tous les quatre ; et si l'un des quatre mange le souper de son compagnon, ou le bat, ou le tue, il soulève sûrement les autres. Ce que je dis de ces quatre hommes, il faut le dire de tout l'univers. Voilà, monseigneur, à peu près le plan sur lequel j'ai écrit cette métaphysique morale; mais, quand il s'agit de vertu, est-ce à moi à en parler devant vous?

. . . .

. . . .

SUR LA LIBERTÉ.

La question de la liberté est la plus intéressante que nous puissions examiner, puisque l'on peut dire que de cette seule question dépend toute la morale. Un aussi grand intérêt mérite bien que je m'éloigne un peu de mon sujet pour entrer dans cette discussion, et pour mettre ici sous les yeux du lecteur les principales objections que l'on fait contre la liberté, afin qu'il puisse juger lui-même de leur solidité.

Je sais que la liberté a d'illustres adversaires. Je sais que l'on fait contre elle des raisonnemens qui peuvent d'abord séduire; mais ce sont ces raisons mêmes qui m'engagent à les rapporter et à les réfuter.

On a tant obscurci cette matière, qu'il est absolument indispensable de commencer par définir ce qu'on entend par liberté, quand on veut en parler et se faire entendre.

J'appelle *liberté* le pouvoir de penser à une chose ou de n'y pas penser, de se mouvoir et de ne se mouvoir pas, conformément au choix de son propre esprit. Toutes les objections de ceux qui nient la liberté se réduisent à quatre principales, que je vais examiner l'une après l'autre.

Leur première objection tend à infirmer le témoignage de notre conscience et du sentiment intérieur que nous avons de notre liberté. Ils prétendent que ce n'est que faute d'attention sur ce qui se passe en nous-mêmes que nous croyons avoir ce sentiment intime de liberté, et que lorsque nous fesons une attention réfléchie sur les causes de nos actions, nous trouvons au contraire qu'elles sont toujours déterminées nécessairement.

De plus, nous ne pouvons douter qu'il n'y ait des mouvemens dans notre corps qui ne dépendent point de notre volonté, comme la circulation du sang, le battement du cœur, etc.; souvent aussi la colère ou quelque autre passion violente nous emporte loin de nous, et nous fait faire des actions que notre raison désapprouve. Tant de chaînes visibles dont nous sommes accablés prouvent, selon eux, que nous sommes liés de même dans tout le reste.

L'homme, disent-ils, est tantôt emporté avec une rapidité et des secousses dont il sent l'agitation et la violence. Tantôt il est mené par un mouvement paisible dont il ne s'aperçoit pas, mais dont il n'est plus maître. C'est un esclave qui ne sent pas toujours le poids et la flétrissure de ses fers, mais qui n'en est pas moins esclave.

Ce raisonnement est tout semblable à celui-ci : les hommes sont quelquefois malades, donc ils n'ont jamais de santé. Or, qui ne voit pas, au contraire, que sentir sa maladie et son esclavage, c'est une preuve qu'on a été sain et libre ?

Dans l'ivresse, dans l'emportement d'une passion violente, dans un dérangement d'organes, etc., notre liberté n'est plus obéie par nos sens, et nous ne sommes pas plus libres alors d'user de notre liberté que nous ne le serions de mouvoir un bras sur lequel nous aurions une paralysie.

La liberté, dans l'homme, est la santé de l'ame. Peu de gens ont cette santé entière et inaltérable. Notre liberté est faible et bornée comme toutes nos autres facultés : nous la fortifions en nous accoutumant à faire des réflexions et à maîtriser nos passions; et cet exercice de l'ame la rend un peu plus vigoureuse. Mais quelques efforts que nous fassions, nous ne pourrons jamais parvenir à rendre cette raison souveraine de tous nos désirs, et il y aura toujours dans notre ame comme dans notre corps des mouvemens involontaires; car nous ne sommes ni sages, ni libres, ni saints, que dans un très petit degré.

Je sais que l'on peut, à toute force, abuser de sa raison pour contester la liberté aux animaux et les concevoir comme des machines qui n'ont ni sensations, ni désirs, ni volontés, quoiqu'ils en aient toutes les apparences. Je sais qu'on peut forger des systèmes, c'est-à-dire des erreurs, pour expliquer leur nature, Mais enfin, quand il faut s'interroger soi-même, il faut bien avouer, si l'on est de bonne foi, que nous avons une volonté, que nous avons le pouvoir d'agir, de remuer notre corps, d'appliquer notre esprit à certaines pensées, de suspendre nos désirs, etc.

Il faut donc que les ennemis de la liberté avouent que notre sentiment intérieur nous assure que nous sommes libres ; et je ne crains point d'assurer qu'il n'y en a aucun qui doute de bonne foi de sa propre liberté, et dont la conscience ne s'élève contre le sentiment artificiel par lequel ils veulent se persuader qu'ils sont nécessités dans toutes leurs actions. Aussi ne se contentent-ils pas de nier ce sentiment intime de la liberté; mais ils vont encore plus loin : Quand on vous accorderait, disent-ils, que vous avez le sentiment intérieur que vous êtes libre, cela ne prouverait rien encore ; car notre sentiment nous trompe sur notre liberté, de même que nos yeux nous trompent sur la grandeur du soleil, lorsqu'ils nous font juger que le disque de cet astre est environ large de deux pieds, quoique son diamètre soit réellement à celui de la terre comme cent est à un.

Voici, je crois, ce qu'on peut répondre à cette objection. Les deux cas que vous comparez sont fort différens. Je ne puis et ne dois voir les objets qu'en raison directe de leur grosseur, et en raison renversée du carré de leur éloignement. Telles sont les lois mathématiques de l'optique, et telle est la nature de nos organes, que si ma vue pouvait apercevoir la grandeur réelle du soleil, je ne pourrais voir aucun objet sur la terre, et cette vue, loin de m'être utile, me serait nuisible. Il en est de même des sens de l'ouïe et de l'odorat. Je n'ai et ne puis avoir ces sensations plus ou moins fortes (toutes choses d'ailleurs égales) que suivant que les corps sonores ou odoriférans sont plus ou moins près de moi. Ainsi Dieu ne m'a point trompé en me fesant voir ce qui est éloigné de moi d'une grandeur proportionnée à sa distance. Mais si je croyais être libre, et que je ne le fusse point, il faudrait que Dieu m'eût créé exprès pour me tromper ; car nos actions nous paraissent libres, précisément de la même manière qu'elles nous le paraîtraient si nous l'étions véritablement.

Il ne reste donc à ceux qui soutiennent la négative qu'une simple possibilité que nous soyons faits de manière que nous soyons toujours invinciblement trompés sur notre liberté; encore cette possibilité n'est-elle fondée que sur une absurdité, puisqu'il ne résulterait de cette illusion perpétuelle que Dieu nous ferait, qu'une façon d'agir dans l'Être suprême indigne de sa sagesse infinie.

Qu'on ne dise pas qu'il est indigne d'un philosophe de recourir ici à ce Dieu : car ce Dieu étant une fois prouvé, comme il l'est invinciblement, il est certain qu'il est l'auteur de ma liberté si je suis libre, et qu'il est l'auteur de mon erreur si, ayant fait de moi un être purement passif, il m'a donné le sentiment irrésistible d'une liberté qu'il m'a refusée.

Ce sentiment intérieur que nous avons de notre liberté est si fort, qu'il ne faudrait pas moins, pour nous en faire douter, qu'une démonstration qui nous prouvât qu'il implique contradiction que nous soyons libres. Or, certainement il n'y a point de telles démonstrations.

Joignez à toutes ces raisons qui détruisent les objections des fatalistes, qu'ils sont obligés eux-mêmes de démentir à tout moment leur opinion par leur conduite : car on aura beau faire les raisonnemens les plus spécieux contre notre liberté, nous nous conduirons toujours comme si nous étions libres, tant le sentiment intérieur de notre liberté est profondément gravé dans notre ame, et tant il a, malgré nos préjugés, d'influence sur nos actions.

Forcées dans ce retranchement, les personnes qui nient la liberté continuent et disent : Tout ce dont ce sentiment intérieur dont vous faites tant de bruit nous assure, c'est que les mouvemens de notre corps et les pensées de notre esprit obéissent à notre volonté ; mais cette volonté elle-même est toujours déterminée nécessairement par les choses que notre entendement juge être les meilleures, de même qu'une balance est toujours emportée par le plus grand poids. Voici la façon dont les chaînons de notre chaîne tiennent les uns aux autres.

Les idées, tant de sensation que de réflexion, se présentent à vous, soit que vous le vouliez ou que vous ne le vouliez pas; car vous ne formez pas vos idées vous-même. Or, quand deux idées se présentent à votre entendement, comme, par exemple, l'idée de vous coucher et l'idée de vous promener, il faut absolument que vous vouliez l'une de ces deux choses, ou que vous ne vouliez ni l'une ni l'autre. Vous n'êtes donc pas libre quant à l'acte même de vouloir.

De plus, il est certain que si vous choisissez, vous vous déciderez sûrement pour votre lit ou pour la promenade, selon que votre entendement jugera que l'une ou l'autre de ces deux choses vous est utile et convenable : or votre entendement ne peut juger bon et convenable que ce qui lui paraît tel. Il y a toujours des différences dans les choses, et ces différences déterminent nécessairement votre jugement; car il vous serait impossible de choisir entre deux choses indiscernables, s'il y en avait. Donc toutes vos actions sont nécessaires, puisque, par votre aveu même, vous agissez toujours conformément à votre volonté ; et que je viens de vous prouver, 1° que votre volonté est nécessairement déterminée par le jugement de votre entendement ; 2° que ce jugement dépend de la nature de vos idées; et enfin 3° que vos idées ne dépendent point de vous.

Comme cet argument, dans lequel les ennemis de la liberté mettent leur principale force, a plusieurs branches, il y a aussi plusieurs réponses.

1° Quand on dit que nous ne sommes pas libres quant à l'acte même de vouloir, cela ne fait rien à notre liberté, car la liberté consiste à agir ou ne pas agir [1], et non pas à vouloir et à ne vouloir pas.

[1] On reconnait ici la définition de Locke : la liberté est le pouvoir d'agir. Locke se trompe assurément et Voltaire avec lui. Je veux

2° Notre entendement, dit-on, ne peut s'empêcher de juger bon ce qui lui paraît tel; l'entendement détermine la volonté, etc. Ce raisonnement n'est fondé que sur ce qu'on fait, sans s'en apercevoir, autant de petits êtres de la volonté et de l'entendement, lesquels on suppose agir l'un sur l'autre, et déterminer ensuite nos actions. Mais c'est une méprise qui n'a besoin que d'être aperçue pour

sauver mon ennemi, mon bras se paralyse; je veux frapper mon ami mon bras se paralyse encore ; dans les deux cas le pouvoir d'agir m'a fait défaut, pourtant j'éprouve, dans le premier cas, une satisfaction morale, dans le second du remords. J'étais donc libre en l'absence de ce pouvoir. Au contraire, j'ai frappé mon ami, dans une convulsion; j'ai des regrets, nul remords. Le pouvoir d'agir était présent, la liberté absente. Si la liberté est où n'est pas ce pouvoir, et n'est pas où il est, elle n'est donc pas ce pouvoir même, et réside dans la volonté. La société tout entière en juge ainsi. Un accusé est-il convaincu d'avoir tué un homme, le jury examine encore s'il est coupable, et plus d'une fois l'absout. Absurdité énorme si la liberté est dans l'acte. Et ce même jury qui absout le meurtre effectué, inculpe la tentative. Il faut penser que le genre humain délire, ou placer le libre arbitre dans la volonté. J'agis souvent parce que je l'ai voulu, il est vrai, souvent aussi sans le vouloir, et même malgré que je ne le veuille pas : j'évoque un souvenir ; il vient sans que je l'appelle, et demeure malgré moi. D'autres fois la volonté a beau se tendre de toute sa force, la puissance d'agir manque absolument. L'action est un accident : ce qui est toujours à moi c'est ma volonté, ou plutôt elle est moi-même. Locke nous dit : Quand je suis en prison, *je ne suis pas libre* de sortir. Il devrait dire : *je n'ai pas le pouvoir* de sortir. Le mot de liberté n'a ici que faire : elle n'est point dans le corps, mais toute retirée dans l'ame qui consulte et résout. Voltaire se souvient de Locke, au début de la discussion; mais la discussion l'éclaire : il sent qu'il ne peut défendre la liberté, si elle est ce que Locke prétend. Après l'avoir définie, comme il le fait ici, *le pouvoir physique d'agir*, dans la lettre XXXIX, elle devient *le pouvoir de penser et d'opérer des mouvemens en conséquence;* enfin dans la lettre XLVIII, elle se transforme dans *le pouvoir de choisir*. Il est bien évident que si la liberté est dans l'action, l'action dépendant de la volonté, la volonté dépendant des motifs, et les motifs avec leur force propre ne dépendant point de nous, nous sommes de pures machines, avec la conscience illusoire de notre liberté. Sauf une ou deux expressions équivoques, la discussion que Voltaire soutient contre Frédéric est excellente. Il n'est pas ici le disciple de Locke, mais le disciple de la raison universelle. (E. B.)

être rectifiée; car on sent aisément que vouloir, juger, etc., ne sont que différentes fonctions de notre entendement. De plus, avoir des perceptions, et juger qu'une chose est vraie et raisonnable, lorsqu'on voit qu'elle l'est effectivement, ce n'est point une action, mais une simple passion : car ce n'est en effet que sentir ce que nous sentons, et voir ce que nous voyons; et il n'y a aucune liaison entre l'approbation et l'action, entre ce qui est passif et ce qui est actif.

3° Les différences des choses déterminent, dit-on, notre entendement. Mais on ne considère pas que la liberté d'indifférence, avant le dictamen de l'entendement, est une véritable contradiction dans les choses qui ont des différences réelles entre elles : car, selon cette belle définition de la liberté, les idiots, les imbécilles, les animaux même, seraient plus libres que nous; et nous le serions d'autant plus que nous aurions moins d'idées et que nous apercevrions moins les différences des choses; c'est-à-dire à proportion que nous serions plus imbécilles; ce qui est absurde. Si c'est cette liberté qui nous manque, je ne vois pas que nous ayons beaucoup à nous plaindre. La liberté d'indifférence, dans les choses discernables, n'est donc pas réellement une liberté.

A l'égard du pouvoir de choisir entre des choses parfaitement semblables, comme nous n'en connaissons point, il est difficile de pouvoir dire ce qui nous arriverait alors. Je ne sais même si ce pouvoir serait une perfection; mais ce qui est bien certain, c'est que le pouvoir soi-mouvant, seule et véritable source de la liberté, ne pourrait être détruit par l'indiscernabilité de deux objets : or, tant que l'homme aura ce pouvoir soi-mouvant, l'homme sera libre.

4° Quant à ce que notre volonté est toujours déterminée par ce que notre entendement juge le meilleur, je réponds : la volonté, c'est-à-dire la dernière perception ou approbation de l'entendement, car c'est là le sens de ce mot dans l'objection dont il s'agit ; la volonté, dis-je, ne peut avoir aucune influence sur le pouvoir soi-mouvant en quoi consiste la liberté. Ainsi la volonté n'est jamais la cause de nos actions, quoiqu'elle en soit l'occasion ; car une notion abstraite ne peut avoir aucune influence physique sur le pouvoir physique soi-mouvant qui réside dans l'homme ; et ce pouvoir est exactement le même, avant et après le dernier jugement de l'entendement.

Il est vrai qu'il y aurait une contradiction dans les termes, moralement parlant, qu'un être qu'on suppose sage fasse une folie, et que, par conséquent il préférera sûrement ce que son entendement jugera être le meilleur ; mais il n'y aurait à cela aucune contradiction physique ; car la nécessité physique et la nécessité morale sont deux choses qu'il faut distinguer avec soin. La première est toujours absolue ; mais la seconde n'est jamais que contingente ; et cette nécessité morale est très compatible avec la liberté naturelle et physique la plus parfaite.

Le pouvoir physique d'agir est donc ce qui fait de l'homme un être libre, quel que soit l'usage qu'il en fait, et la privation de ce pouvoir suffirait seule pour le rendre un être purement passif, malgré son intelligence ; car une pierre que je jette n'en serait pas moins un être passif, quoiqu'elle eût le sentiment intérieur du mouvement que je lui donne et lui imprime. Enfin, être déterminé par ce qui nous paraît le meilleur, c'est une aussi grande perfection que le pouvoir de faire ce que nous avons jugé tel.

Nous avons la faculté de suspendre nos désirs et d'examiner ce qui nous semble le meilleur, afin de pouvoir le choisir : voilà une partie de notre liberté. Le pouvoir d'agir ensuite conformément à ce choix, voilà ce qui rend cette liberté pleine et entière ; et c'est en fesant un mauvais usage de ce pouvoir que nous avons de suspendre nos désirs, et en se déterminant trop promptement, que l'on fait tant de fautes.

Plus nos déterminations sont fondées sur de bonnes raisons, plus nous approchons de la perfection ; et c'est cette perfection, dans un degré plus éminent, qui caractérise la liberté des êtres plus parfaits que nous, et celle de Dieu même.

Car, que l'on y prenne bien garde, Dieu ne peut être libre que de cette façon. La nécessité morale de faire toujours le meilleur est même d'autant plus grande dans Dieu, que son être infiniment parfait est au dessus du nôtre. La véritable et la seule liberté est donc le pouvoir de faire ce que l'on choisit de faire ; et toutes les objections que l'on fait contre cette espèce de liberté détruisent également celle de Dieu et celle de l'homme ; et par conséquent, s'il s'ensuivait que l'homme ne fût pas libre, parce que sa volonté est toujours déterminée par les choses que son entendement juge être les meilleures, il s'ensuivrait aussi que Dieu ne serait point libre, et que tout serait effet sans cause dans l'univers ; ce qui est absurde.

Les personnes, s'il y en a, qui osent douter de la liberté de Dieu, se fondent sur ces argumens : Dieu étant infiniment sage est forcé, par une nécessité de nature, à vouloir toujours le meilleur ; donc toutes ses actions sont nécessaires. Il y a trois réponses à cet argument. 1° Il faudrait commencer par établir ce que c'est que le meilleur par rapport à Dieu, et antécédemment à sa volonté ; ce qui peut-être ne serait pas aisé.

Cet argument se réduit donc à dire que Dieu est nécessité à faire ce qui lui semble meilleur, c'est-à-dire à faire sa volonté : or je demande s'il y a une autre sorte de liberté, et si faire ce que l'on veut et ce que l'on juge le plus avantageux, ce qui plaît enfin, n'est pas précisément être libre. 2° Cette nécessité de faire toujours le meilleur ne peut jamais être qu'une nécessité morale ; or une nécessité morale n'est pas une nécessité absolue. 3° Enfin, quoiqu'il soit impossible à Dieu, d'une impossibilité morale, de déroger à ses attributs moraux, la nécessité de faire toujours le meilleur, qui en est une suite nécessaire, ne détruit pas plus sa liberté que la nécessité d'être présent partout, éternel, immense, etc.

L'homme est donc, par sa qualité d'être intelligent, dans la nécessité de vouloir ce que son jugement lui présente être le meilleur. S'il en était autrement, il faudrait qu'il fût soumis à la détermination de quelque autre que lui-même, et il ne serait plus libre ; car vouloir ce qui ne ferait pas plaisir, est une véritable contradiction ; et faire ce que l'on juge le meilleur, ce qui fait plaisir, c'est être libre. A peine pourrions-nous concevoir un être plus libre, qu'en tant qu'il est capable de faire ce qui lui plaît ; et tant que l'homme a cette liberté, il est aussi libre qu'il est possible à la liberté de le rendre libre, pour me servir des termes de M. *Locke*. Enfin l'*Achille* des ennemis de la liberté est cet argument-ci : Dieu est omni-scient ; le présent, l'avenir, le passé sont également présens à ses yeux : or, si Dieu sait tout ce que je dois faire, il faut absolument que je me détermine à agir de la façon dont il l'a prévu : donc nos actions ne sont pas libres ; car si quelques unes des choses futures étaient contingentes ou incertaines; si elles dépendaient de la liberté de l'homme; en un mot, si elles pouvaient arriver ou n'arriver pas, Dieu ne les pourrait pas prévoir. Il ne serait donc pas omni-scient.

Il y a plusieurs réponses à cet argument qui paraît d'abord invincible. 1° La prescience de Dieu n'a aucune influence sur la manière de l'existence des choses. Cette prescience ne donne pas aux choses plus de certitude qu'elles n'en auraient, s'il n'y avait pas de prescience; et si l'on ne trouve pas d'autres raisons, la seule considération de la certitude de la prescience divine ne serait pas capable de détruire cette liberté; car la prescience de Dieu n'est pas la cause de l'existence des choses, mais elle est elle-même fondée sur leur existence. Tout ce qui existe aujourd'hui ne peut pas ne point exister pendant qu'il existe; et il était hier et de toute éternité aussi certainement vrai que les choses qui existent aujourd'hui devaient exister, qu'il est maintenant certain que ces choses existent.

2° La simple prescience d'une action, avant qu'elle soit faite, ne diffère en rien de la connaissance qu'on en a après qu'elle est faite. Ainsi la prescience ne change rien à la certitude d'événement; car, supposé pour un moment que l'homme soit libre, et que ses actions ne puissent être prévues, n'y aura-t-il pas, malgré cela, la même certitude d'événement dans la nature des choses; et malgré la liberté, n'y a-t-il pas eu hier et de toute éternité une aussi grande certitude que je ferais une telle action aujourd'hui, qu'il y en a actuellement que je fais cette action? Ainsi, quelques difficultés qu'il y ait à concevoir la manière dont la prescience de Dieu s'accorde avec notre liberté, comme cette prescience ne renferme qu'une certitude d'événement qui se trouverait toujours dans les choses, quand même elles ne seraient pas prévues; il est évident qu'elle ne renferme aucune nécessité, et qu'elle ne détruit point la possibilité de la liberté.

La prescience de Dieu est précisément la même chose que sa connaissance. Ainsi, de même que sa connaissance n'influe en rien sur les choses qui sont actuellement, de même sa prescience n'a aucune influence sur celles qui sont à venir; et si la liberté est possible d'ailleurs, le pouvoir qu'a Dieu de juger infailliblement des événemens libres, ne peut les faire devenir nécessaires, puisqu'il faudrait pour cela qu'une action pût être libre et nécessaire en même temps.

3° Il ne nous est pas possible, à la vérité, de concevoir comment Dieu peut prévoir les choses futures, à moins de supposer une chaîne de causes nécessaires : car de dire avec les scolastiques que tout est présent à Dieu, non pas, à la vérité, dans sa propre mesure, mais dans une autre mesure, *non in mensura propria, sed in mensura aliena,* ce serait mêler du comique à la question la plus importante que les hommes puissent agiter. Il vaut beaucoup mieux avouer que les difficultés que nous trouvons à concilier la prescience de Dieu avec notre liberté viennent de notre ignorance sur les attributs de Dieu, et non pas de l'impossibilité absolue qu'il y a entre la prescience de Dieu et notre liberté; car l'accord de la prescience avec notre liberté n'est pas plus incompréhensible pour nous que son ubiquité, sa durée infinie déjà écoulée, sa durée infinie à venir, et tant de choses qu'il nous sera toujours impossible de nier et de connaître. Les attributs infinis de l'Être suprême sont des abymes où nos faibles lumières s'anéantissent. Nous ne savons et nous ne pouvons savoir quel rapport il y a entre la prescience du Créateur et la liberté de la créature; et comme dit le grand *Newton* : « *Ut cœcus ideam non habet colorum, sic nos ideam non ha-* « *bemus modorum quibus Deus sapientissimus sentit et intel-* « *ligit omnia;* » ce qui veut dire en français : « De même « que les aveugles n'ont aucune idée des couleurs, ainsi « nous ne pouvons comprendre la façon dont l'Être infi- « niment sage voit et connaît toutes choses. »

4° Je demanderais de plus à ceux qui, sur la considération de la prescience divine, nient la liberté de l'homme, si Dieu a pu créer des créatures libres? Il faut bien qu'ils répondent qu'il l'a pu; car Dieu peut tout, hors les contradictions; et il n'y a que les attributs auxquels l'idée de l'existence nécessaire de l'indépendance absolue est attachée, dont la communication implique contradiction. Or la liberté n'est certainement pas dans ce cas : car, si cela était, il serait impossible que nous nous crussions libres, comme il l'est que nous nous croyions infinis, tout puissans, etc. Il faut donc avouer que Dieu a pu créer des choses libres, ou dire qu'il n'est pas tout-puissant, ce que, je crois, personne ne dira. Si donc Dieu a pu créer des êtres libres, on peut supposer qu'il l'a fait; et si créer des êtres libres et prévoir leurs déterminations était une contradiction, pourquoi Dieu, en créant des êtres libres, n'aurait-il pas pu ignorer l'usage qu'ils feraient de la liberté qu'il leur a donnée? Ce n'est pas limiter la puissance divine que de la borner aux seules contradictions. Or, créer des créatures libres, et gêner de quelque façon que ce puisse être leurs déterminations, c'est une contradiction dans les termes, car c'est créer des créatures libres et non libres en même temps. Ainsi il s'ensuit nécessairement du pouvoir que Dieu a de créer des être libres, que s'il a créé de tels êtres, sa prescience ne détruit point leur liberté, ou bien qu'il ne prévoit pas leurs actions ; et celui qui, sur cette supposition, nierait la prescience de Dieu ne nierait pas plus sa toute-science que celui qui dirait que Dieu ne peut pas faire ce qui implique contradiction ne nierait sa toute-puissance.

Mais nous ne sommes pas réduits à faire cette supposition ; car il n'est pas nécessaire que je comprenne la façon dont la prescience divine et la liberté de l'homme s'accordent pour admettre l'une et l'autre. Il me suffit d'être assuré que je suis libre, et que Dieu prévoit tout ce qui doit arriver ; car alors je suis obligé de conclure que son omniscience et sa prescience ne gênent point ma liberté, quoique je ne puisse point concevoir comme cela se fait ; de même que lorsque je me suis prouvé un Dieu, je suis obligé d'admettre la création *ex nihilo*, quoiqu'il me soit impossible de la concevoir.

5° Cet argument de la prescience de Dieu, s'il avait quelque force contre la liberté de l'homme, détruirait encore également celle de Dieu ; car si Dieu prévoit tout ce qui arrivera, il n'est donc pas en son pouvoir de ne pas faire ce qu'il a prévu qu'il ferait. Or il a été démontré ci-dessus que Dieu est libre ; la liberté est donc possible ; Dieu a donc pu donner à ses créatures une petite portion de liberté, de même qu'il leur a donné une petite portion d'intelligence. La liberté dans Dieu est le pouvoir de penser toujours tout ce qui lui plaît, et de faire toujours tout ce qu'il veut. La liberté donnée de Dieu à l'homme est le pouvoir faible et limité d'opérer certains mouvemens, et de s'appliquer à quelques pensées. La liberté des enfans qui ne réfléchissent jamais consiste seulement à vouloir et à opérer certains mouvemens. Si nous étions toujours libres, nous serions semblables à Dieu. Contentons-nous donc d'un partage convenable au rang que nous tenons dans la nature : mais parce que nous n'avons pas les attributs d'un Dieu, ne renonçons pas aux facultés d'un homme.

DU PRINCE ROYAL A VOLTAIRE[1],

RÉPONSE

SUR LE CHAPITRE DE LA LIBERTÉ.

A Berlin, 26 décembre 1737.

. . . .

. . . .

J'ai reçu votre chapitre de métaphysique sur la liberté, et je suis mortifié de vous dire que je ne suis pas entièrement de votre sentiment. Je fonde mon système sur ce qu'on ne doit pas renoncer volontairement aux connaissances qu'on peut acquérir par le raisonnement. Cela posé, je fais mes efforts pour connaître de Dieu tout ce qui m'est possible, à quoi la voie de l'analogie ne m'est pas d'un faible secours. Je vois premièrement qu'un Être créateur doit être sage et puissant. Comme sage, il a voulu, dans son intelligence éternelle, le plan du monde ; et comme tout puissant, il l'a exécuté.

De là, il s'ensuit nécessairement que l'auteur de cet

[1] Lettre XXXVIII.

univers doit avoir eu un but en le créant. S'il a eu un but, il faut que tous les événemens y concourent. Si tous les événemens y concourent, il faut que tous les hommes agissent conformément au dessein du Créateur, et qu'ils ne se déterminent à toutes leurs actions que suivant les lois immuables de ses desseins, auxquelles ils obéissent en les ignorant; sans quoi Dieu serait spectateur oisif de la nature. Le monde se gouvernerait suivant le caprice des hommes; et celui dont la puissance a formé l'univers serait inutile depuis que de faibles mortels l'ont peuplé. Je vous avoue que puisqu'il faut opter entre faire un être passif ou du Créateur ou de la créature, je me détermine en faveur de Dieu. Il est plus naturel que ce Dieu fasse tout, et que l'homme soit l'instrument de sa volonté, que de se figurer un Dieu qui crée un monde, qui le peuple d'hommes, pour ensuite rester les bras croisés, et asservir sa volonté et sa puissance à la bizarrerie de l'esprit humain. Il me semble voir un Américain ou quelque sauvage qui voit pour la première fois une montre; il croira que l'aiguille qui montre les heures a la liberté de se tourner d'elle-même, et il ne soupçonnera pas seulement qu'il y a des ressorts cachés qui la font mouvoir; bien moins encore que l'horloger l'a faite à dessein qu'elle fasse précisément le mouvement auquel elle est assujétie. Dieu est cet horloger. Les ressorts dont il nous a composés sont infiniment plus subtils, plus déliés et plus variés que ceux de la montre. L'homme est capable de beaucoup de choses; et comme l'art est plus caché en nous, et que le principe qui nous meut est invisible, nous nous attachons à ce qui frappe le plus nos sens, et celui qui fait jouer tous ces ressorts échappe à nos faibles yeux; mais il n'a pas moins eu intention de nous destiner précisément à ce que nous sommes. Il n'a pas moins voulu que toutes nos actions se rapportassent à un tout, qui est le soutien de la société, et le bien de la totalité du genre humain.

Lorsqu'on regarde les objets séparément, il peut arriver qu'on en conçoive des idées bien différentes que si on les envisageait avec tout ce qui a relation avec eux. On ne peut juger d'un édifice par un astragale ; mais lorsqu'on considère tout le reste du bâtiment, alors on peut avoir une idée précise et nette des proportions et des beautés de l'édifice. Il en est de même des systèmes philosophiques. Dès qu'on prend des morceaux détachés, on élève une tour qui n'a point de fondement, et qui, par conséquent, s'écroule de soi-même. Ainsi, dès qu'on avoue qu'il y a un Dieu, il faut nécessairement que ce Dieu soit de la partie du système, sans quoi il vaudrait mieux, pour plus de commodité, le nier tout-à-fait. Le nom de Dieu, sans l'idée de ses attributs, et principalement sans l'idée de sa puissance, de sa sagesse et de sa prescience, est un son qui n'a aucune signification, et qui ne se rapporte à rien absolument.

J'avoue qu'il faut, si je puis m'exprimer ainsi, entasser ce qu'il y a de plus noble, de plus élevé et de plus majestueux pour concevoir, quoique très imparfaitement, ce que c'est que cet Être créateur, cet Être éternel, cet Être tout-puissant, etc. Cependant j'aime mieux m'abymer dans son immensité que de renoncer à sa connaissance, et à toute l'idée intellectuelle que je puis me former de lui.

En un mot, s'il n'y avait pas de Dieu, votre système serait l'unique que j'adopterais ; mais comme il est certain que ce Dieu est, on ne saurait assez mettre de choses sur son compte. Après quoi il reste encore à vous dire que comme tout est fondé, ou bien comme tout a sa raison dans ce qui l'a précédé, je trouve la raison du tempérament et de l'humeur de chaque homme dans la mécanique de son corps. Un homme emporté a la bile facile à émouvoir; un misanthrope a l'hypocondre enflé; le buveur, le poumon sec; l'amoureux, le tempérament robuste, etc. Enfin, comme je trouve toutes ces choses disposées de cette façon dans notre corps, je conjecture de là qu'il faut nécessairement que chaque individu soit déterminé d'une façon précise, et qu'il ne dépend point de nous de ne point être du caractère dont nous sommes. Que dirai-je des événemens qui servent à nous donner des idées, et à nous inspirer des résolutions? comme par exemple, le beau temps m'invite à prendre l'air; la réputation d'un homme de bon goût, qui me recommande un livre, m'engage à le lire; ainsi du reste. Si donc on ne m'avait jamais dit qu'il y eût un Voltaire au monde, si je n'avais pas lu ses excellens ouvrages, comment est-ce que ma volonté, cet agent libre, aurait pu me déterminer à lui donner toute mon estime? En un mot, comment est-ce que je puis vouloir une chose si je ne la connais pas?

Enfin, pour attaquer la liberté dans ses derniers retranchemens, comment est-ce qu'un homme peut se déterminer à un choix ou à une action, si les événemens ne lui en fournissent l'occasion? et ces événemens, qui est-ce qui les dirige? ce ne peut être le hasard, puisque le hasard est un mot vide de sens. Ce ne peut donc être que Dieu. Si donc Dieu dirige les événemens selon sa volonté, il dirige aussi et gouverne nécessairement les hommes; et c'est ce principe qui est la base et comme le fondement de la providence divine, qui me fait concevoir la plus haute, la plus noble et la plus magnifique idée qu'une créature aussi bornée que l'homme peut se former d'un Être aussi immense que l'est le Créateur. Ce principe me fait connaître en Dieu un Être infiniment grand et sage, n'étant point absorbé dans les plus grandes choses, et ne s'avilissant point dans les plus petits détails. Quelle immensité n'est pas celle d'un Dieu qui embrasse généralement toutes choses, et dont la sagesse a préparé dès le commencement du monde ce qu'il a exécuté à la fin des temps? Je ne prétends pas cependant mesurer les mystères de Dieu selon la faiblesse des conceptions humaines. Je porte ma vue aussi loin que je puis; mais si quelques objets m'échappent, je ne prétends pas renoncer à ceux que mes yeux me font apercevoir clairement.

Peut-être qu'un préjugé, qu'une prévention, que la flatteuse pensée de suivre une opinion particulière m'aveugle. Peut-être que j'avilis trop les hommes; cela se peut, je n'en conviens pas. Mais si le roi de France était en compromis avec le roi d'Yvetot, je suis sûr que tout homme sensé reconnaîtrait la puissance du roi Louis XV supérieure à l'autre. A plus forte raison devons-nous nous déclarer pour la puissance de Dieu, qui ne peut, en aucune façon, entrer en ligne de comparaison avec ces être fugitifs que le temps produit, dont le sort se joue, et que le temps détruit après une durée courte et passagère.

Lorsque vous parlez de la vertu, on voit que vous êtes en pays de connaissance; vous parlez en maître de cette matière, dont vous connaissez la théorie et la pratique : en un mot, il vous est facile de discourir savamment de vous-même. Il est certain que les vertus n'ont lieu que relativement à la société. Le principe primitif de la vertu est l'intérêt (que cela ne vous effraie point), puisqu'il est évident que les hommes se détruiraient les uns les autres sans l'intervention des vertus. La nature produit naturellement des voleurs, des envieux, des faussaires, des meurtriers : ils couvrent toute la face de la terre ; et sans les lois qui répriment le vice, chaque individu s'abandonnerait à l'instinct de la nature, et ne penserait qu'à soi. Pour réunir tous ces intérêts particuliers, il fallait trouver un tempérament pour les contenter tous ; et l'on convint que l'on ne se déroberait point réciproquement son bien, qu'on n'attenterait point à la vie de ses semblables, et qu'on se prêterait mutuellement à tout ce qui pourrait contribuer au bien commun.

Il y a des mortels heureux, de ces ames bien nées qui aiment la vertu pour l'amour d'elle-même ; leur cœur est sensible au plaisir qu'il y a de bien faire. Il vous importe peu de savoir que l'intérêt ou le bien de la société demande que vous soyez vertueux. Le Créateur vous a heureusement formé de façon que votre cœur n'est point accessible aux vices ; et ce créateur se sert de vous comme d'un organe, comme d'un instrument, comme d'un ministre, pour rendre la vertu plus respectable et plus aimable au genre humain. Vous avez voué votre plume à la vertu, et il faut avouer que c'est le plus grand présent qui lui ait jamais été fait. Les temples que les Romains lui consacrèrent sous divers titres, servaient à l'honorer, mais vous lui faites des disciples. Vous travaillez à lui former des sujets, et donnez un exemple, par votre vie, de ce que l'humanité a de plus louable. . .

. . . .

DE VOLTAIRE AU PRINCE ROYAL [1].

23 janvier 1738.

Je reçois de Berlin une lettre du 26 décembre. Elle contient deux grands articles : un plein de bonté, de tendresse et d'attention à m'accabler des bienfaits les plus flatteurs. Le second article est un ouvrage bien fort de métaphysique. On croirait que cette lettre est de M. Leibnitz ou de M. Wolf à quelqu'un de ses amis, mais elle est signée *Fréderic*. C'est un des prodiges de votre âme, monseigneur ; votre altesse royale remplit avec moi tout son caractère. Elle me lave d'une calomnie ; elle daigne protéger mon honneur contre l'envie, et elle donne des lumières à mon ame.

Je vais donc me jeter dans la nuit de la métaphysique, pour oser combatre les Leibnitz, les Wolf, les Fréderic. Me voilà, comme Ajax, ferraillant dans l'obscurité ; et je vous crie : Grand Dieu, rends-nous le jour et combats contre nous !

Mais avant d'oser entrer en lice, je vais faire transcrire, pour mettre dans un paquet, deux épîtres qui sont le commencement d'une espèce de système de morale que j'avais commencé il y a un an. Il y a quatre épîtres de faites.

[1] Lettre XXXIX.

Voici les deux premières : l'une roule sur l'égalité des conditions, l'autre sur la liberté. Cela est peut-être fort impertinent à moi, atome de Cirey, de dire à une tête presque couronnée que les hommes sont égaux, et d'envoyer des injures rimées, contre les partisans du *fatum*, à un philosophe qui prête un appui si puissant à ce système de la nécessité absolue.

Mais ces deux témérités de ma part prouvent combien votre altesse royale est bonne. Elle ne gêne point les consciences; elle permet qu'on dispute contre elle; c'est l'ange qui daigne lutter contre Israël. J'en resterai boiteux, mais n'importe; je veux avoir l'honneur de me battre.

Pour l'égalité des conditions, je la crois aussi fermement que je crois qu'une ame comme la vôtre serait également bien partout. Votre devise est :

Nave ferar magna an parva, ferar unus et idem.
(Hor., l. II, *Ep.* II.)

Pour la liberté, il y a un peu de chaos dans cette affaire. Voyons si les Clarke, les Locke, les Newton, me doivent éclairer, ou si les Leibnitz, princes ou non, doivent être ma lumière. On ne peut certainement rien de plus fort que tout ce que dit votre altesse royale pour prouver la nécessité absolue. Je vois d'abord que votre altesse royale est dans l'opinion de la raison suffisante de MM. Leibnitz et Wolf. C'est une idée très belle, c'est-à-dire très vraie; car enfin, il n'y a rien qui n'ait sa cause, rien qui n'ait une raison de son existence. Cette idée exclut-elle la liberté de l'homme?

1° Qu'entends-je par liberté? le pouvoir de penser, et

d'opérer des mouvemens en conséquence; pouvoir très borné, comme toutes mes facultés.

2° Est-ce moi qui pense et qui opère des mouvemens? Est-ce un autre qui fait tout cela pour moi? Si c'est moi, je suis libre; car être libre, c'est agir. Ce qui est passif n'est point libre. Est-ce un autre qui agit pour moi? Je suis trompé par cet autre, quand je crois être agent.

3° Quel est cet autre qui me tromperait? Ou il y a un Dieu ou non. S'il est un Dieu, c'est lui qui me trompe continuellement. C'est l'Être infiniment sage, infiniment conséquent, qui, sans raison suffisante, s'occupe éternellement d'erreurs opposées directement à son essence, qui est la vérité.

S'il n'y a point de Dieu, qui est-ce qui me trompe? est-ce la matière, qui d'elle-même n'a pas d'intelligence?

4° Pour nous prouver, malgré ce sentiment intérieur, malgré ce témoignage que nous nous rendons de notre liberté; pour nous prouver, dis-je, que cette liberté n'existe pas, il faut nécessairement prouver qu'elle est impossible. Cela me paraît incontestable. Voyons comme elle serait impossible.

5° Cette liberté ne peut être impossible que de deux façons: ou parce qu'il n'y a aucun être qui puisse la donner, ou parce qu'elle est en elle-même une contradiction dans les termes, comme un carré long est une contradiction. Or l'idée de la liberté de l'homme ne portant rien en soi de contradictoire, reste à voir si l'Être infini et créateur est libre, et si, étant libre, il peut donner une petite partie de son attribut à l'homme, comme il lui a donné une petite portion d'intelligence.

6° Si Dieu n'est pas libre, il n'est pas un agent: donc il n'est pas Dieu. Or, s'il est libre et tout-puissant, il suit qu'il peut donner à l'homme la liberté. Reste donc à savoir quelle raison on aurait de croire qu'il ne nous a pas fait ce présent.

7° On prétend que Dieu ne nous a pas donné la liberté, parce que si nous étions des agens, nous serions en cela indépendans de lui; et que ferait Dieu, dit-on, pendant que nous agirions nous-mêmes? Je réponds à cela deux choses. 1° Ce que Dieu fait lorsque les hommes agissent, ce qu'il fesait avant qu'ils fussent, et ce qu'il fera quand ils ne seront plus; 2° que son pouvoir n'en est pas moins nécessaire à la conservation de ses ouvrages, et que cette communication qu'il nous a faite d'un peu de liberté ne nuit en rien à sa puissance infinie, puisqu'elle-même est un effet de sa puissance infinie.

8° On objecte que nous sommes emportés quelquefois malgré nous, et je réponds : Donc nous sommes quelquefois maîtres de nous. La maladie prouve la santé, et la liberté est la santé de l'ame.

9° On ajoute que l'assentiment de notre esprit est nécessaire, que la volonté suit cet assentissement; donc, dit-on, on veut et on agit nécessairement. Je réponds qu'en effet on désire nécessairement; mais désir et volonté sont deux choses très différentes, et si différentes, qu'un homme sage veut et fait souvent ce qu'il ne désire pas. Combattre ses désirs est le plus bel effet de la liberté; et je crois qu'une des grandes sources du malentendu qui est entre les hommes sur cet article, vient de ce que l'on confond souvent la volonté et le désir.

10° On objecte que, si nous étions libres, il n'y aurait point de Dieu; je crois, au contraire, que c'est parce qu'il y a un Dieu que nous sommes libres; car si tout était nécessaire, si ce monde existait par lui-même d'une nécessité absolue (ce qui fourmille de contradictions), il est certain qu'en ce cas tout s'opérerait par des mouvemens liés nécessairement ensemble; donc il n'y aurait alors aucune liberté; donc sans Dieu point de liberté. Je suis bien surpris des raisonnemens échappés sur cette matière à l'illustre M. Leibnitz.

11° Le plus terrible argument qu'on ait jamais apporté contre notre liberté est l'impossibilité d'accorder avec elle la prescience de Dieu. Et quand on me dit : Dieu sait ce que vous ferez dans vingt ans; donc ce que vous ferez dans vingt ans est d'une nécessité absolue, j'avoue que je suis à bout, que je n'ai rien à répondre, et que tous les philosophes qui ont voulu concilier les futurs contingens avec la prescience de Dieu ont été de bien mauvais négociateurs. Il y en a d'assez déterminés pour dire que Dieu peut fort bien ignorer des futurs contingens, à peu près, s'il m'est permis de parler ainsi, comme un roi peut ignorer ce que fera un général à qui il aura donné carte blanche.

Ces gens-là vont encore plus loin; ils soutiennent que non seulement ce ne serait point une imperfection dans un Être suprême d'ignorer ce que doivent faire librement des créatures qu'il a faites libres, et qu'au contraire il semble plus digne de l'Être suprême de créer des êtres semblables à lui; semblables, dis-je, en ce qu'ils pensent, qu'ils veulent et qu'ils agissent, que de créer simplement des machines.

Ils ajouteront que Dieu ne peut faire des contradictions, et que peut-être il y aurait de la contradiction à prévoir ce que doivent faire ses créatures, et à leur communiquer cependant le pouvoir de faire le pour et le contre; car, diront-ils, la liberté consiste à pouvoir agir ou ne pas agir : donc, si Dieu sait précisément que l'un des deux arrivera, l'autre dès lors devient impossible; donc plus de liberté. Or, ces gens-là admettent une liberté : donc, selon eux, en admettant la prescience, ce serait une contradiction dans les termes.

Enfin ils soutiendront que Dieu doit ignorer ce qu'il est de sa nature d'ignorer; et ils oseront dire qu'il est de sa nature d'ignorer tout futur contingent, et qu'il ne doit point savoir ce qui n'est pas.

Ne se peut-il pas très bien faire, disent-ils, que du même fonds de sagesse dont Dieu prévoit à jamais les choses nécessaires, il ignore aussi les choses libres? En sera-t-il moins le créateur de toutes choses, et des agens libres, et des êtres purement passifs?

Qui nous a dit, continueront-ils, que ce ne serait pas une assez grande satisfaction pour Dieu de voir comment tant d'êtres libres qu'il a créés dans tant de globes agissent librement? Ce plaisir, toujours nouveau, de voir comment ses créatures se servent à tous momens des instrumens qu'il leur a donnés, ne vaut-il pas bien cette éternelle et oisive contemplation de soi-même, assez incompatible avec les occupations extérieures qu'on lui donne.

On objecte à ces raisonneurs-là que Dieu voit en un instant l'avenir, le passé et le présent; que l'éternité est instantanée pour lui; mais ils répondront qu'ils n'entendent pas ce langage, et qu'une éternité qui est un instant leur paraît aussi absurde qu'une immensité qui n'est qu'un point.

Ne pourrait-on pas, sans être aussi hardi qu'eux, dire que Dieu prévoit nos actions libres, à peu près comme un homme d'esprit prévoit le parti que prendra, dans une telle occasion, un homme dont il connaît le caractère? La différence sera qu'un homme prévoit à tort et à travers, et que

Dieu prévoit avec une sagacité infinie. C'est le sentiment de Clarke.

J'avoue que tout cela me paraît très hasardé, et que c'est un aveu, plutôt qu'une solution, de la difficulté. J'avoue enfin, monseigneur, qu'on fait contre la liberté d'excellentes objections, mais on en fait d'aussi bonnes contre l'existence de Dieu; et comme malgré les difficultés extrêmes contre la création et la Providence, je crois néanmoins la création et la Providence : aussi je me crois libre (jusqu'à un certain point s'entend) malgré les puissantes objections que vous me faites.

Je crois donc écrire à votre altesse royale, non pas comme à un automate créé pour être à la tête de quelques milliers de marionnettes humaines, mais comme à un être des plus libres et des plus sages que Dieu ait jamais daigné créer.

Permettez-moi ici une réflexion, monseigneur. Sur vingt hommes, il y en a dix-neuf qui ne se gouvernent point par leurs principes; mais votre ame paraît être de ce petit nombre, plein de fermeté et de grandeur, qui agit comme il pense.

Daignez, au nom de l'humanité, penser que nous avons quelque liberté; car si vous croyez que nous sommes de pures machines, que deviendra l'amitié dont vous faites vos délices? De quel prix seront les grandes actions que vous ferez? Quelle reconnaissance vous devra-t-on des soins que votre altesse royale prendra de rendre les hommes plus heureux et meilleurs? Comment enfin regarderez-vous l'attachement qu'on a pour vous, les services qu'on vous rendra, le sang qu'on versera pour vous? Quoi! le plus généreux, le plus tendre, le plus sage des hommes, verrait tout ce qu'on ferait pour lui plaire du même œil dont on voit des roues de moulin tourner sur le courant de l'eau, et se briser à force de servir! Non, monseigneur; votre ame est trop noble pour se priver ainsi de son plus beau partage.

Pardonnez à mes argumens, à ma morale, à ma bavarderie. Je ne dirai point que je n'ai pas été libre en disant tout cela. Non, je crois l'avoir écrit très librement, et c'est pour cette liberté que je demande pardon. Madame la marquise du Châtelet joint toujours ses respects pleins d'admiration aux miens.

Ma dernière lettre était d'un pédant grammairien, celle-ci est d'un mauvais métaphysicien; mais toutes seront d'un homme éternellement attaché à votre personne. Je suis, etc.

DU PRINCE ROYAL A VOLTAIRE [1].

A Remusberg, le 17 février 1738.

Monsieur, on vient de me rendre votre lettre du 23 janvier, qui sert de réponse, ou plutôt de réfutation, à celle du 26 décembre que je vous avais écrite. Je me repens bien de m'être engagé trop légèrement, et peut-être inconsidérément, dans une discussion métaphysique, avec un adversaire qui va me battre à plate couture; mais il n'est plus temps de reculer lorsqu'on a déjà tant fait.

Je me souviens, à cette occasion, d'avoir été présent à une dispute où il s'agissait de la préférence que l'on de-

[1] Lettre XLV.

vait ou à la musique française, ou à l'italienne. Celui qui fesait valoir la française se mit à chanter misérablement une ariette italienne, en soutenant que c'était la plus abominable chose du monde; de quoi on ne disconvenait point. Après quoi il pria quelqu'un qui chantait très bien en français, et qui s'en acquitta à merveille, de faire les honneurs de Lulli. Il est certain que si on avait jugé de ces deux musiques différentes sur cet échantillon, on n'aurait pu que rejeter le goût italien, et au fond je crois qu'on aurait mal jugé.

La métaphysique ne serait-elle pas entre mes mains ce que cette ariette italienne était dans la bouche de ce cavalier qui n'y entendait pas grand'chose? Quoi qu'il en soit, j'ai votre gloire trop à cœur pour vous céder gain de cause, sans plus faire de résistance. Vous aurez l'honneur d'avoir vaincu un adversaire intrépide, et qui se servira de toutes les défenses qui lui restent et de tout son magasin d'argumens avant que de battre la chamade.

Je me suis aperçu que la différence dans la manière d'argumenter nous éloignait le plus dans les systèmes que nous soutenons. Vous argumentez *a posteriori*, et moi *a priori;* ainsi, pour nous conduire avec plus d'ordre, et pour éviter toute confusion dans les profondes ténèbres métaphysiques dont il faut nous débrouiller, je crois qu'il serait bon de commencer par établir un principe certain : ce sera le pôle avec lequel notre boussole s'orientera ; ce sera le centre où toutes les lignes de mon raisonnement doivent aboutir.

Je fonde tout ce que j'ai à vous dire sur la providence, sur la sagesse et sur la prescience de Dieu. Ou Dieu est sage, ou il ne l'est pas. S'il est sage, il ne doit rien laisser au hasard ; il doit se proposer un but, une fin en tout ce qu'il fait : si Dieu est sans sagesse, ce n'est plus un dieu ; c'est un être sans raison, un aveugle hasard, un assemblage contradictoire d'attributs qui ne peuvent exister réellement. Il faut donc que nécessairement la sagesse, la prévoyance et la prescience soient des attributs de Dieu ; ce qui prouve suffisamment que Dieu voit les effets dans leurs causes, et que, comme infiniment puissant, sa volonté s'accorde avec tout ce qu'il prévoit. Remarquez en passant que ceci détruit les contingens futurs ; car l'avenir ne peut point avoir d'incertitude à l'égard de Dieu tout puissant, qui veut tout ce qu'il peut, et qui peut tout ce qu'il veut.

Vous trouverez bon à présent que je réponde aux objections que vous venez de me faire. Je suivrai l'ordre que vous avez tenu, afin que par ce parallèle la vérité en devienne plus palpable.

I. La liberté de l'homme, telle que vous la définissez, ne saurait avoir, selon mon principe, une raison suffisante ; car, comme cette liberté ne pouvait venir uniquement que de Dieu, je vais vous prouver que cela même implique contradiction, et qu'ainsi c'est une chose impossible. Dieu ne peut changer l'essence des choses : car, comme il lui est impossible de donner à un triangle, en tant que triangle, un carré, de faire que le passé n'ait pas été, aussi peu saurait-il changer sa propre essence. Or il est de son essence, comme un Dieu sage, tout puissant et connaissant l'avenir, de fixer les événemens qui doivent arriver dans tous les siècles qui s'écouleront : il ne saurait donner à l'homme la liberté d'agir diamétralement à ce qu'il avait voulu ; de quoi il résulte qu'on dit une contradiction, lorsqu'on soutient que Dieu peut donner la liberté à l'homme.

II. L'homme pense, opère des mouvemens, et agit, j'en

conviens, mais d'une manière subordonnée aux inviolables lois du destin. Tout avait été prévu par la Divinité, tout avait été réglé ; mais l'homme, qui ignore l'avenir, ne s'aperçoit pas qu'en semblant agir indépendamment, toutes ses actions tendent à remplir le décrets de la Providence.

On voit la Liberté, cette esclave si fière,
Par d'invisibles nœuds dans ces lieux prisonnière :
Sous un joug inconnu que rien ne peut briser,
Dieu sait l'assujettir sans la tyranniser.

(La Henriade, Ch. viii.)

III. Je vous avoue que j'ai été ébloui par le début de votre troisième objection. J'avoue qu'un dieu trompeur, issu dè mon propre système, me surprit ; mais il faut examiner si ce Dieu nous trompe autant qu'on veut bien le faire croire.

Ce n'est point l'Être infiniment sage, infiniment conséquent qui en impose à ses créatures par une liberté feinte qu'il semble leur avoir donnée. Il ne leur dit point : Vous êtes libres, vous pouvez agir selon votre volonté ; mais il a trouvé à propos de cacher à leurs yeux les ressorts qui les font agir. Il ne s'agit point ici du ministère des passions, qui est une voie entièrement ouverte à notre sujétion ; au contraire, il ne s'agit que des motifs qui déterminent notre volonté. C'est une idée d'un bonheur que nous nous figurons, ou d'un avantage qui nous flatte, et dont la représentation sert de règle à tous les actes de notre volonté. Par exemple, un voleur ne déroberait point s'il ne se figurait un état heureux dans la possession du bien qu'il veut ravir ; un avare n'amasserait pas trésor sur trésor, s'il ne se représentait pas un bonheur idéal dans l'entassement de toutes ces richesses ; un soldat n'exposerait point sa vie s'il ne trouvait sa félicité dans l'idée de la gloire et de la réputation qu'il peut acquérir; d'autres dans l'avancement, d'autres dans des récompenses qu'ils attendent; en un mot, tous les hommes ne se gouvernent que par les idées qu'ils ont de leur avantage et dè leur bien-être.

IV. Je crois d'ailleurs que j'ai suffisamment développé la contradiction qui se trouve dans le système du *franc arbitre*, tant par rapport aux perfections de Dieu que relativement à ce que l'expérience nous confirme. Vous conviendrez donc avec moi que les moindres actions de la vie découlent d'un principe certain, d'une idée de bonheur qui nous frappe; et c'est ce qu'on appelle motifs raisonnables, qui sont, selon moi, les cordes et les contre-poids qui font agir toutes les machines de l'univers? ce sont les ressorts cachés dont il plaît à Dieu de se servir pour assujettir nos actions à sa volonté suprême.

Les tempéramens des hommes et les causes occasionnelles (toutes également asservies à la volonté divine) donnent ensuite lieu aux modifications de leurs volontés, et causent la différence si notable que nous voyons dans les actions des hommes.

V. Il me semble que les révolutions des corps célestes, et l'ordre auquel tous ces mondes sont assujettis, pourraient nous fournir encore un argument bien fort pour soutenir la nécessité absolue.

Pour peu qu'on ait de connaissance de l'astronomie, on est instruit de la régularité infinie avec laquelle les planètes font leur cours. On connaît d'ailleurs les lois de la pesanteur, de l'attraction, du mouvement, toutes lois inviolables de la nature. Si des corps de cette matière, si des mondes, si tout l'univers est assujetti à des lois fixes et permanentes, comment est-ce que M. Clarke, que Newton viendront me dire que l'homme, cet être si petit, si imperceptible en comparaison de ce vaste univers ; que dis-je, ce malheureux reptile qui rampe sur la surface de ce globe qui n'est qu'un point dans l'univers, cette misérable créature aura-t-elle seule le privilége d'agir au hasard, de n'être gouvernée par aucunes lois, et, en dépit de son créateur, de se déterminer sans raison dans ses actions ? car qui soutient la *liberté entière* des hommes, nie positivement que les hommes soient raisonnables, et qu'ils se gouvernent selon les principes que j'ai allégués ci-dessus. Fausseté évidente; il ne faut que vous connaître pour en être convaincu.

VI. Ayant déjà répondu à votre sixième objection, il me suffira de rappeler ici que Dieu ne pouvant pas changer l'essence des choses, ne saurait par conséquent se priver de ses attributs.

VII. Après avoir prouvé qu'il est contradictoire que Dieu puisse donner à l'homme la liberté d'agir, il serait superflu de répondre à la septième objection, quoique je ne puisse m'empêcher de dire, au nom des Wolf et des Leibnitz, aux Clarke et aux Newton, qu'un Dieu qui entre dans la régie du monde entre dans les plus petits détails, dirige toutes les actions des hommes dans le même temps qu'il pourvoit aux besoins d'un nombre innombrable de mondes, me paraît bien plus admirable qu'un Dieu qui, à l'exemple des nobles et des grands d'Espagne adonnés à l'oisiveté, ne s'occupe de rien. De plus, que deviendra l'immensité de Dieu si pour le soulager, nous lui ôtons le soin des petits détails?

Je le répète, le système de Wolf explique les actions des hommes conformément aux attributs de Dieu et à l'autorité de l'expérience

VIII. Quant aux emportemens et aux passions violentes des hommes, ce sont des ressorts qui nous frappent, puisqu'ils tombent visiblement sous nos sens; les autres n'en existent pas moins, mais ils demandent plus d'application d'esprit et plus de méditation pour être découverts.

IX. Les désirs et la volonté sont deux choses qu'il ne faut pas confondre, j'en conviens; mais le triomphe de la volonté sur les désirs ne prouve rien en faveur de la liberté. Ce triomphe ne prouve autre chose sinon qu'une idée de gloire qu'on se présente en supprimant ses désirs. Une idée d'orgueil, quelquefois aussi de prudence, nous détermine à vaincre ces désirs; ce qui est l'équivalent de ce que j'ai établi plus haut.

X. Puisque sans Dieu le monde ne pourrait pas avoir été créé, comme vous en convenez, et puisque je vous ai prouvé que l'homme n'est pas libre, il s'ensuit que, puisqu'il y a un dieu, il y a une nécessité absolue, et puisqu'il y a une nécessité absolue, l'homme doit par conséquent y être assujetti, et ne saurait avoir de liberté.

XI. Lorsqu'on parle des hommes, toutes les comparaisons prises des hommes peuvent cadrer; mais dès qu'on parle de Dieu, il me paraît que toutes ces comparaisons deviennent fausses, puisqu'en cela nous lui attribuons des idées humaines, nous le fesons agir comme un homme, et nous lui fesons jouer un rôle qui est entièrement opposé à sa majesté.

Réfuterai-je encore le système des sociniens après avoir suffisamment établi le mien? Dès qu'il est démontré que Dieu ne saurait rien faire de contraire à son essence, on en peut tirer la conséquence que tout ce qu'on peut dire pour prouver la liberté de l'homme sera toujours également faux. Le système de Wolf est fondé sur les attributs qu'on a démontrés en Dieu; le système contraire n'a d'autre base que des suppositions évidemment fausses: vous comprenez que tous les autres s'écroulent d'eux-mêmes.

Pour ne rien laisser en arrière, je dois vous faire remarquer une inconséquence qui me paraît être dans le plaisir que Dieu prend de voir agir des créatures libres. On ne s'aperçoit pas qu'on juge de toutes choses par un certain retour qu'on fait sur soi-même : par exemple, un homme prend plaisir à voir une république laborieuse de fourmis pourvoir avec une espèce de sagesse à sa subsistance; de là on s'imagine que Dieu doit trouver le même plaisir aux actions des hommes. Mais on ne s'aperçoit pas, en raisonnant de la sorte, que le plaisir est une passion humaine, et que, comme Dieu n'est pas un homme, qu'il est un être parfaitement heureux en lui-même, il n'est susceptible de recevoir aucune impression, ni de joie, ni d'amour, ni de haine, ni de toutes les passions qui troublent les humains.

On soutient, il est vrai, que Dieu voit le passé, le présent et l'avenir; que le temps ne le vieillit point, et que le moment d'à présent, des mois, des années, des mille milliers d'années ne changent rien à son être, et ne sont, en comparaison de sa durée, qui n'a ni commencement ni fin, que comme un instant, et moins encore qu'un clin d'œil.

Je vous avoue que le dieu de M. Clarke m'a bien fait rire. C'est un dieu assurément qui fréquente les cafés, et qui se met à politiquer avec quelques misérables nouvellistes sur les conjonctures présentes de l'Europe. Je crois qu'il doit être bien embarrassé à présent pour deviner ce qui se fera la campagne prochaine en Hongrie, et qu'il attend avec grande impatience l'arrivée des événemens pour savoir s'il s'est trompé dans ses conjectures ou non.

Je n'ajouterai qu'une réflexion à celles que je viens de faire, c'est que ni le franc arbitre ni la fatalité absolue ne disculpent pas la Divinité de sa participation au crime : car que Dieu nous donne la liberté de mal faire, ou qu'il nous pousse immédiatement au crime, cela revient à peu près au même ; il n'y a que du plus ou du moins. Remontez à l'origine du mal, vous ne pourrez que l'attribuer à Dieu, à moins que vous ne vouliez embrasser l'opinion des manichéens touchant les deux principes ; ce qui ne laisse pas d'être hérissé de difficultés. Puis donc que selon nos systèmes Dieu est également le père des crimes et des vertus, puisque MM. Clarke, Locke et Newton ne me présentent rien qui concilie la sainteté de Dieu avec le fauteur des crimes, je me vois obligé de conserver mon système ; il est plus lié, plus suivi. Après tout, je trouve une espèce de consolation dans cette *fatalité absolue*, dans cette *nécessité* qui dirige tout, qui conduit nos actions, et qui fixe les destinées.

Vous me direz que c'est une petite consolation que celle que l'on tire des considérations de notre misère et de l'immutabilité de notre sort ; j'en conviens ; mais il faut bien s'en contenter faute de mieux. Ce sont de ces remèdes qui assoupissent les douleurs, et qui laissent à la nature le temps de faire le reste.

Après vous avoir fait un exposé de mes opinions, j'en reviens, comme vous, à l'insuffisance de nos lumières. Il me paraît que les hommes ne sont pas faits pour raisonner profondément sur les matières abstraites. Dieu les a instruits autant qu'il est nécessaire pour se gouverner dans ce monde, mais non pas autant qu'il faudrait pour contenter leur curiosité. C'est que l'homme est fait pour agir, et non pas pour contempler.

Prenez-moi, monsieur, pour tout ce qu'il vous plaira, pourvu que vous vouliez croire que votre personne est l'argument le plus fort qu'on puisse présenter en faveur de notre être. J'ai une idée plus avantageuse des hommes en vous considérant, et d'autant plus suis-je persuadé qu'il n'y a qu'un dieu ou quelque chose de divin qui puisse rassembler dans une même personne toutes les perfections que vous possédez. Ce ne sont pas des idées indépendantes qui vous gouvernent : vous agissez selon un principe, selon la plus sublime raison ; donc vous agissez selon une nécessité. Ce système, bien loin d'être contraire à l'humanité et aux vertus, y est même très favorable, puisque, trouvant notre bonheur, notre intérêt et notre satisfaction dans l'exercice de la vertu, ce nous est une nécessité de nous porter toujours envers ce qui est vertueux : et comme je ne saurais n'être pas reconnaissant sans me rendre insupportable à moi-même, mon bonheur, mon repos, l'idée de mon bien-être, m'obligent à la reconnaissance.

J'avoue que les hommes ne suivent pas toujours la vertu ; et cela vient de ce qu'ils ne se font pas tous la même idée du bonheur ; que les causes étrangères et les passions leur donnent lieu de se conduire d'une façon différente, et selon ce qu'ils croient de leur intérêt. Le tumulte de leurs passions fait surseoir dans ces momens les mûres délibérations de l'esprit et de la raison.

Vous voyez, monsieur, par ce que je viens de vous dire, que mes opinions métaphysiques ne renversent aucunement les principes de la saine morale, d'autant plus que la raison la plus épurée nous fait trouver les seuls véritables intérêts de notre conservation dans la bonne morale.

Au reste, j'en agis avec mon système comme les bons enfans envers leurs pères ; ils connaissent leurs défauts et les cachent. Je vous présente un tableau du beau côté ; mais je n'ignore pas que ce tableau a un revers.

On peut disputer des siècles entiers sur ces matières, et après les avoir pour ainsi dire épuisées, on en revient où l'on avait commencé. Dans peu nous en serons à l'âne de Buridan.

. . . .

. . . .

DE VOLTAIRE AU PRINCE ROYAL [1].

A Cirey, 8 mars 1738.

. . . .

. . . .

1° Plus je m'examine, plus je me crois libre (en plusieurs cas) ; c'est un sentiment que tous les hommes ont comme moi ; c'est le principe invariable de notre conduite. Les plus outrés partisans de la fatalité absolue se gouvernent tous suivant les principes de la liberté. Or je leur demande comment ils peuvent raisonner et agir d'une manière si contradictoire, et ce qu'il y a à gagner à se regarder comme des tournebroches, lorsqu'on agit tou-

[1] Lettre XLVIII.

jours comme un être libre? Je leur demande encore par quelle raison l'Auteur de la nature leur a donné ce sentiment de liberté, s'ils ne l'ont point? pourquoi cette imposture dans l'Être qui est la vérité même? De bonne foi, trouve-t-on une solution à ce problème? Répondre que Dieu ne nous a pas dit : Vous êtes libres; n'est-ce pas une défaite? Dieu ne nous a pas dit que nous sommes libres, sans doute, car il ne daigne pas nous parler; mais il a mis dans nos cœurs un sentiment que rien ne peut affaiblir, et c'est là pour nous la voix de Dieu. Tous nos autres sentimens sont vrais. Il ne nous trompe point dans le désir que nous avons d'être heureux, de boire, de manger. Quand nous sentons des désirs, certainement ces désirs existent; quand nous sentons des plaisirs, il est bien sûr que nous n'éprouvons pas des douleurs; quand nous voyons, il est bien certain que l'action de voir n'est pas celle d'entendre; quand nous avons des pensées, il est bien clair que nous pensons. Quoi donc! le sentiment de la liberté sera-t-il le seul dans lequel l'Être infiniment parfait se sera joué en nous fesant une illusion absurde? Quoi! quand je confesse qu'un dérangement de mes organes m'ôte ma liberté, je ne me trompe pas, et je me tromperais quand je sens que je suis libre? Je ne sais si cette exposition naïve de ce qui se passe en nous fera quelque impression sur votre esprit philosophe; mais je vous conjure, monseigneur, d'examiner cette idée, de lui donner toute son étendue, et ensuite de la juger sans aucune acception de parti, sans même considérer d'autres principes plus métaphysiques, qui combattent cette preuve morale; vous verrez ensuite lequel il faudra préférer, ou de cette preuve morale qui est chez tous les hommes, ou de ces idées métaphysiques qui portent toujours le caractère de l'incertitude.

2° Mon second scrupule roule sur quelque chose de plus philosophique. Je vois que tout ce qu'on a jamais dit contre la liberté de l'homme se tourne encore avec bien plus de force contre la liberté de Dieu.

Si on dit que Dieu a prévu toutes nos actions, et que par-là elles sont nécessaires, Dieu a aussi prévu les siennes, qui sont d'autant plus nécessaires que Dieu est immuable. Si on dit que l'homme ne peut agir sans *raison suffisante,* et que cette raison incline sa volonté, la raison suffisante doit encore plus emporter la volonté de Dieu, qui est l'Être souverainement raisonnable.

Si on dit que l'homme doit choisir ce qui lui paraît le meilleur, Dieu est encore plus nécessité à faire ce qui est le meilleur.

Voilà donc Dieu réduit à être l'esclave du destin; ce n'est plus un être qui se détermine par lui-même; c'est donc une cause étrangère qui le détermine; ce n'est plus un agent, ce n'est plus Dieu.

Mais si Dieu est libre, comme les fatalistes même doivent l'avouer, pourquoi Dieu ne pourra-t-il pas communiquer à l'homme un peu de cette liberté, en lui communiquant l'être, la pensée, le mouvement, la volonté, toutes choses également inconnues? Sera-t-il plus difficile à Dieu de nous donner la liberté que de nous donner le pouvoir de marcher, de manger, de digérer? Il faudrait avoir une démonstration que Dieu n'a pu communiquer l'attribut de la liberté à l'homme; et, pour avoir cette démonstration, il faudrait connaître les attributs de la Divinité : mais qui les connaît?

On dit que Dieu, en nous donnant la liberté, aurait fait des dieux de nous; mais sur quoi le dit-on? pourquoi serai-je Dieu avec un peu de liberté, quand je ne le suis pas avec un peu d'intelligence? Est-ce être dieu que d'avoir un pouvoir faible, borné et passager de choisir et de commencer le mouvement? Il n'y a pas de milieu, ou nous sommes des automates qui ne fesons rien, et dans qui Dieu fait tout; ou nous sommes des agens, c'est-à-dire des créatures libres. Or je demande quelle preuve on a que nous sommes de simples automates, et que ce sentiment intérieur de liberté est une illusion?

Toutes les preuves qu'on apporte se réduisent à la prescience de Dieu. Mais sait-on précisément ce que c'est que cette prescience? Certainement on l'ignore. Comment donc pouvons-nous faire servir notre ignorance des attributs suprêmes de Dieu, à prouver la fausseté d'un sentiment réel de liberté que nous éprouvons dans nos ames?

Je ne peux concevoir l'accord de la prescience et de la liberté, je l'avoue; mais dois-je pour cela rejeter la liberté? Nierai-je que je sois un être pensant, parce que je ne vois point ni comment la matière peut penser, ni comment un être pensant peut être esclave de la matière? Raisonner ce qu'on appelle *a priori* est une chose fort belle, mais elle n'est pas de la compétence des humains. Nous sommes tous sur les bords d'un grand fleuve; il faut le remonter avant d'oser parler de sa source. Ce serait assurément un grand bonheur si on pouvait en métaphysique établir des principes clairs, indubitables et en grand nombre, d'où découlerait une infinité de conséquences, comme en mathématiques; mais Dieu n'a pas voulu que la chose fût ainsi. Il s'est réservé le patrimoine de la métaphysique : le règne des idées pures et des essences des choses est le sien. Si quelqu'un est entré dans ce partage céleste, c'est assurément vous, monseigneur; et je dirai, dans mon cœur, de votre personne, ce que les flatteurs disent des rois, qu'ils sont les images de la Divinité.

Au reste, les vers de la *Henriade,* que vous daignez citer, n'ont été faits que dans la vue d'exprimer uniquement que notre liberté ne nuit pas à la prescience divine, qui fait ce qu'on appelle *destin*. Je me suis exprimé un peu durement dans cet endroit ; mais en poésie on ne dit pas toujours précisément ce que l'on voudrait dire; la roue tourne, et emporte son homme par sa rapidité.

Avant de finir sur cette matière, j'aurai l'honneur de dire à votre altesse royale que les sociniens, qui nient la prescience de Dieu sur les contingens, ont un grand apôtre qu'ils ne connaissent peut-être pas; c'est Cicéron, dans son livre de *la Divination*. Ce grand homme aime mieux dépouiller les dieux de la prescience que les hommes de la liberté.

Je ne crois pas que tout grand orateur qu'il était il eût pu répondre à vos raisons. Il aurait eu beau faire de longues périodes, ce seraient des sons contre des vérités : laissons-le donc avec ses belles phrases.

Mais que votre altesse royale me permette de lui dire que les dieux de Cicéron et le dieu de Newton et de Clarke ne sont pas de la même espèce ; c'est le dieu de Cicéron qu'on peut appeler un dieu raisonnant dans les cafés sur les opérations de la campagne prochaine : car qui n'a point de prescience n'a que des conjectures, et qui n'a que des conjectures est sujet de dire autant de pauvretés que le *London's journal* ou la gazette de Hollande : mais ce n'est pas là le compte de sir Isaac Newton et de Samuel Clarke, deux têtes aussi philosophiques que Marc Tulle était bavard.

Le docteur Clarke, qui a assez approfondi ces matières dont Newton n'a parlé qu'en passant, dit, me semble, avec assez de raison, que nous ne pouvons nous élever à la connaissance imparfaite des attributs divins que comme nous élevons un nombre quelconque à l'infini, allant du connu à l'inconnu.

Chaque manière d'apercevoir, bornée et finie dans l'homme, est infinie dans Dieu. L'intelligence d'un homme voit un objet à la fois, et Dieu embrasse tous les objets. Notre ame prévoit par la connaissance du caractère d'un homme ce que cet homme fera dans une telle occasion, et Dieu prévoit, par la même connaissance poussée à l'infini, ce que cet homme fera. Ainsi ce qui dans nous est science de conjecture, et qui ne nuit point à la liberté, est dans Dieu science certaine, tout aussi peu nuisible à la liberté. Cette manière de raisonner n'est pas, me semble, si ridicule.

Mais je m'aperçois, monseigneur, que je le suis très fort en vous ennuyant de mes idées et en affaiblissant celles des autres. Votre seule bonté me rassure. Je vois que votre cœur est aussi humain que votre esprit est étendu. Je vois, par vos vers à M. de Kaiserling, combien vous êtes capable d'aimer : aussi ma quatrième épître sur le *Bonheur* finira par l'amitié; sans elle il n'y a point de bonheur sur la terre.

. . . .

. . . .

DU PRINCE ROYAL A VOLTAIRE [1].

A Ruppin, le 19 avril 1738.

Je quitte la brillante poésie pour m'abymer avec vous dans le gouffre de la métaphysique; j'abandonne le langage des dieux, que je ne fais que bégayer, pour parler celui de la Divinité même, qui m'est inconnu. Il s'agit à présent d'élever le faîte du bâtiment, dont les fondemens sont très peu solides. C'est un ouvrage d'araignée qui est à jour de tous côtés, et dont les fils subtils soutiennent la structure.

Personne ne peut être moins prévenu en faveur de son opinion que je le suis de la mienne. J'ai discuté la fatalité absolue avec toute l'application possible, et j'y ai trouvé des difficultés presqu'invincibles. J'ai lu une infinité de systèmes, et je n'en ai trouvé aucun qui ne soit hérissé d'absurdités; ce qui m'a jeté dans un pyrrhonisme affreux. D'ailleurs je n'ai aucune raison particulière qui me porte plutôt pour *la fatalité absolue* que pour *la liberté.* Qu'elle soit ou qu'elle ne soit pas, les choses iront toujours le même train. Je soutiens ces sortes de choses tant que je puis, pour voir jusqu'où l'on peut pousser le raisonnement, et de quel côté se trouve le plus d'absurdités.

Il n'en est pas tout à fait de même de la *raison suffi-*

[1] Lettre LI.

sante. Tout homme qui veut être philosophe, mathématicien, politique, en un mot, tout homme qui veut s'élever au-dessus du commun des autres, doit admettre la raison suffisante.

Qu'est-ce que cette raison suffisante? c'est la cause des événemens. Or, tout philosophe recherche cette cause, ce principe; donc tout philosophe admet la raison suffisante. Elle est fondée sur la vérité la plus évidente de nos actions. *Rien* ne saurait produire un être, puisque *rien* n'existe pas. Il faut donc nécessairement que les êtres ou les événemens aient une cause de leur être dans ce qui les a précédés; et cette cause on l'appelle la raison suffisante de leur existence ou de leur naissance. Il n'y a que le vulgaire qui, ne connaissant point de *raison suffisante*, attribue au *hasard* les effets dont les causes lui sont inconnues. Le *hasard* en ce sens est le synonyme de *rien*. C'est un être sorti du cerveau creux des poëtes, et qui, comme ces globules de savon que font les enfans, n'a aucun corps.

Vous allez boire à présent la lie de mon nectar sur le sujet de la fatalité absolue. Je crains fort que vous n'éprouviez, à l'explication de mon hypothèse, ce qui m'arriva l'autre jour. J'avais lu dans je ne sais quel livre de physique, où il s'agissait du muscle céphalopharyngien. Me voilà à consulter Furetière pour en trouver l'éclaircissement : il dit que le muscle céphalopharyngien est l'orifice de l'œsophage, nommé pharynx. Ah ! pour le coup, dis-je, me voilà devenu bien habile. Les explications sont souvent plus obscures que le texte même. Venons à la mienne.

J'avoue premièrement que les hommes ont un sentiment de liberté : ils ont ce qu'ils appellent la puissance de déterminer leur volonté, d'opérer des mouvemens, etc.

Si vous appelez ces actes la liberté de l'homme, je conviens avec vous que l'homme est libre. Mais si vous appelez liberté les raisons qui déterminent les résolutions, les causes des mouvemens qu'elles opèrent, en un mot, ce qui peut influer sur ses actions, je puis prouver que l'homme n'est point libre.

Mes preuves seront tirées de l'expérience. Elles seront tirées des observations que j'ai faites sur les motifs de mes actions et sur celles des autres.

Je soutiens premièrement que tous les hommes se déterminent par des raisons tant bonnes que mauvaises (ce qui ne fait rien à mon hypothèse), et ces raisons ont pour fondement une certaine idée de bonheur ou de bien-être. D'où vient que, lorsqu'un libraire m'apporte *la Henriade* et les *Épigrammes* de Rousseau, d'où vient, dis-je, que je choisis *la Henriade?* C'est que *la Henriade* est un ouvrage parfait, et dont mon esprit et mon cœur peuvent tirer un usage excellent, et que les épigrammes ordurières salissent l'imagination. C'est donc l'idée de mon avantage, de mon bien-être, qui porte ma raison à se déterminer en faveur d'un de ces ouvrages préférablement à l'autre. C'est donc l'idée de mon bonheur qui détermine toutes mes actions. C'est donc le ressort dont je dépends, et ce ressort est lié avec un autre qui est mon tempérament; c'est là précisément la roue avec laquelle le Créateur monte les ressorts de la volonté; et l'homme a la même liberté que le pendule. Il a de certaines vibrations; en un mot, il peut faire des actions, etc., mais toutes asservies à son tempérament et à sa façon de penser plus ou moins bornée.

Questionnez quel homme il vous plaira sur ce qu'il a fait telle ou telle action : le plus stupide de tous vous alléguera une raison. C'est donc une raison qui le détermine. L'homme agit donc selon une loi, et en conséquence du ton que le Créateur lui a donné.

Voici donc une vérité non moins fondée sur l'expérience. Concluons donc que l'homme porte en soi le mobile qui le détermine, ou qui cause ses résolutions.

Je voudrais, pour l'amour de la fatalité absolue, qu'on n'eût jamais cherché de subterfuge contre la liberté dans de faux raisonnemens. Tel est celui que vous combattez très bien et que vous détruisez totalement. En effet rien de moins conséquent, que nous serions des dieux si nous étions libres. Il y a beaucoup de témérité à vouloir raisonner des choses qu'on ne connaît point, et il y en a encore infiniment plus de vouloir prescrire des limites à la toute puissance divine.

J'examine simplement les vérités qui me sont connues, et de là je conclus que puisqu'elles sont telles, Dieu a voulu qu'elles soient. Mon raisonnement ne fait qu'enchaîner les effets de la nature avec leur cause primitive, qui est Dieu.

Selon ce système, Dieu ayant prévu les effets des tempéramens et des caractères des hommes, conserve en plein sa prescience: et les hommes ont une espèce de liberté, quoique très bornée, de suivre leurs raisonnemens ou leur façon de penser.

Il s'agit à présent de montrer que mon hypothèse ne contient rien d'injurieux ni de contradictoire contre l'essence divine. C'est ce que je vais prouver.

L'idée que j'ai de Dieu est celle d'un Être tout puissant, très bon, infini et raisonnable à un degré supérieur. Je dis que ce Dieu se détermine en tout par les raisons les plus sublimes, qu'il ne fait rien que de très raisonnable et de très conséquent. Ceci ne renverse en aucune façon la liberté de Dieu : car comme Dieu est la raison même, dire qu'il se détermine par la raison, c'est dire qu'il se détermine par sa volonté; ce qui n'est en ce sens qu'un jeu de mots. De plus, Dieu peut prévoir ses propres actions, puisqu'elles sont asservies à l'infini, à l'excellence de ses attributs. Elles portent toujours le caractère de la perfection. Si donc Dieu est lui-même le destin, comment en peut-il être l'esclave? Et si ce Dieu qui, selon M. Clarke, ne peut se tromper, si ce Dieu prévoit les actions des hommes, il faut donc nécessairement qu'elles arrivent. M. Clarke lui-même l'avoue sans s'en apercevoir.

Mon raisonnement se réduit à ce que Dieu étant l'excellence même, il ne peut rien faire que de très excellent; et c'est ce qu'attestent les œuvres de la nature; c'est de quoi tous les hommes en général nous sont un témoignage, et de quoi vous vous persuaderiez seul, s'il n'y avait que vous dans l'univers.

Cependant il faut se garder de juger le monde par parties; ce sont les membres d'un tout, où l'assortiment est nécessaire. Dire, parce qu'il y a quelques hommes malfesans, que Dieu a tout mal fait, c'est perdre de vue la totalité, c'est considérer un point dans un ouvrage de miniature, et négliger l'effet de l'ensemble. Comptons que tout ce que nous apercevons dans la nature concourt aux vues du Créateur. Si nos yeux de taupe ne peuvent apercevoir ces vues, ce défaut est dans notre nerf optique, et non pas dans l'objet que nous envisageons.

Voilà tout ce que mon imagination a pu vous fournir sur le roman de la fatalité absolue, et sur la prescience divine. Du reste, je respecte beaucoup Cicéron, protecteur de la liberté, quoiqu'à dire vrai ses *Tusculanes* sont de tous ses ouvrages celui qui me convient le mieux.

Vous ennoblissez le dieu de M. Clarke d'une telle façon que je commence déjà à sentir du respect pour cette divinité.

DE VOLTAIRE [1] AU PRINCE ROYAL DE PRUSSE.

A Cirey, le 20 mai 1738.

. . . .

De ce petit chapitre de morale je volerai sur vos pas, si votre altesse royale le permet, dans l'abyme de la métaphysique. Un esprit aussi juste que le vôtre ne pouvait assurément regarder la question de la liberté comme une chose démontrée. Ce goût que vous avez pour l'ordre et l'enchaînement des idées vous a représenté fortement Dieu comme maître unique et infini de tout ; et cette idée, quand elle est regardée seule, sans aucun retour sur nous-mêmes, semble être un principe fondamental d'où découle une fatalité inévitable dans toutes les opérations de la nature. Mais aussi une autre manière de raisonner semble encore donner à Dieu plus de puissance, et en faire un être, si j'ose le dire, plus digne de nos adorations, c'est de lui attribuer le pouvoir de faire des êtres libres. La première méthode semble en faire le Dieu des machines, et la seconde le Dieu des êtres pensans. Or ces deux méthodes ont chacune leur force et leur faiblesse. Vous les pesez dans la balance du sage; et malgré le terrible poids que les Leibnitz et les Wolf mettent dans cette balance, vous prenez encore ce mot de Montaigne, *que sais-je?* pour votre devise.

[1] Lettre LIV.

[1] DE VOLTAIRE AU ROI DE PRUSSE.

Sire,

. . . .

. . . . . Vous m'épouvantez ; j'ai bien peur pour le genre humain et pour moi que vous n'ayez tristement raison. Il serait affreux pourtant qu'on ne pût pas se tirer de là. Tâchez, Sire, de n'avoir pas tant raison ; car encore faut-il bien, quand vous faites de Potsdam un paradis terrestre, que ce monde-ci ne soit pas absolument un enfer. Un peu d'illusion, je vous en conjure. Daignez m'aider à me tromper honnêtement... Je me doute bien que l'article des remords est un peu problématique; mais encore vaut-il mieux dire avec Cicéron, Platon, Marc-Aurèle, etc., que la nature nous donne des remords, que de dire avec La Métrie qu'il n'en faut point avoir.

Je conçois très bien qu'Alexandre, nommé général des Grecs, n'ait point eu plus de scrupule d'avoir tué des Persans à Arbelles, que votre majesté n'en a eu d'avoir envoyé quelques impertinens Autrichiens dans l'autre monde. Alexandre fesait son devoir en tuant des Persans à la guerre; mais certainement il ne le fesait pas en assassinant son ami après soupé.

[1] Lettre CCLXXIII. Réponse aux Réflexions de Frédéric sur le poëme de la *Religion naturelle*.

LIVRE III.

DE LA MORALE.

DISCOURS EN VERS SUR L'HOMME[1].

PREMIER DISCOURS.

DE L'ÉGALITÉ DES CONDITIONS.

Tu vois, sage Ariston, d'un œil d'indifférence
La grandeur tyrannique et la fière opulence;
Tes yeux d'un faux éclat ne sont point abusés.
Ce monde est un grand bal, où des fous déguisés,
Sous les risibles noms d'*éminence* et d'*altesse*,
Pensent enfler leur être et hausser leur bassesse.
En vain des vanités l'appareil nous surprend:
Les mortels sont égaux; leur masque est différent.

[1] Les trois premiers sont de l'année 1734. Les quatre derniers sont de l'année 1737.

Le premier prouve l'égalité des conditions, c'est-à-dire qu'il y a dans chaque profession une mesure de biens et de maux qui les rend toutes égales.

Le second, que l'homme est libre, et qu'ainsi c'est à lui à faire son bonheur.

Le troisième, que le plus grand obstacle au bonheur est l'envie.

Le quatrième, que, pour être heureux, il faut être modéré en tout.

Le cinquième, que le plaisir vient de Dieu.

Le sixième, que le bonheur parfait ne peut être le partage de l'homme en ce monde, et que l'homme n'a point à se plaindre de son état.

Le septième, que la vertu consiste à faire du bien à ses semblables, et non pas dans de vaines pratiques de mortification.

Nos cinq sens imparfaits, donnés par la nature,
De nos biens, de nos maux sont la seule mesure.
Les rois en ont-ils six ? et leur ame et leur corps
Sont-ils d'une autre espèce, ont-ils d'autres ressorts ?
C'est du même limon que tous ont pris naissance,
Dans la même faiblesse ils traînent leur enfance ;
Et le riche et le pauvre, et le faible et le fort,
Vont tous également des douleurs à la mort.
Eh quoi ! me dira-t-on, quelle erreur est la vôtre !
N'est-il aucun état plus fortuné qu'un autre ?
Le ciel a-t-il rangé les mortels au niveau ?
La femme d'un commis courbé sur son bureau
Vaut-elle une princesse auprès du trône assise ?
N'est-il pas plus plaisant pour tout homme d'église
D'orner son front tondu d'un chapeau rouge ou vert
Que d'aller, d'un vil froc obscurément couvert,
Recevoir à genoux, après *laude* ou *matine*,
De son prieur cloîtré vingt coups de discipline ?
Sous un triple mortier n'est-on pas plus heureux
Qu'un clerc enseveli dans un greffe poudreux ?
Non ; Dieu serait injuste, et la sage nature
Dans ses dons partagés garde plus de mesure.
Pense-t-on qu'ici-bas son aveugle faveur
Au char de la fortune attache le bonheur ?
Un jeune colonel a souvent l'impudence
De passer en plaisirs un maréchal de France.
Être heureux comme un roi, dit le peuple hébété :
Hélas ! pour le bonheur que fait la majesté ?
En vain sur ses grandeurs un monarque s'appuie ;

Il gémit quelquefois, et bien souvent s'ennuie.
Son favori sur moi jette à peine un coup d'œil.
Animal composé de bassesse et d'orgueil,
Accablé de dégoûts, en inspirant l'envie,
Tour-à-tour on t'encense, et l'on te calomnie.
Parle; qu'as-tu gagné dans la chambre du roi?
Un peu plus de flatteurs et d'ennemis que moi.
Sur les énormes tours de notre Observatoire,
Un jour en consultant leur céleste grimoire,
Des enfants d'Uranie un essaim curieux,
D'un tube de cent pieds braqué contre les cieux,
Observait les secrets du monde planétaire.
Un rustre s'écria: « Ces sorciers ont beau faire,
Les astres sont pour nous aussi bien que pour eux. »
On en peut dire autant du secret d'être heureux;
Le simple, l'ignorant, pourvu d'un instinct sage,
En est tout aussi près au fond de son village
Que le fat important qui pense le tenir,
Et le triste savant qui croit le définir.
On dit qu'avant la boîte apportée à Pandore
Nous étions tous égaux : nous le sommes encore.
Avoir les mêmes droits à la félicité,
C'est pour nous la parfaite et seule égalité.
Vois-tu dans ces vallons ces esclaves champêtres
Qui creusent ces rochers, qui vont fendre ces hêtres,
Qui détournent ces eaux, qui, la bêche à la main,
Fertilisent la terre en déchirant son sein?
Ils ne sont point formés sur le brillant modèle
De ces pasteurs galans qu'a chantés Fontenelle:

Ce n'est point Timarette et le tendre Tircis,
De roses couronnés, sous des myrtes assis,
Entrelaçant leurs noms sur l'écorce des chênes,
Vantant avec esprit leurs plaisirs et leurs peines ;
C'est Pierrot, c'est Colin, dont le bras vigoureux
Soulève un char tremblant dans un fossé bourbeux.
Perrette au point du jour est aux champs la première.
Je les vois, haletans et couverts de poussière,
Braver, dans ces travaux chaque jour répétés,
Et le froid des hivers, et le feu des étés.
Ils chantent cependant ; leur voix fausse et rustique
Gaiement de Pellegrin détonne un vieux cantique.
La paix, le doux sommeil, la force, la santé,
Sont le fruit de leur peine et de leur pauvreté.
Si Colin voit Paris, ce fracas de merveilles,
Sans rien dire à son cœur, assourdit ses oreilles :
Il ne désire point ces plaisirs turbulens ;
Il ne les conçoit pas ; il regrette ses champs ;
Dans ces champs fortunés l'amour même l'appelle ;
Et tandis que Damis, courant de belle en belle,
Sous des lambris dorés, et vernis par Martin,
Des intrigues du temps composant son destin,
Dupé par sa maîtresse, et haï par sa femme,
Prodigue à vingt beautés ses chansons et sa flamme,
Quitte Églé qui l'aimait pour Chloris qui le fuit,
Et prend pour volupté le scandale et le bruit,
Colin, plus vigoureux, et pourtant plus fidèle,
Revole vers Lisette en la saison nouvelle ;
Il vient, après trois mois de regrets et d'ennui,

Lui présenter des dons aussi simples que lui.
Il n'a point à donner ces riches bagatelles
Qu'Hébert vend à crédit pour tromper tant de belles :
Sans tous ces riens brillans il peut toucher un cœur ;
Il n'en a pas besoin : c'est le fard du bonheur.
L'aigle fier et rapide, aux ailes étendues,
Suit l'objet de sa flamme élancé dans les nues,
Dans l'ombre des vallons le taureau bondissant
Cherche en paix sa génisse, et plaît en mugissant ;
Au retour du printemps la douce Philomèle
Attendrit par ses chants sa compagne fidèle ;
Et du sein des buissons le moucheron léger
Se mêle en bourdonnant aux insectes de l'air.
De son être content, qui d'entre eux s'inquiète
S'il est quelque autre espèce ou plus ou moins parfaite.
Et qu'importe à mon sort, à mes plaisirs présens,
Qu'il soit d'autres heureux, qu'il soit des biens plus grands ?
Mais quoi ! cet indigent, ce mortel famélique,
Cet objet dégoûtant de la pitié publique,
D'un cadavre vivant traînant le reste affreux,
Respirant pour souffrir, est-il un homme heureux ?
Non, sans doute ; et Thamas qu'un esclave détrône,
Ce visir déposé, ce grand qu'on emprisonne,
Ont-ils des jours sereins quand ils sont dans les fers ?
Tout état a ses maux, tout homme a ses revers.
Moins hardi dans la paix, plus actif dans la guerre,
Charle [1] aurait sous ses lois retenu l'Angleterre ;
Dufréni [2], moins prodigue, et docile au bon sens,
N'eût point dans la misère avili ses talens.

Tout est égal enfin : la cour a ses fatigues,
L'église a ses combats, la guerre a ses intrigues ;
Le mérite modeste est souvent obscurci ;
Le malheur est partout, mais le bonheur aussi.
Ce n'est point la grandeur, ce n'est point la bassesse,
Le bien, la pauvreté, l'âge mûr, la jeunesse,
Qui fait ou l'infortune ou la félicité.
  Jadis le pauvre Irus, honteux et rebuté,
Contemplant de Crésus l'orgueilleuse opulence,
Murmurait hautement contre la Providence :
Que d'honneurs ! disait-il, que d'éclat ! que de bien !
Que Crésus est heureux ! il a tout, et moi rien.
Comme il disait ces mots, une armée en furie
Attaque en son palais le tyran de Carie :
De ses vils courtisans il est abandonné ;
Il fuit, on le poursuit ; il est pris, enchaîné ;
On pille ses trésors, on ravit ses maîtresses.
Il pleure : il aperçoit, au fort de ses détresses,
Irus, le pauvre Irus, qui, parmi tant d'horreurs,
Sans songer aux vaincus, boit avec les vainqueurs.
« O Jupiter ! dit-il, ô sort inexorable !
« Irus est trop heureux, je suis seul misérable. »
Ils se trompaient tous deux, et nous nous trompons tous.
Ah ! du destin d'autrui ne soyons point jaloux ;
Gardons-nous de l'éclat qu'un faux dehors imprime.
Tous les cœurs sont cachés ; tout homme est un abyme.
La joie est passagère, et le rire est trompeur.
Hélas ! où donc chercher, où trouver le bonheur ?
En tous lieux, en tous temps, dans toute la nature,

Nulle part tout entier, partout avec mesure,
Et partout passager, hors dans son seul auteur.
Il est semblable au feu, dont la douce chaleur
Dans chaque autre élément en secret s'insinue,
Descend dans les rochers, s'élève dans la nue,
Va rougir le corail dans le sable des mers,
Et vit dans les glaçons qu'ont durcis les hivers.
  Le ciel, en nous formant, mélangea notre vie
De desirs, de dégoûts, de raison, de folie,
De momens de plaisirs, et de jours de tourmens :
De notre être imparfait voilà les élémens ;
Ils composent tout l'homme, ils forment son essence ;
Et Dieu nous pesa tous dans la même balance [3].

NOTES DU PREMIER DISCOURS.

1 Charles Ier.

2 Louis XIV disait : il y a deux hommes que je ne pourrai jamais enrichir, Dufréni et Bontemps. Dufréni mourut dans la misère, après avoir dissipé de grandes richesses ; il a laissé de jolies comédies.

3 « Quelque différence qui paraisse entre les fortunes, il y a une « certaine compensation de biens et de maux qui les rend égales. » *Réflexions morales de La Rochefoucauld,* édition du Louvre, n° 52.

Suivant M. Rousseau, on doit mettre une grande différence entre les maux des dernières classes de la société et ceux qui affligent les premières, parceque, dit-il, les maux du peuple sont l'effet de la mauvaise constitution de la société ; les grands, au contraire ne sont malheureux que par leur faute.

1° Cette observation n'est pas vraie rigoureusement. Ce n'est pas absolument par sa faute que tel riche, tel grand, étant né un sot, et ayant reçu une mauvaise éducation, passe tristement sa vie dans l'ennui et le dégoût. Ce n'est point par sa faute qu'Ivan fut assassiné après avoir été en prison toute sa vie. Est-ce par sa faute que le *Masque de fer* fut mis à la Bastille; que les fils du comte d'Armagnac, arrosés du sang de leur père, passèrent toute leur jeunesse dans un cachot fait en forme de hotte? D'un autre côté, parmi les hommes qui souffrent les maux de la pauvreté, un grand nombre n'aurait-il pas évité ses malheurs par plus d'activité pour le travail, plus d'économie, plus de prévoyance? Il est très rare dans tous les états d'être uniquement malheureux par sa faute, ou de l'être sans y avoir contribué: le hasard et la mauvaise conduite entrent à-la-fois dans presque tous les malheurs des hommes.

2° Ce n'est pas de la cause des maux des différens états que parle M. de Voltaire; c'est d'une sorte d'équilibre entre les maux et les biens, qui rend ces états presque égaux. Cette manière de voir les états de la vie est consolante pour le peuple; elle conduit même à une conséquence très utile. Si les biens et les maux des différentes conditions forment entre ces conditions une sorte de balance; si l'ennui qui poursuit les riches, si les dangers qui environnent les grands, sont un équivalent des maux auxquels la misère condamne le peuple, tous gagneront à une plus grande égalité: les uns y trouveront plus d'aisance, les autres plus de sûreté. Ne serait-il pas utile de persuader aux hommes que l'intérêt des différentes classes de la société n'est point de se séparer, mais de se rapprocher; qu'elles doivent chercher non à s'opprimer, mais à s'unir, parceque aucune classe ne peut augmenter son bonheur aux dépens d'une autre, mais seulement en fesant des sacrifices au bonheur commun?

Il était naturel que deux hommes dont l'un croyait que le société et les lumières corrompent l'homme, tandis que l'autre voyait dans les progrès des lumières une source de perfections pour la société et de bonheur pour l'espèce humaine, fussent presque toujours d'avis contraire. Mais qui des deux a été le plus utile aux hommes? celui sans doute dont l'opinion était la plus conforme à la vérité. (Édit. de Kehl.)

DEUXIÈME DISCOURS.

DE LA LIBERTÉ.

On entend par ce mot *Liberté* le pouvoir de faire ce qu'on veut. Il n'y a et ne peut y avoir d'autre liberté. C'est pourquoi Locke l'a si bien définie *Puissance.*

Dans le cours de nos ans, étroit et court passage,
Si le bonheur qu'on cherche est le prix du vrai sage,
Qui pourra me donner ce trésor précieux?
Dépend-il de moi-même? est-ce un présent des cieux?
Est-il comme l'esprit, la beauté, la naissance,
Partage indépendant de l'humaine prudence?
Suis-je libre en effet? ou mon ame et mon corps
Sont-ils d'un autre agent les aveugles ressorts?
Enfin ma volonté, qui me meut, qui m'entraîne,
Dans le palais de l'ame est-elle esclave, ou reine?
Obscurément plongé dans ce doute cruel,
Mes yeux, chargés de pleurs, se tournaient vers le ciel,
Lorsqu'un de ces esprits que le souverain Être
Plaça près de son trône, et fit pour le connaître,
Qui respirent dans lui, qui brûlent de ses feux,
Descendit jusqu'à moi de la voûte des cieux;
Car on voit quelquefois ces fils de la lumière
Éclairer d'un mondain l'ame simple et grossière,
Et fuir obstinément tout docteur orgueilleux

Qui dans sa chaire assis pense être au-dessus d'eux,
Et, le cerveau troublé des vapeurs d'un système,
Prend ces brouillards épais pour le jour du ciel même.
Écoute, me dit-il, prompt à me consoler,
« Ce que tu peux entendre, et qu'on peut révéler.
« J'ai pitié de ton trouble; et ton ame sincère,
« Puisqu'elle sait douter, mérite qu'on l'éclaire.
« Oui, l'homme sur la terre est libre ainsi que moi:
« C'est le plus beau présent de notre commun roi.
« La liberté, qu'il donne à tout être qui pense,
« Fait des moindres esprits et la vie et l'essence.
« Qui conçoit, veut, agit, est libre en agissant:
« C'est l'attribut divin de l'Être tout puissant;
« Il en fait un partage à ses enfans qu'il aime;
« Nous sommes ses enfans, des ombres de lui-même.
« Il conçut, il voulut, et l'univers naquit:
« Ainsi, lorsque tu veux, la matière obéit.
« Souverain sur la terre, et roi par la pensée,
« Tu veux, et sous tes mains la nature est forcée.
« Tu commandes aux mers, au souffle des zéphyrs,
« A ta propre pensée, et même à tes désirs.
« Ah! sans la liberté, que seraient donc nos ames?
« Mobiles agités par d'invisibles flammes,
« Nos vœux, nos actions, nos plaisirs, nos dégoûts,
« De notre être, en un mot, rien ne serait à nous:
« D'un artisan suprême impuissantes machines,
« Automates pensans, mus par des mains divines,
« Nous serions à jamais de mensonge occupés,
« Vils instrumens d'un Dieu qui nous aurait trompés.

« Comment, sans liberté, serions-nous ses images?
« Que lui reviendrait-il de ses brutes ouvrages?
« On ne peut donc lui plaire ; on ne peut l'offenser ;
« Il n'a rien à punir, rien à récompenser.
« Dans les cieux, sur la terre il n'est plus de justice.
« Caton fut sans vertu, Catilina sans vice [1];
« Le destin nous entraîne à nos affreux penchans,
« Et ce chaos du monde est fait pour les méchans.
« L'oppresseur insolent, l'usurpateur avare,
« Cartouche, Miriwitz, ou tel autre barbare,
« Plus coupable enfin qu'eux, le calomniateur
« Dira: Je n'ai rien fait, Dieu seul en est l'auteur:
« Ce n'est pas moi, c'est lui qui manque à ma parole,
« Qui frappe par mes mains, pille, brûle, viole.
« C'est ainsi que le Dieu de justice et de paix
« Serait l'auteur du trouble, et le dieu des forfaits.
« Les tristes partisans de ce dogme effroyable
« Diraient-ils rien de plus s'ils adoraient le diable? »
J'étais à ce discours tel qu'un homme enivré
Qui s'éveille en sursaut, d'un grand jour éclairé,
Et dont la clignotante et débile paupière
Lui laisse encore à peine entrevoir la lumière.
J'osai répondre enfin d'une timide voix:
Interprète sacré des éternelles lois,
Pourquoi, si l'homme est libre, a-t-il tant de faiblesse?
Que lui sert le flambeau de sa vaine sagesse?
Il le suit, il s'égare ; et, toujours combattu,
Il embrasse le crime en aimant la vertu.
Pourquoi ce roi du monde, et si libre, et si sage,

Subit-il si souvent un si dur esclavage?
L'esprit consolateur à ces mots répondit :
« Quelle douleur injuste accable ton esprit?
« La liberté, dis-tu, t'est quelquefois ravie :
« Dieu te la devait-il immuable, infinie,
« Égale en tout état, en tout temps, en tout lieu?
« Tes destins sont d'un homme, et tes vœux sont d'un Dieu [2].
« Quoi! dans cet océan cet atome qui nage
« Dira: L'immensité doit être mon partage.
« Non ; tout est faible en toi, changeant, et limité,
« Ta force, ton esprit, tes talens, ta beauté.
« La nature en tout sens a des bornes prescrites ;
« Et le pouvoir humain serait seul sans limites !
« Mais, dis-moi, quand ton cœur, formé de passions,
« Se rend malgré lui-même à leurs impressions,
« Qu'il sent dans ses combats sa liberté vaincue,
« Tu l'avais donc en toi, puisque tu l'as perdue.
« Une fièvre brûlante, attaquant tes ressorts,
« Vient à pas inégaux miner ton faible corps :
« Mais quoi! par ce danger répandu sur ta vie
« Ta santé pour jamais n'est point anéantie ;
« On te voit revenir des portes de la mort
« Plus ferme, plus content, plus tempérant, plus fort.
« Connais mieux l'heureux don que ton chagrin réclame :
« La liberté dans l'homme et la santé de l'ame.
« On la perd quelquefois ; la soif de la grandeur,
« La colère, l'orgueil, un amour suborneur,
« D'un desir curieux les trompeuses saillies ;
« Hélas! combien le cœur a-t-il de maladies !

« Mais contre leurs assauts tu seras raffermi :
« Prends ce livre sensé, consulte cet ami.
« (Un ami, don du ciel, est le vrai bien du sage);
« Voilà l'Helvétius, le Silva, le Vernage [3],
« Que le Dieu des humains, prompt à les secourir,
« Daigne leur envoyer sur le point de périr.
« Est-il un seul mortel de qui l'ame insensée,
« Quand il est en péril, ait une autre pensée?
« Vois de la liberté cet ennemi mutin,
« Aveugle partisan d'un aveugle destin :
« Entends comme il consulte, approuve, délibère;
« Entends de quel reproche il couvre un adversaire;
« Vois comment d'un rival il cherche à se venger,
« Comme il punit son fils, et le veut corriger.
« Il le croyait donc libre? Oui, sans doute, et lui-même
« Dément à chaque pas son funeste système;
« Il mentait à son cœur en voulant expliquer
« Ce dogme absurde à croire, absurde à pratiquer :
« Il reconnaît en lui le sentiment qu'il brave;
« Il agit comme libre, et parle comme esclave.
« Sûr de ta liberté, rapporte à son auteur
« Ce don que sa bonté te fit pour ton bonheur.
« Commande à ta raison d'éviter ces querelles [4],
« Des tyrans de l'esprit disputes immortelles;
« Ferme en tes sentimens, et simple dans ton cœur,
« Aime la vérité, mais pardonne à l'erreur,
« Fuis les emportemens d'un zèle atrabilaire;
« Ce mortel qui s'égare est un homme, est ton frère :
« Sois sage pour toi seul, compatissant pour lui;

« Fais ton bonheur enfin par le bonheur d'autrui. »
Ainsi parlait la voix de ce sage suprême.
Ses discours m'élevaient au-dessus de moi-même :
J'allais lui demander, indiscret dans mes vœux,
Des secrets réservés pour les peuples des cieux ;
Ce que c'est que l'esprit, l'espace, la matière,
L'éternité, le temps, le ressort, la lumière :
Étranges questions, qui confondent souvent
Le profond S'Gravesande [5] et le subtil Mairan [6],
Et qu'expliquait en vain dans ses doctes chimères
L'auteur des tourbillons que l'on ne croit plus guères.
Mais déjà, s'échappant à mon œil enchanté,
Il volait au séjour où luit la vérité.
Il n'était pas vers moi descendu pour m'apprendre
Les secrets du Très-Haut que je ne puis comprendre ;
Mes yeux d'un plus grand jour auraient été blessés,
Il m'a dit : Sois heureux ; il m'en a dit assez.

NOTES DU DEUXIÈME DISCOURS.

1 Nous avons choisi les éditions que donnent ce vers. Dans quelques unes Voltaire a mis :

Pucelle est sans vertu, Desfontaines sans vice.

2 Traduction de ce vers d'Ovide (*Metam.*, II, 56) :

Sors tua mortalis, non est mortale quod optas.

3 Fameux médecins de Paris.

4 Épargne à ta raison ces disputes frivoles,
Ce poison de l'esprit né du sein des écoles.

5 M. S'Gravesande, professeur à Leyde, le premier qui ait enseigné en Hollande les découvertes de Newton.

6 M. Dortous de Mairan, secrétaire de l'académie dss sciences de Paris.

TROISIÈME DISCOURS.

DE L'ENVIE.

Si l'homme est créé libre, il doit se gouverner ;
Si l'homme a des tyrans, il les doit détrôner.
On ne le sait que trop, ces tyrans sont les vices.
Le plus cruel de tous dans ses sombres caprices,
Le plus lâche à la fois, et le plus acharné,
Qui plonge au fond du cœur un trait empoisonné,
Ce bourreau de l'esprit, quel est-il ? c'est l'Envie.
L'Orgueil lui donna l'être au sein de la Folie ;
Rien ne peut l'adoucir, rien ne peut l'éclairer :
Quoique enfant de l'Orgueil, il craint de se montrer.
Le mérite étranger est un poids qui l'accable ;
Semblable à ce géant si connu dans la fable,
Triste ennemi des dieux, par les dieux écrasé,
Lançant en vain les feux dont il est embrasé ;
Il blasphème, il s'agite en sa prison profonde ;
Il croit pouvoir donner des secousses au monde ;
Il fait trembler l'Etna dont il est oppressé :
L'Etna sur lui retombe, il en est terrassé.
J'ai vu des courtisans, ivres de fausse gloire,
Détester dans Villars l'éclat de la victoire.

Ils haïssaient le bras qui fesait leur appui ;
Il combattait pour eux, ils parlaient contre lui.
Ce héros eut raison quand, cherchant les batailles,
Il disait à Louis : « Je ne crains que Versailles ;
« Contre vos ennemis je marche sans effroi :
« Défendez-moi des miens ; ils sont près de mon roi. »
Cœurs jaloux ! à quels maux êtes-vous donc en proie ?
Vos chagrins sont formés de la publique joie.
Convives dégoûtés ! l'aliment le plus doux,
Aigri par votre bile, est un poison pour vous.
O vous qui de l'honneur entrez dans la carrière,
Cette route à vous seul appartient-elle entière ?
N'y pouvez-vous souffrir les pas d'un concurrent ?
Voulez-vous ressembler à ces rois d'Orient,
Qui, de l'Asie esclave oppresseurs arbitraires,
Pensent ne bien régner qu'en étranglant leurs frères ?
Lorsqu'aux jeux du théâtre, écueil de tant d'esprits,
Une affiche nouvelle entraîne tout Paris ;
Quand Dufresne et Gaussin [1], d'une voix attendrie,
Font parler Orosmane, Alzire, Zénobie,
Le spectateur content, qu'un beau trait vient saisir,
Laisse couler des pleurs, enfans de son plaisir :
Rufus désespéré, que ce plaisir outrage,
Pleure aussi dans un coin ; mais ses pleurs sont de rage.
Hé bien ! pauvre affligé, si ce fragile honneur,
Si ce bonheur d'un autre a déchiré ton cœur,
Mets du moins à profit le chagrin qui t'anime ;
Mérite un tel succès, compose, efface, lime.
Le public applaudit aux vers du *Glorieux* [2] ;

Est-ce un affront pour toi? courage, écris, fais mieux;
Mais garde-toi surtout, si tu crains les critiques,
D'envoyer à Paris tes aïeux chimériques [3]:
Ne fais plus grimacer tes odieux portraits
Sous des crayons grossiers pillés chez Rabelais.
  Tôt ou tard on condamne un rimeur satirique
Dont la moderne muse emprunte un air gothique,
Et, dans un vers forcé que surcharge un vieux mot,
Couvre son peu d'esprit des phrases de Marot [4].
Ce jargon dans un conte est encor supportable;
Mais le vrai veut un air, un ton plus respectable.
Si tu veux, faut dévot, séduire un sot lecteur,
Au miel d'un froid sermon mêle un peu moins d'aigreur;
Que ton jaloux orgueil parle un plus doux langage;
Singe de la vertu, masque mieux ton visage.
La gloire d'un rival s'obstine à t'outrager;
C'est en le surpassant que tu dois t'en venger;
Érige un monument plus haut que son trophée;
Mais pour siffler Rameau, l'on doit être un Orphée.
Qu'un petit monstre noir, peint de rouge et de blanc,
Se garde de railler ou Vénus ou Rohan;
On ne s'embellit point en blâmant sa rivale.
  Qu'a servi contre Bayle une infame cabale?
Par le fougueux Jurieu [5] Bayle persécuté
Sera des bons esprits à jamais respecté;
Et le nom de Jurieu, son rival fanatique,
N'est aujourd'hui connu que par l'horreur publique.
  Souvent dans ses chagrins un misérable auteur
Descend au rôle affreux de calomniateur:

Au lever de Séjan, chez Nestor, chez Narcisse,
Il distille à longs traits son absurde malice.
Pour lui tout est scandale, et tout impiété;
Assurer que ce globe, en sa course emporté,
S'élève à l'équateur, en tournant sur lui-même,
C'est un raffinement d'erreur et de blasphème.
Malbranche est spinosiste, et Locke en ses écrits
Du poison d'Épicure infecte les esprits;
Pope est un scélérat, de qui la plume impie
Ose vanter de Dieu la clémence infinie,
Qui prétend follement, ô le mauvais chrétien!
Que Dieu nous aime tous, et qu'ici tout est bien [6].

Cent fois plus malheureux et plus infame encore
Est ce fripier d'écrits [7] que l'intérêt dévore,
Qui vend au plus offrant son encre et ses fureurs;
Méprisable en son goût, détestable en ses mœurs;
Médisant, qui se plaint des brocards qu'il essuie;
Satirique ennuyeux, disant que tout l'ennuie;
Criant que le bon goût s'est perdu dans Paris,
Et le prouvant très bien, du moins par ses écrits.

On peut à Despréaux pardonner la satire;
Il joignit l'art de plaire au malheur de médire:
Le miel que cette abeille avait tiré des fleurs
Pouvait de sa piqûre adoucir les douleurs;
Mais pour un lourd frelon méchamment imbécile,
Qui vit du mal qu'il fait, et nuit sans être utile,
On écrase à plaisir cet insecte orgueilleux,
Qui fatigue l'oreille, et qui choque les yeux.

Quelle était votre erreur, ô vous, peintres vulgaires,

Vous, rivaux clandestins, dont les mains téméraires,
Dans ce cloître où Bruno semble encor respirer,
Par une lâche envie ont pu défigurer [8]
Du Zeuxis des Français les savantes peintures?
L'honneur de son pinceau s'accrut par vos injures :
Ces lambeaux déchirés en sont plus précieux ;
Ces traits en sont plus beaux, et vous plus odieux.
Détestons à jamais un si dangereux vice.
Ah! qu'il nous faut chérir ce trait plein de justice
D'un critique modeste et d'un vrai bel esprit,
Qui, lorsque Richelieu follement entreprit
De rabaisser du *Cid* la naissante merveille,
Tandis que Chapelain osait juger Corneille,
Chargé de condamner cet ouvrage imparfait,
Dit pour tout jugement ; « Je voudrais l'avoir fait [9]. »
C'est ainsi qu'un grand cœur sait penser d'un grand homme.
A la voix de Colbert Bernini vint de Rome ;
De Perrault [10] dans le Louvre il admira la main :
« Ah! dit-il, si Paris renferme dans son sein
« Des travaux si parfaits, un si rare génie,
« Fallait-il m'appeler du fond de l'Italie? »
Voilà le vrai mérite ; il parle avec candeur :
L'envie est à ses pieds, la paix est dans son cœur.
Qu'il est grand, qu'il est doux de se dire à soi-même :
Je n'ai point d'ennemis, j'ai des rivaux que j'aime ;
Je prends part à leur gloire, à leurs maux, à leurs biens ;
Les arts nous ont unis, leurs beaux jours sont les miens !
C'est ainsi que la terre avec plaisir rassemble
Ces chênes, ces sapins qui s'élèvent ensemble :

Un suc toujours égal est préparé pour eux ;
Leur pied touche aux enfers, leur cime et dans les cieux :
Leur tronc inébranlable, et leur pompeuse tête
Résiste, en se touchant, aux coups de la tempête :
Ils vivent l'un par l'autre, ils triomphent du temps ;
Tandis que sous leur ombre on voit de vils serpens
Se livrer, en sifflant, des guerres intestines,
Et de leur sang impur arroser leurs racines.

NOTES DU TROISIÈME DISCOURS.

[1] Dufresne, célèbre auteur de Paris. Mademoiselle Gaussin, actrice pleine de graces, qui joua Zaïre.

[2] Comédie de Destouches.

[3] Mauvaise comédie de Rousseau, qui n'a pas été jouée.

[4] Il est à remarquer que M. de Voltaire s'est toujours élevé contre ce mélange de l'ancienne langue et de la nouvelle. Cette bigarrure est non seulement ridicule, mais elle jetterait dans l'erreur les étrangers qui apprennent le français.

[5] Jurieu était un ministre protestant qui s'acharna contre Bayle et contre le bon sens : il écrivit en fou, et il fit le prophète ; il prédit que le royaume de France éprouverait des révolutions qui ne sont jamais arrivées. Quant à Bayle, on sait que c'est un des grands hommes que la France ait produits. Le parlement de Toulouse lui a fait un honneur unique en fesant valoir son testament, qui devait être annulé comme celui d'un réfugié, selon la rigueur de la loi, et qu'il déclara valide, comme le testament d'un homme qui avait éclairé le monde et honoré sa patrie. L'arrêt fut rendu sur le rapport de M. de Senaux, conseiller.

[6] L'optimisme de Platon, renouvelé par Shaftesbury, Bolingbrocke, Leibnitz, et chanté par Pope en beaux vers, est peut-être un système faux ; mais ce n'est pas assurément un système impie, comme des calomniateurs l'ont dit.

[7] Ces vers désignent l'abbé Desfontaines ; il a eu tant de successeurs si dignes de lui qu'on pourrait s'y tromper.

[8] Quelques peintres, jaloux de Le Sueur, gâtèrent ses tableaux qui sont aux Chartreux.

[9] Habert de Cerisi, de l'académie.

[10] La belle façade du vieux Louvre est de M. Perrault.

QUATRIÈME DISCOURS.

DE LA MODÉRATION EN TOUT,

DANS L'ÉTUDE, DANS L'AMBITION, DANS LES PLAISIRS.

A M. HELVÉTIUS.

Tout vouloir est d'un fou, l'excès est son partage;
La modération est le trésor du sage:
Il sait régler ses goûts, ses travaux, ses plaisirs,
Mettre un but à sa course, un terme à ses désirs.
Nul ne peut avoir tout. L'amour de la science
A guidé ta jeunesse au sortir de l'enfance;
La nature est ton livre, et tu prétends y voir
Moins ce qu'on a pensé que ce qu'il faut savoir.
La raison te conduit : avance à sa lumière;
Marche encor quelques pas, mais borne ta carrière.
Au bord de l'infini ton cours doit s'arrêter;
Là commence un abyme, il le faut respecter.
Réaumur [1], dont la main si savante et si sûre
A percé tant de fois la nuit de la nature,
M'apprendra-t-il jamais par quels subtils ressorts
L'éternel artisan fait végéter les corps?
Pourquoi l'aspic affreux, le tigre, la panthère,
N'ont jamais adouci leur cruel caractère,

Et que, reconnaissant la main qui le nourrit,
Le chien meurt en léchant le maître qu'il chérit ;
D'où vient qu'avec cent pieds, qui semblent inutiles,
Cet insecte tremblant traîne ses pas débiles?
Pourquoi ce ver changeant se bâtit un tombeau,
S'enterre, et ressuscite avec un corps nouveau ;
Et le front couronné, tout brillant d'étincelles,
S'élance dans les airs en déployant ses ailes ?
Le sage du Faï [2], parmi ses plants divers,
Végétaux rassemblés des bouts de l'univers,
Me dira-t-il pourquoi la tendre sensitive
Se flétrit sous nos mains, honteuse et fugitive?
Pour découvrir un peu ce qui se passe en moi,
Je m'en vais consulter le médecin du roi ;
Sans doute il en sait plus que ses doctes confrères.
Je veux savoir de lui par quels secrets mystères
Ce pain, cet aliment dans mon corps digéré,
Se transforme en un lait doucement préparé ?
Comment, toujours filtré dans ses routes certaines,
En longs ruisseaux de pourpre il court enfler mes veines,
A mon corps languissant rend un pouvoir nouveau,
Fait palpiter mon cœur, et penser mon cerveau ?
Il lève au ciel les yeux, il s'incline, il s'écrie :
« Demandez-le à ce Dieu qui nous donna la vie. »
Courriers de la physique [3], argonautes nouveaux,
Qui franchissez les monts, qui traversez les eaux,
Ramenez des climats soumis au trois couronnes
Vos perches, vos secteurs, et surtout deux Laponnes,
Vous avez confirmé dans ces lieux pleins d'ennui

Ce que Newton connut sans sortir de chez lui.
Vous avez arpenté quelque faible partie
Des flancs toujours glacés de la terre aplatie.
Dévoilez ces ressorts qui font la pesanteur;
Vous connaissez les lois qu'établit son auteur.
Parlez, enseignez-moi comment ses mains fécondes
Font tourner tant de cieux, graviter tant de mondes;
Pourquoi vers le soleil notre globe entraîné
Se meut autour de soi sur son axe incliné;
Parcourant en douze ans les célestes demeures,
D'où vient que Jupiter a son jour de dix heures?
Vous ne le savez point; votre savant compas
Mesure l'univers, et ne le connaît pas.
Je vous vois dessiner, par un art infaillible,
Les dehors d'un palais à l'homme inaccessible;
Les angles, les côtés, sont marqués par vos traits;
Le dedans à vos yeux est fermé pour jamais.
Pourquoi donc m'affliger si ma débile vue
Ne peut percer la nuit sur mes yeux répandue?
Je n'imiterai point ce malheureux savant
Qui, des feux de l'Etna scrutateur imprudent,
Marchant sur des monceaux de bitume et de cendre,
Fut consumé du feu qu'il cherchait à comprendre.
   Modérons-nous surtout dans notre ambition;
C'est du cœur des humains la grande passion.
L'empesé magistrat, le financier sauvage,
La prude aux yeux dévots, la coquette volage,
Vont en poste à Versaille essuyer des mépris,
Qu'ils reviennent soudain rendre en poste à Paris.

Les libres habitants des rives du Permesse
Ont saisi quelquefois cette amorce traîtresse :
Platon va raisonner à la cour de Denys ;
Racine janséniste est auprès de Louis ;
L'auteur voluptueux qui célébra Glycère
Prodigue au fils d'Octave un encens mercenaire.
Moi-même, renonçant à mes premiers desseins,
J'ai vécu, je l'avoue, avec des souverains.
Mon vaisseau fit naufrage aux mers de ces sirènes :
Leur voix flatta mes sens, ma main porta leur chaînes.
On me dit : *Je vous aime*, et je crus comme un sot
Qu'il était quelque idée attachée à ce mot.
J'y fus pris ; j'asservis au vain désir de plaire
La mâle liberté qui fait mon caractère ;
Et, perdant la raison, dont je devais m'armer,
J'allai m'imaginer qu'un roi pouvait aimer.
Que je suis revenu de cette erreur grossière !
A peine de la cour j'entrai dans la carrière,
Que mon ame éclairée, ouverte au repentir,
N'eut d'autre ambition que d'en pouvoir sortir.
Raisonneurs beaux esprits, et vous qui croyez l'être,
Voulez-vous vous vivre heureux, vivez toujours sans maître.
O vous, qui ramenez dans les murs de Paris
Tous les excès honteux des mœurs de Sibaris ;
Qui, plongés dans le luxe, énervés de mollesse,
Nourrissez dans votre ame une éternelle ivresse ;
Apprenez, insensés qui cherchez le plaisir,
Et l'art de le connaître, et celui de jouir.
Les plaisirs sont les fleurs, que notre divin Maître

Dans les ronces du monde autour de nous fait naître.
Chacune a sa saison, et par des soins prudens
On peut en conserver pour l'hiver de nos ans.
Mais s'il faut les cueillir, c'est d'une main légère;
On flétrit aisément leur beauté passagère.
N'offrez pas à vos sens, de mollesse accablés,
Tous les parfums de Flore à-la-fois exhalés :
Il ne faut point tout voir, tout sentir, tont entendre :
Quittons les voluptés pour pouvoir les reprendre.
Le travail est souvent le père du plaisir :
Je plains l'homme accablé du poids de son loisir.
Le bonheur est un bien que nous vend la nature.
Il n'est point ici-bas de moisson sans culture;
Tout veut des soins sans doute, et tout est acheté.
  Regardez Brossoret [4], de sa table entêté,
Au sortir d'un spectacle, où de tant de merveilles
Le son, perdu pour lui, frappe en vain ses oreilles;
Il se traîne à souper, plein d'un secret ennui,
Cherchant en vain la joie, et fatigué de lui.
Son esprit, offusqué d'une vapeur grossière,
Jette encor quelques traits sans force et sans lumière;
Parmi les voluptés dont il croit s'enivrer,
Malheureux, il n'a pas le temps de désirer!
  Jadis trop caressé des mains de la Mollesse,
Le Plaisir s'endormit au sein de la Paresse;
La langueur l'accabla : plus de chants, plus de vers,
Plus d'amour; et l'ennui détruisait l'univers.
Un Dieu qui prit pitié de la nature humaine
Mit auprès du plaisir le travail et la peine :

La crainte l'éveilla, l'espoir guida ses pas ;
Ce cortége aujourd'hui l'accompagne ici-bas.
  Semez vos entretiens de fleurs toujours nouvelles :
Je le dis aux amans, je le répète aux belles.
Damon, tes sens trompeurs, et qui t'ont gouverné,
T'ont promis un bonheur qu'ils ne t'ont point donné.
Tu crois, dans les douceurs qu'un tendre amour apprête,
Soutenir de Daphné l'éternel tête-à-tête ;
Mais ce bonheur usé n'est qu'un dégoût affreux,
Et vous avez besoin de vous quitter tous deux.
Ah ! pour vous voir toujours sans jamais vous déplaire,
Il faut un cœur plus noble, une ame moins vulgaire,
Un esprit vrai, sensé, fécond, ingénieux,
Sans humeur, sans caprice, et surtout vertueux :
Pour les cœurs corrompus l'Amitié n'est point faite.
O divine Amitié ! félicité parfaite,
Seul mouvement de l'ame où l'excès soit permis,
Change en bien tous les maux où le ciel m'a soumis ;
Compagne de mes pas dans toutes mes demeures,
Dans toutes les saisons, et dans toutes les heures :
Sans toi tout homme est seul ; il peut par ton appui
Multiplier son être, et vivre dans autrui.
Idole d'un cœur juste, et passion du sage,
Amitié, que ton nom couronne cet ouvrage !
Qu'il préside à mes vers comme il règne en mon cœur !
Tu m'appris à connaître, à chanter le bonheur.

NOTES DU QUATRIÈME DISCOURS.

[1] Réaumur, de l'académie des sciences. On lui doit des *Mémoires pour servir à l'histoire des insectes*, ouvrage d'un observateur exact et patient. C'est lui qui a formé le projet de la Description des arts, collection immense, et qui, malgré les défauts inévitables de toute grande entreprise, fait honneur à l'académie des sciences et à la nation. Si la postérité ne trouve dans ses ouvrages ni les découvertes ni les vues ingénieuses et nouvelles qui ont illustré d'autres naturalistes, elle ne pourra lui refuser l'estime due à un savant laborieux, qui a fait de son temps et de ses travaux un usage utile. (Édition de Kehl.)

[2] M. du Faï était directeur du jardin et du cabinet d'histoire naturelle du roi, qui avaient été très négligés jusqu'à lui, et qui ont été ensuite portés par M. de Buffon à un point qui fait l'admitration des étrangers. Il existe en Europe des cabinets plus riches dans quelques parties, mais il n'en est aucun d'aussi complet.

[3] Messieurs de Maupertuis, Clairaut, Le Monnier, etc., allèrent, en 1737, à Tornéa mesurer un degré du méridien... Les trois couronnes sont les armes de la Suède, à qui Tornea appartient. (Édit. de Kehl.)

[4] C'était un conseiller au parlement, fort riche, homme voluptueux, qui fesait excellente chère. Les premières éditions ne l'appelaient que Lucullus.

CINQUIÈME DISCOURS.

SUR LA NATURE DU PLAISIR.

. . . .

Ah! dans tous vos états, en tout temps, en tout lieu,
Mortels, à vos plaisirs reconnaissez un Dieu.
Que dis-je, à vos plaisirs! c'est à la douleur même
Que je connais de Dieu la sagesse suprême.
Ce sentiment si prompt dans nos cœurs répandu,
Parmi tous nos dangers sentinelle assidu,
D'une voix salutaire incessamment nous crie :
« Ménagez, défendez, conservez votre vie. »
Chez de sombres dévots l'amour-propre est damné;
C'est l'ennemi de l'homme, aux enfers il est né.
Vous vous trompez, ingrats, c'est un don de Dieu même.
Tout amour vient du ciel; Dieu nous chérit, il s'aime;
Nous nous aimons dans nous, dans nos biens, dans nos fils,
Dans nos concitoyens, surtout dans nos amis :
Cet amour nécessaire est l'ame de notre ame;
Notre esprit est porté sur ses ailes de flamme.
Oui, pour nous élever aux grandes actions,
Dieu nous a par bonté donné les passions [1] :

Tout dangereux qu'il est, c'est un présent céleste ;
L'usage en est heureux, si l'abus est funeste.
J'admire et ne plains point un cœur maître de soi,
Qui, tenant ses désirs enchaînés sous sa loi,
S'arrache au genre humain pour Dieu qui nous fit naître,
Se plaît à l'éviter plutôt qu'à le connaître ;
Et, brûlant pour son Dieu d'un amour dévorant,
Fuit les plaisirs permis pour un plaisir plus grand.
Mais que, fier de ses croix, vain de ses abstinences,
Et surtout en secret lassé de ses souffrances,
Il condamne dans nous tout ce qu'il a quitté,
L'hymen, le nom de père et la société ;
On voit de cet orgueil la vanité profonde ;
C'est moins l'ami de Dieu que l'ennemi du monde ;
On lit dans ses chagrins les regrets des plaisirs.
Le ciel nous fit un cœur, il lui faut des désirs.

. . . .

Vous qui vous élevez contre l'humanité,
N'avez-vous lu jamais la docte antiquité ?
Ne connaissez-vous point les filles de Pélie ?
Dans leur aveuglement voyez votre folie.
Elles croyaient dompter la nature et le temps,
Et rendre leur vieux père à la fleur de ses ans :
Leurs mains par piété dans son sein se plongèrent ;
Croyant le rajeunir, ses filles l'égorgèrent.
Voilà votre portrait, stoïques abusés ;
Vous voulez changer l'homme, et vous le détruisez.
Usez, n'abusez point ; le sage ainsi l'ordonne.

Je suis également Épictète et Pétrone.
L'abstinence ou l'excès ne fit jamais d'heureux.
Je ne conclus donc pas, orateur dangereux,
Qu'il faut lâcher la bride aux passions humaines :
De ce coursier fougueux je veux tenir les rênes ;
Je veux que ce torrent, par un heureux secours,
Sans inonder mes champs, les abreuve en son cours ;
Vents, épurez les airs, et soufflez sans tempêtes ;
Soleil, sans nous brûler, marche et luis sur nos têtes.
Dieu des êtres pensans, Dieu des cœurs fortunés,
Conservez les désirs que vous m'avez donnés,
Ce goût de l'amitié, cette ardeur pour l'étude,
Cet amour des beaux arts et de la solitude :
Voilà mes passions [2] ; mon ame en tous les temps,
Goûta de leurs attraits les plaisirs consolans.
Quand sur les bords du Mein deux écumeurs barbares,
Des lois des nations violateurs avares,
Deux fripons-à brevet, brigands accrédités,
Épuisaient contre moi leurs lâches cruautés,
Le travail occupait ma fermeté tranquille ;
Des arts qu'ils ignoraient leur antre fut l'asile.
Ainsi le dieu des bois enflait ses chalumeaux
Quand le voleur Cacus enlevait ses troupeaux :
Il n'interrompit point sa douce mélodie.
Heureux qui jusqu'au temps du terme de sa vie,
Des beaux arts amoureux, peut cultiver leurs fruits !
Il brave l'injustice, il calme ses ennuis ;
Il pardonne aux humains, il rit de leur délire,
Et de sa main mourante il touche encor sa lyre.

NOTES DU CINQUIÈME DISCOURS.

[1] Comme presque tous les mots d'une langue peuvent être entendus en plus d'un sens, il est bon d'avertir ici qu'on entend par le mot *passions*, des désirs vifs et continus de quelque bien que ce puisse être. Ce mot vient de *pâtir*, souffrir, parcequ'il n'y a aucun désir sans souffrance : désirer un bien, c'est souffrir l'absence de ce bien, c'est *pâtir*, c'est avoir une passion ; et le premier pas vers le plaisir est essentiellement un soulagement de cette souffrance. Les vicieux et les gens de bien ont tous également de ces désirs vifs et continus appelés *passions*, qui ne deviennent des vices que par leur objet ; le désir de réussir dans son art, l'amour conjugal, l'amour paternel, le goût des sciences, sont des passions qui n'ont rien de criminel. Il serait à souhaiter que les langues eussent des mots pour exprimer les désirs habituels qui en soi sont indifférens, ceux qui sont vertueux, ceux qui sont coupables ; mais il n'y a aucune langue au monde qui ait des signes représentatifs de chacune de nos idées : et on est obligé de se servir du même mot dans une acception différente, à peu près comme on se sert quelquefois du même instrument pour des ouvrages de différente nature. (Édition de 1748).

[2] Ce discours se terminait, dans la première édition, par un éloge de Frédéric. L'aventure de Francfort, après la rupture de Frédéric et de Voltaire, prit la place de cet éloge. (E. B.)

SIXIÈME DISCOURS.

DE LA NATURE DE L'HOMME.

La voix de la Vertu préside à tes concerts;
Elle m'appelle à toi par le charme des vers.
Ta grande étude est l'homme, et de ce labyrinthe
Le fil de la raison te fait chercher l'enceinte.
Montre l'homme à mes yeux; honteux de m'ignorer,
Dans mon être, dans moi, je cherche à pénétrer.
Despréaux et Pascal en ont fait la satire,
Pope et le grand Leibnitz, moins enclins à médire,
Semblent dans leurs écrits prendre un sage milieu;
Ils descendent à l'homme, ils s'élèvent à Dieu:
Mais quelle épaisse nuit voile encor la nature!
Sois l'Œdipe nouveau de cette énigme obscure.
Chacun a dit son mot; on a long-temps rêvé;
Le vrai sens de l'énigme est-il enfin trouvé?
Je sais bien qu'à souper chez Laïs ou Catulle
Cet examen profond passe pour ridicule.
Là, pour tout argument quelques couplets malins
Exercent plaisamment nos cerveaux libertins.
Autre temps, autre étude; et la raison sévère
Trouve accès à son tour, et peut ne point déplaire.

Dans le fond de son cœur on se plaît à rentrer ;
Nos yeux cherchent le jour, lent à nous éclairer.
Le grand monde est léger, inappliqué, volage ;
Sa voix trouble et séduit ; est-on seul, on est sage.
Je veux l'être ; je veux m'élever avec toi
Des fanges de la terre au trône de son roi.
Montre-moi, si tu peux, cette chaîne invisible
Du monde des esprits et du monde sensible ;
Cet ordre si caché de tant d'êtres divers
Que Pope après Platon crut voir dans l'univers.

Vous me pressez en vain ; cette vaste science,
Ou passe ma portée, ou me force au silence.
Mon esprit, resserré sous le compas français,
N'a point la liberté des Grecs et des Anglais.
Pope a droit de tout dire, et moi je dois me taire.
A Bourge un bachelier peut percer ce mystère :
Je n'ai point mes degrés, et je ne prétends pas
Hasarder pour un mot de dangereux combats.
Écoutez seulement un récit véritable,
Que peut-être Fourmont [1] prendra pour une fable,
Et que je lus hier dans un livre chinois,
Qu'un jésuite à Pékin traduisit autrefois.

« Un jour quelques souris se disaient l'une à l'autre :
« Que ce monde est charmant ! quel empire est le nôtre !
« Ce palais si superbe est élevé pour nous :
« De toute éternité Dieu nous fit ces grands trous :
« Vois-tu ces gras jambons sous cette voûte obscure ?
« Ils y furent créés des mains de la nature ;
« Ces montagnes de lard, éternels alimens,

« Sont pour nous en ces lieux jusqu'à la fin des temps.
« Oui, nous sommes, grand Dieu, si l'on en croit nos sages,
« Le chef-d'œuvre, la fin, le but de tes ouvrages.
« Les chats sont dangereux et prompts à nous manger;
« Mais c'est pour nous instruire et pour nous corriger. »
Plus loin, sur le duvet d'une herbe renaissante,
Près des bois, près des eaux, une troupe innocente
De canards nasillans, de dindons rengorgés,
De gros moutons bêlans, que leur laine a chargés,
Disait: « Tout est à nous, bois, prés, étangs, montagnes;
« Le ciel pour nos besoins fait verdir les campagnes. »
L'âne passait auprès, et, se mirant dans l'eau,
Il rendait grace au ciel en se trouvant si beau:
« Pour les ânes, dit-il, le ciel a fait la terre:
« L'homme est né mon esclave, il me panse, il me ferre,
« Il m'étrille, il me lave, il prévient mes désirs,
« Il bâtit mon sérail, il conduit mes plaisirs. »
L'homme vint, et cria: « Je suis puissant et sage;
« Cieux, terres, élémens, tout est pour mon usage;
« L'océan fut formé pour porter mes vaisseaux;
« Les vents sont mes coursiers, les astres mes flambeaux;
« Ce globe, qui des nuits blanchit les sombres voiles
« Croît, décroît, fuit, revient, et préside aux étoiles:
« Moi, je préside à tout; mon esprit éclairé
« Dans les bornes du monde eût été trop serré;
« Mais enfin, de ce monde et l'oracle et le maître,
« Je ne suis point encor ce que je devais être. »
Quelques anges alors, qui là-haut dans les cieux
Règlent ces mouvemens imparfaits à nos yeux,

En faisant tournoyer ces immenses planètes,
Disaient : « Pour nos plaisirs sans doute elles sont faites. »
Puis de là sur la terre ils jetaient un coup d'œil ;
Ils se moquaient de l'homme et de son sot orgueil.
Le Tien[2] les entendit ; il voulut que sur l'heure
On les fît assembler dans sa haute demeure,
Ange, homme, quadrupède, et ces êtres divers
Dont chacun forme un monde en ce vaste univers.
« Ouvrage de mes mains, enfans du même père,
« Qui portez, leur dit-il, mon divin caractère,
« Vous êtes nés pour moi, rien ne fut fait pour vous :
« Je suis le centre unique où vous répondez tous.
« Des destins et des temps connaissez le seul maître.
« Rien n'est grand ni petit ; tout est ce qu'il doit être.
« D'un parfait assemblage instrumens imparfaits,
« Dans votre rang placés, demeurez satisfaits. »
L'homme ne le fut point. Cette indocile espèce
Sera-t-elle occupée à murmurer sans cesse ?
Un vieux lettré chinois, qui toujours sur les bancs
Combattit la raison par de beaux argumens,
Plein de Confucius, et sa logique en tête,
Distinguant, concluant, présenta sa requête :
« Pourquoi suis-je en un point resserré par le temps ?
« Mes jours devraient aller par-delà vingt mille ans ;
« Ma taille pour le moins dut avoir cent coudées ;
« D'où vient que je ne puis, plus prompt que mes idées,
« Voyager dans la lune, et réformer son cours ?
« Pourquoi faut-il dormir un grand tiers de mes jours ?

. . . .

« Tes *pourquoi*, dit le dieu, ne finiraient jamais:
« Bientôt tes questions vont être décidées:
« Va chercher ta réponse au pays des idées:
« Pars. » Un ange aussitôt l'emporte dans les airs,
Au sein du vide immense où se meut l'univers,
A travers cent soleils entourés de planètes,
De lunes et d'anneaux, et de longues comètes.
Il entre dans un globe où d'immortelles mains
Du roi de la nature ont tracé les desseins,
Où l'œil peut contempler les images visibles
Et des mondes réels et des mondes possibles.
Mon vieux lettré chercha, d'espérance animé,
Un monde fait pour lui, tel qu'il l'aurait formé.
Il cherchait vainement: l'ange lui fait connaître
Que rien de ce qu'il veut en effet ne peut être;
Que si l'homme eût été tel qu'on feint les géans,
Fesant la guerre au ciel, ou plutôt au bon sens,
S'il eût à vingt mille ans étendu sa carrière,
Ce petit amas d'eau, de sable et de poussière,
N'eût jamais pu suffire à nourrir dans son sein
Ces énormes enfans d'un autre genre humain.
Le Chinois argumente; on le force à conclure
Que dans tout l'univers chaque être a sa mesure;
Que l'homme n'est point fait pour ces vastes désirs;
Que sa vie est bornée ainsi que ses plaisirs;
Que le travail, les maux, la mort, sont nécessaires;
Et que, sans fatiguer par de lâches prières
La volonté d'un Dieu qui ne saurait changer,
On doit subir la loi qu'on ne peut corriger,

Voir la mort d'un œil ferme et d'une âme soumise.
Le lettré convaincu, non sans quelque surprise,
S'en retourne ici-bas ayant tout approuvé,
Mais il y murmura quand il fut arrivé.
Convertir un docteur est une œuvre impossible.
Matthieu Garo chez nous eut l'esprit plus flexible :
Il loua Dieu de tout[3] ! Peut-être qu'autrefois
De longs ruisseaux de lait serpentaient dans nos bois ;
La lune était plus grande, et la nuit moins obscure ;
L'hiver se couronnait de fleurs et de verdure ;
L'homme, ce roi du monde, et roi très fainéant,
Se contemplait à l'aise, admirait son néant ;
Et, formé pour agir, se plaisait à rien faire.
Mais pour nous, fléchissons sous un sort tout contraire.
Contentons-nous des biens qui nous sont destinés,
Passagers comme nous, et commes nous bornés.
Sans rechercher en vain ce que peut notre maître,
Ce que fut notre monde, et ce qu'il devrait être,
Observons ce qu'il est, et recueillons le fruit
Des trésors qu'il renferme et des biens qu'il produit.
Si du Dieu qui nous fit l'éternelle puissance
Eût à deux jours au plus borné notre existence,
Il nous aurait fait grâce ; il faudrait consumer
Ces deux jours de la vie à lui plaire, à l'aimer.
Le temps est assez long pour quiconque en profite ;
Qui travaille et qui pense en étend la limite.
On peut vivre beaucoup sans végéter longtemps ;
Et je vais te prouver par mes raisonnemens...
Mais malheur à l'auteur qui veut toujours instruire !

Le secret d'ennuyer est celui de tout dire.
C'est ainsi que ma muse avec simplicité
Sur des tons différens chantait la vérité,
Lorsque, de la nature éclaircissant les voiles,
Nos Français à Quito cherchaient d'autres étoiles;
Que Clairaut, Maupertuis, entourés de glaçons,
D'un secteur à lunette étonnaient les Lapons,
Tandis que, d'une main stérilement vantée,
Le hardi Vaucanson[1], rival de Prométhée,
Semblait, de la nature imitant les ressorts,
Prendre le feu des cieux pour animer les corps.
Pour moi, loin des cités, sur les bords du Permesse
Je suivais la nature, et cherchais la sagesse;
Et des bords de la sphère où s'emporta Milton,
Et de ceux de l'abyme où pénétra Newton,
Je les voyais franchir leur carrière infinie;
Amant de tous les arts et de tout grand génie,
Implacable ennemi du calomniateur,
Du fanatique absurde, et du vil délateur;
Ami sans artifice, auteur sans jalousie;
Adorateur d'un Dieu, mais sans hypocrisie;
Dans un corps languissant, de cent maux attaqué,
Gardant un esprit libre, à l'étude appliqué;
Et sachant qu'ici-bas la félicité pure
Ne fut jamais permise à l'humaine nature.

NOTES DU SIXIÈME DISCOURS.

[1] Homme très savant dans l'histoire des Chinois, et même dans leur langue.

[2] Dieu des Chinois.

[3] Voyez la fable de La Fontaine intitulée *Le gland et la citrouille*, livre IX :

> En louant Dieu de toute chose,
> Garo retourne à la maison.

[4] M. de Vaucanson n'était encore connu que par son flûteur, son joueur de tambourin, ses canards. Il s'est illustré depuis en appliquant son génie pour la mécanique à la perfection des arts, et il en a été récompensé comme il méritait de l'être. Lui-même ne regardait ses automates que comme *des jeux d'enfans ;* mais on avait tort de ne pas sentir que ces jeux d'enfans annonçaient un génie qu'il ne fallait qu'employer pour le rendre utile.

SEPTIÈME DISCOURS.

SUR LA VRAIE VERTU.

Le nom de la vertu retentit sur la terre;
On l'entend au théâtre, au barreau, dans la chaire;
Jusqu'au milieu des cours il parvient quelquefois;
Il s'est même glissé dans les traités des rois.
C'est un beau mot sans doute, et qu'on se plaît d'entendre,
Facile à prononcer, difficile à comprendre :
On trompe, on est trompé. Je crois voir des jetons
Donnés, reçus, rendus, troqués par des fripons;
Ou bien ces faux billets, vains enfans du système
De ce fou d'Écossais qui se dupa lui-même.

Qu'est-ce que la vertu? Le meilleur citoyen,
Brutus se repentit d'être un homme de bien :
« La vertu, disait-il, est un nom sans substance. »
L'école de Zénon, dans sa fière ignorance,
Prit jadis pour vertu l'insensibilité;
Dans les champs lévantins le derviche hébété,
L'œil au ciel, les bras hauts, et l'esprit en prières,
Du Seigneur en dansant invoque les lumières,
Et, tournant dans un cercle au nom de Mahomet,
Croit de la vertu même atteindre le sommet.

Les reins ceints d'un cordon, l'œil armé d'impudence,
Un ermite à sandale, engraissé d'ignorance,
Parlant du nez à Dieu, chante au dos d'un lutrin
Cent cantiques hébreux, mis en mauvais latin.
Le ciel puisse bénir sa piété profonde !
Mais quel en est le fruit ? quel bien fait-il au monde ?
Malgré la sainteté de son auguste emploi,
C'est n'être bon à rien de n'être bon qu'à soi.
Quand l'ennemi divin des scribes et des prêtres
Chez Pilate autrefois fut traîné par des traîtres,
De cet air insolent qu'on nomme dignité,
Le Romain demanda : « Qu'est-ce que vérité ? »
L'Homme-Dieu, qui pouvait l'instruire et le confondre,
A ce juge orgueilleux dédaigna de répondre :
Son silence éloquent disait assez à tous
Que ce vrai tant cherché ne fut point fait pour nous.
Mais lorsque, pénétré d'une ardeur ingénue,
Un simple citoyen l'aborda dans la rue ;
Et que, disciple sage, il prétendit savoir
Quel est l'état de l'homme, et quel est son devoir ;
Sur ce grand intérêt, sur ce point qui nous touche,
Celui qui savait tout ouvrit alors la bouche ;
Et dictant d'un seul mot ses décrets solennels :
« Aimez Dieu, lui dit-il, mais aimez les mortels. »
Voilà l'homme et sa loi, c'est assez : le ciel même
A daigné tout nous dire en ordonnant qu'on aime.
Le monde est médisant, vain, léger, envieux ;
Le fuir est très bien fait, le servir encor mieux :
A sa famille, aux siens, je veux qu'on soit utile.

Où vas-tu loin de moi, fanatique indocile?
Pourquoi ce teint jauni, ces regards effarés,
Ces élans convulsifs[1] et ces pas égarés?
Contre un siècle indévôt plein d'une sainte rage,
Tu cours chez ta béate en son cinquième étage :
Quelques saints possédés dans cet honnête lieu
Jurent, tordent les mains, en l'honneur du bon Dieu;
Sur leurs tréteaux montés, ils rendent des oracles,
Prédisent le passé, font cent autres miracles;
L'aveugle y vient pour voir, et, des deux yeux privé,
Retourne aux Quinze-Vingts marmotant son *Ave*;
Le boiteux saute et tombe, et sa sainte famille
Le ramène en chantant, porté sur sa béquille;
Le sourd au front stupide écoute et n'entend rien;
D'aise alors tout pâmés, de pauvres gens de bien,
Qu'un sot voisin bénit, et qu'un fourbe seconde,
Aux filles du quartier prêchent la fin du monde.
Je sais que ce mystère a de nobles appas[4].
Les saints ont des plaisirs que je ne connais pas.
Les miracles sont bons; mais soulager son frère,
Mais tirer son ami du sein de la misère,
Mais à ses ennemis pardonner leurs vertus,
C'est un plus grand miracle, et qui ne se fait plus.
Ce magistrat, dit-on, est sévère, inflexible;
Rien n'amollit jamais sa grande ame insensible;
J'entends : il fait haïr sa place et son pouvoir;
Il fait des malheureux par zèle et par devoir;
Mais l'a-t-on jamais vu, sans qu'on le sollicite,
Courir d'un air affable au-devant du mérite,

Le choisir dans la foule et donner son appui
A l'honnête homme obscur qui se tait devant lui?
De quelques criminels il aura fait justice!
C'est peu d'être équitable, il faut rendre service;
Le juste est bienfesant. On conte qu'autrefois,
Le ministre odieux d'un de nos meilleurs rois
Lui disait en ces mots son avis despotique :
« Timante est en secret bien mauvais catholique;
« On a trouvé chez lui la Bible de Calvin;
« A ce funeste excès vous devez mettre un frein;
« Il faut qu'on l'emprisonne, ou du moins qu'on l'exile.
« Comme vous, dit le roi, Timante m'est utile;
« Vous m'apprenez assez quels sont ses attentats;
« Il m'a donné son sang, et vous n'en parlez pas! »
De ce roi bienfesant la prudence équitable
Peint mieux que vingt sermons la vertu véritable.
   Du nom de *vertueux* seriez-vous honoré,
Doux et discret Cyrus, en vous seul concentré,
Prêchant le sentiment, vous bornant à séduire,
Trop faible pour servir, trop paresseux pour nuire,
Honnête homme indolent, qui, dans un doux loisir,
Loin du mal et du bien, vivez pour le plaisir?
Non; je donne ce titre au cœur tendre et sublime
Qui soutient hardiment son ami qu'on opprime.
Il t'était dû sans doute, éloquent Pélisson,
Qui défendis Fouquet du fond de ta prison.
Je te rends grace, ô ciel! dont la bonté propice
M'accorda des amis dans des temps d'injustice,
Des amis courageux, dont la mâle vigueur

Repoussa les assauts du calomniateur,
Du fanatisme ardent, du ténébreux Zoïle,
Du ministre abusé par leur troupe imbécille,
Et des petits tyrans, bouffis de vanité,
Dont mon indépendance irritait la fierté!
Oui, pendant quarante ans poursuivi par l'envie,
Des amis vertueux ont consolé ma vie.
J'ai mérité leur zèle et leur fidélité;
J'ai fait quelques ingrats, et ne l'ai point été.
 Certain législateur[2] dont la plume féconde
Fit tant de vains projets pour le bien de ce monde,
Et qui depuis trente ans écrit pour des ingrats,
Vient de créer un mot qui manque à Vaugelas:
Ce mot est *bienfesance* : il me plaît; il rassemble,
Si le cœur en est cru, bien des vertus ensemble,
Petits grammairiens, grands précepteurs des sots,
Qui pesez la parole et mesurez les mots,
Pareille expression vous semble hasardée :
Mais l'univers entier doit en chérir l'idée.

NOTES DU SEPTIÈME DISCOURS.

[1] Les convulsionnaires.

[2] L'abbé de Saint-Pierre. C'est lui qui a mis le mot de *bienfesance* à la mode, à force de le répéter. On l'appelle législateur, parcequ'il n'a écrit que pour réformer le gouvernement. Il s'est rendu un peu ridicule en France par l'excès de ses bonnes intentions.

POËME

SUR LA LOI NATURELLE.

AU ROI DE PRUSSE.

VERS 1751.

PRÉFACE.

. . . .

. . . .

Ce faible essai fut composé à l'occasion d'une petite brochure qui parut en ce temps-là; elle était intitulée : *Du souverain bien*, et elle devait l'être : *Du souverain mal.* On y prétendait qu'il n'y a ni vertu ni vice, et que les remords sont une faiblesse d'éducation qu'il faut étouffer. L'auteur du poëme prétend que les remords nous sont aussi naturels que les autres affections de notre ame. Si la fougue d'une passion fait commettre une faute, la nature, rendue à elle-même, sent cette faute. La fille sauvage trouvée près de Châlons (sur Marne) avoua que dans sa colère elle avait donné à sa compagne un coup dont cette infortunée mourut entre ses bras. Dès qu'elle vit son sang couler, elle se repentit, elle pleura, elle étancha ce sang, elle mit des herbes sur la blessure. Ceux qui disent que ce retour d'humanité n'est qu'une branche de notre amour-propre font bien de l'honneur à l'amour-propre. Qu'on appelle la raison et les remords comme on voudra, ils existent, et ils sont les fondemens de la loi naturelle.

EXORDE.

. . . .

De l'esprit qui vous meut vous recherchez l'essence,
Son principe, sa fin, et surtout son devoir.
Voyons sur ce grand point ce qu'on a pu savoir,
Ce que l'erreur fait croire aux docteurs du vulgaire,
Et ce que vous inspire un Dieu qui vous éclaire.
Dans le fond de nos cœurs il faut chercher ses traits :
Si Dieu n'est pas dans nous, il n'exista jamais.
Ne pouvons-nous trouver l'auteur de notre vie
Qu'au labyrinthe obscur de la théologie?
Origène et Jean Scot sont chez vous sans crédit ;
La nature en sait plus qu'ils n'en ont jamais dit.
Écartons ces romans qu'on appelle systèmes;
Et pour nous élever descendons dans nous-mêmes.

PREMIÈRE PARTIE.

Dieu a donné aux hommes les idées de la justice, et la conscience pour les avertir, comme il leur a donné tout ce qui leur est nécessaire. C'est là cette loi naturelle sur laquelle la religion est fondée; c'est le seul principe qu'on développe ici.

Soit qu'un être inconnu, par lui seul existant,
Ait tiré depuis peu l'univers du néant;
Soit qu'il ait arrangé la matière éternelle ;
Qu'elle nage en son sein, ou qu'il règne loin d'elle ;

Que l'ame, ce flambeau souvent si ténébreux,
Ou soit un de nos sens ou subsiste sans eux ;
Vous êtes sous la main de ce maître invisible.
  Mais du haut de son trône, obscur, inaccessible,
Quel hommage, quel culte exige-t-il de vous?
De sa grandeur suprême indignement jaloux,
Des louanges, des vœux flattent-ils sa puissance?
Est-ce le peuple altier conquérant de Bysance,
Le tranquille Chinois, le Tartare indompté,
Qui connaît son essence et suit sa volonté?
Différens dans leurs mœurs ainsi qu'en leur hommage,
Ils lui font tenir tous un différent langage.
Tous se sont donc trompés. Mais détournons les yeux
De cet impur amas d'imposteurs odieux[1] ;
Et, sans vouloir sonder d'un regard téméraire
De la loi des chrétiens l'ineffable mystère,
Sans expliquer en vain ce qui fut révélé,
Cherchons par la raison si Dieu n'a point parlé.
La nature a fourni d'une main salutaire
Tout ce qui dans la vie à l'homme est nécessaire,
Les ressorts de son ame, et l'instinct de ses sens.
Le ciel à ses besoins soumet les élémens.
Dans les plis du cerveau la mémoire habitante
Y peint de la nature une image vivante.
Chaque objet de ses sens prévient la volonté;
Le son dans son oreille est par l'air apporté;
Sans efforts et sans soins son œil voit la lumière.
Sur son Dieu, sur sa fin, sur sa cause première,
L'homme est-il sans secours à l erreur attaché?

Quoi ! le monde est visible, et Dieu serait caché !
Quoi ! le plus grand besoin que j'aie en ma misère
Est le seul qu'en effet je ne puis satisfaire ?
Non ; le Dieu qui m'a fait ne m'a point fait en vain ;
Sur le front des mortels il mit son sceau divin.
Je ne puis ignorer ce qu'ordonna mon maître :
Il m'a donné sa loi, puisqu'il m'a donné l'être.
Sans doute il a parlé, mais c'est à l'univers :
Il n'a point de l'Égypte habité les déserts ;
Delphes, Délos, Ammon, ne sont pas ses asiles ;
Il ne se cache point aux antres des sibylles.
La morale uniforme en tout temps en tout lieu,
A des siècles sans fin parle au nom de ce Dieu.
C'est la loi de Trajan, de Socrate, et la vôtre.
De ce culte éternel la nature est l'apôtre.
Le bon sens la reçoit, et les remords vengeurs,
Nés de la conscience, en sont les défenseurs ;
Leur redoutable voix partout se fait entendre.
  Pensez-vous en effet que ce jeune Alexandre,
Aussi vaillant que vous, mais bien moins modéré,
Teint du sang d'un ami trop inconsidéré,
Ait pour se repentir consulté des augures ?
Ils auraient dans leurs eaux lavé ses mains impures ;
Ils auraient à prix d'or absous bientôt le roi.
Sans eux, de la nature il écouta la loi :
Honteux, désespéré d'un moment de furie,
Il se jugea lui-même indigne de la vie.
Cette loi souveraine, à la Chine, au Japon,
Inspira Zoroastre, illumina Solon.

D'un bout du monde à l'autre elle parle, elle crie :
« Adore un Dieu, sois juste, et chéris ta patrie. »
Ainsi le froid Lapon crut un Être éternel ;
Il eut de la justice un instinct naturel ;
Et le Nègre, vendu sur un lointain rivage,
Dans les Nègres encore aima sa noire image.
Jamais un parricide, un calomniateur,
N'a dit tranquillement dans le fond de son cœur :
« Qu'il est beau, qu'il est doux d'accabler l'innocence,
« De déchirer le sein qui nous donna naissance !
« Dieu juste, Dieu parfait ! que le crime a d'appas ! »
Voilà ce qu'on dirait, mortels, n'en doutez pas,
S'il n'était une loi terrible, universelle,
Que respecte le crime en s'élevant contre elle.
Est-ce nous qui créons ces profonds sentimens ?
Avons-nous fait notre ame ? avons-nous fait nos sens ?
L'or qui naît au Pérou, l'or qui naît à la Chine,
Ont la même nature et la même origine :
L'artisan les façonne et ne peut les former.
Ainsi l'Être éternel qui nous daigne animer
Jeta dans tous les cœurs une même semence.
Le ciel fit la vertu ; l'homme en fit l'apparence.
Il peut la revêtir d'imposture et d'erreur ;
Il ne peut la changer ; son juge est dans son cœur.

SECONDE PARTIE.

Réponses aux objections contre les principes d'une morale universelle. Preuve de cette vérité.

J'entends avec Cardan Spinosa qui murmure.
Ces remords, me dit-il, ces cris de la nature,
Ne sont que l'habitude et les illusions
Qu'un besoin mutuel inspire aux nations.
Raisonneur malheureux, ennemi de toi-même,
D'où nous vient ce besoin? pourquoi l'Être suprême
Mit-il dans notre cœur à l'intérêt porté
Un instinct qui nous lie à la société?
Les lois que nous fesons, fragiles, inconstantes,
Ouvrages d'un moment, sont partout différentes.
Jacob chez les Hébreux put épouser deux sœurs;
David, sans offenser la décence et les mœurs,
Flatta de cent beautés la tendresse importune;
Le pape au Vatican n'en peut posséder une.
Là, le père à son gré choisit son successeur.
Ici, l'heureux aîné de tout est possesseur.
Un Polaque à moustache, à la démarche altière,
Peut arrêter d'un mot sa république entière,
L'empereur ne peut rien sans ses chers électeurs.
L'Anglais a du crédit, le pape a des honneurs :
Usages, intérêts, cultes, lois, tout diffère.
Qu'on soit juste, il suffit; le reste est arbitraire [1].

Mais tandis qu'on admire et ce juste et ce beau,

Londre immole son roi par la main d'un bourreau ;
Du pape Borgia le bâtard sanguinaire
Dans les bras de sa sœur assassine son frère ;
Là, le froid Hollandais devient impétueux,
Il déchire en morceaux deux frères vertueux ;
Plus loin, la Brinvillers, dévote avec tendresse,
Empoisonne son père en courant à confesse ;
Sous le fer du méchant le juste est abattu.
Eh bien! concluez-vous qu'il n'est point de vertu?
Quand des vents du midi les funestes haleines
De semences de mort ont inondé nos plaines,
Direz-vous que jamais le ciel en son courroux
Ne laissa la santé séjourner parmi nous?
Tous les divers fléaux dont le poids nous accable,
Du choc des élémens effet inévitable,
Des biens que nous goûtons corrompent la douceur ;
Mais tout est passager, le crime et le malheur.
De nos désirs fougueux la tempête fatale
Laisse au fond de nos cœurs la règle et la morale.
C'est une source pure : en vain dans ses canaux
Les vents contagieux en ont troublé les eaux ;
En vain sur sa surface une fange étrangère
Apporte en bouillonnant un limon qui l'altère ;
L'homme le plus injuste et le moins policé
S'y contemple aisément quand l'orage est passé.
Tous ont reçu du ciel avec l'intelligence
Ce frein de la justice et de la conscience.
De la raison naissante elle est le premier fruit ;
Dès qu'on la peut entendre, aussitôt elle instruit :

Contre-poids toujours prompt à rendre l'équilibre
Au cœur plein de désirs, asservi, mais né libre ;
Arme que la nature a mise en notre main,
Qui combat l'intérêt par l'amour du prochain.
De Socrate en un mot c'est là l'heureux génie ;
C'est là ce dieu secret qui dirigeait sa vie,
Ce dieu qui jusqu'au bout présidait à son sort,
Quand il but sans pâlir la coupe de la mort.
Quoi ! cet esprit divin n'est-il que pour Socrate ?
Tout mortel a le sien, qui jamais ne le flatte.
Néron, cinq ans entiers, fut soumis à ses lois ;
Cinq ans, des corrupteurs il repoussa la voix.
Marc-Aurèle, appuyé sur la philosophie,
Porta ce joug heureux tout le temps de sa vie.
Julien, s'égarant dans sa religion,
Infidèle à la foi, fidèle à la raison,
Scandale de l'Église, et des rois le modèle,
Ne s'écarta jamais de la loi naturelle.

On insiste, on me dit : L'enfant dans son berceau
N'est point illuminé par ce divin flambeau ;
C'est l'éducation qui forme ses pensées ;
Par l'exemple d'autrui ses mœurs lui sont tracées ;
Il n'a rien dans l'esprit, il n'a rien dans le cœur ;
De ce qui l'environne il n'est qu'imitateur,
Il répète les noms de devoir, de justice ;
Il agit en machine ; et c'est par sa nourrice
Qu'il est juif ou païen, fidèle ou musulman,
Vêtu d'un justaucorps, ou bien d'un doliman.

Oui, de l'exemple en nous je sais quel est l'empire.

Il est des sentimens que l'habitude inspire.
Le langage, la mode et les opinions,
Tous les dehors de l'ame et ses préventions,
Dans nos faibles esprits sont gravés par nos pères,
Du cachet des mortels impressions légères.
Mais les premiers ressorts sont faits d'une autre main;
Leur pouvoir est constant, leur principe est divin.
Il faut que l'enfant croisse afin qu'il les exerce;
Il ne les connaît pas sous la main qui le berce.
Le moineau, dans l'instant qu'il a reçu le jour,
Sans plumes dans son nid, peut-il sentir l'amour?
Le renard en naissant va-t-il chercher sa proie?
Les insectes changeans qui nous filent la soie,
Les essaims bourdonnans de ces filles du ciel
Qui pétrissent la cire et composent le miel,
Sitôt qu'ils sont éclos forment-ils leur ouvrage?
Tout mûrit par le temps et s'accroît par l'usage.
Chaque être a son objet, et dans l'instant marqué
Il marche vers le but par le ciel indiqué.
De ce but, il est vrai, s'écartent nos caprices;
Le juste quelquefois commet des injustices;
On fuit le bien qu'on aime, on hait le mal qu'on fait;
De soi-même en tout temps quel cœur est satisfait?
L'homme, on nous l'a tant dit, est une énigme obscure:
Mais en quoi l'est-il plus que toute la nature?
Avez-vous pénétré, philosophes nouveaux,
Cet instinct sûr et prompt qui sert les animaux?
Dans son germe impalpable avez-vous pu connaître
L'herbe qu'on foule aux pieds et qui meurt pour renaître?

Sur ce vaste univers un grand voile est jeté;
Mais, dans les profondeurs de cette obscurité,
Si la raison nous luit, qu'avons-nous à nous plaindre?
Nous n'avons qu'un flambeau, gardons-nous de l'éteindre.
Quand de l'immensité Dieu peupla les déserts,
Alluma des soleils et souleva des mers:
Demeurez, leur dit-il, dans vos bornes prescrites.
Tous les mondes naissans connurent leurs limites.
Il imposa des lois à Saturne, à Vénus,
Aux seize orbes divers dans nos cieux contenus,
Aux élémens unis dans leur utile guerre,
A la course des vents, aux flèches du tonnerre,
A l'animal qui pense et né pour l'adorer,
Au ver qui nous attend, né pour nous dévorer.
Aurons-nous bien l'audace, en nos faibles cervelles,
D'ajouter nos décrets à ces lois immortelles?
Hélas! serait-ce à nous, fantômes d'un moment,
Dont l'être imperceptible est voisin du néant,
De nous mettre à côté du maître du tonnerre,
Et de donner en dieux des ordres à la terre.

TROISIÈME PARTIE.

Que les hommes, ayant pour la plupart défiguré, par les opinions qui les divisent, le principe de la religion naturelle qui les unit, doivent se supporter les uns les autres.

. . . .

Les vertus des païens étaient, dit-on, des crimes.
Rigueur impitoyable! odieuses maximes!

Gazetier clandestin dont la plate âcreté
Damne le genre humain de pleine autorité,
Tu vois d'un œil ravi les mortels, tes semblables,
Pétris des mains de Dieu pour le plaisir des diables.
N'es-tu pas satisfait de condamner au feu
Nos meilleurs citoyens, Montaigne et Montesquieu?
Penses-tu que Socrate et le juste Aristide,
Solon, qui fut des Grecs et l'exemple et le guide;
Penses-tu que Trajan, Marc-Aurèle, Titus,
Noms chéris, noms sacrés, que tu n'as jamais lus,
Aux fureurs des démons sont livrés en partage
Par le Dieu bienfesant dont ils étaient l'image;
Et que tu seras, toi, de rayons couronné,
D'un chœur de chérubins au ciel environné,
Pour avoir quelque temps, chargé d'une besace,
Dormi dans l'ignorance, et croupi dans la crasse?
Sois sauvé, j'y consens: mais l'immortel Newton,
Mais le savant Leibnitz, et le sage Addison,
Et ce Locke, en un mot, dont la main courageuse,
A de l'esprit humain posé la borne heureuse;
Ces esprits qui semblaient de Dieu même éclairés;
Dans ses feux éternels seront-ils dévorés?
Porte un arrêt plus doux, prends un ton plus modeste,
Ami; ne préviens point le jugement céleste;
Respecte ces mortels, pardonne à leur vertu;
Ils ne t'ont point damné, pourquoi les damnes-tu?
A la religion discrètement fidèle,
Sois doux, compatissant, sage, indulgent comme elle;
Et sans noyer autrui songe à gagner le port;

La clémence a raison, et la colère a tort.
Dans nos jours passagers de peines, de misères,
Enfans du même Dieu, vivons au moins en frères ;
Aidons-nous l'un et l'autre à porter nos fardeaux.
Nous marchons tous courbés sous le poids de nos maux :
Mille ennemis cruels assiégent notre vie,
Toujours par nous maudite, et toujours si chérie ;
Notre cœur égaré, sans guide et sans appui,
Est brûlé de désirs, ou glacé par l'ennui ;
Nul de nous n'a vécu sans connaître les larmes.
De la société les secourables charmes
Consolent nos douleurs, au moins quelques instans :
Remède encor trop faible à des maux si constans.
Ah ! n'empoisonnons pas la douceur qui nous reste.
Je crois voir des forçats dans un cachot funeste,
Se pouvant secourir, l'un sur l'autre acharnés,
Combattre avec les fers dont ils sont enchaînés.

NOTES DU POÈME SUR LA LOI NATURELLE.

NOTE DE LA PREMIÈRE PARTIE.

1 On reconnaît ici l'esprit du dix-huitième siècle dans la critique des religions : toute illusion expliquée par une imposture, et le mépris des dogmes dont on n'avait pas encore pénétré le sens profond. (E. B.)

NOTE DE LA SECONDE PARTIE.

1 « Il est évident que cet arbitraire ne regarde que les choses d'in-
« stitution, les lois civiles, la discipline, qui changent tous les jours
« selon le besoin. » Cette note des éditeurs du *poëme sur la Loi naturelle* n'est point très-franche. Voltaire estimait peu la métaphysique, comme chacun sait, et le vers qui porte contre les choses d'institution, etc., porte aussi contre la métaphysique. (E. B.)

CU-SU ET KOU,

OU

ENTRETIENS DE CU-SU AVEC LE PRINCE KOU [1].

SECOND ENTRETIEN.

CU-SU.

Vous convenez donc qu'il y a un être tout puissant existant par lui-même, sùprême artisan de toute la nature?

KOU.

Oui ; mais s'il existe par lui-même, rien ne peut donc le borner, et il est donc partout ; il existe donc dans toute la matière, dans toutes les parties de moi-même?

CU-SU.

Pourquoi non?

KOU.

Je serais donc moi-même une partie de la Divinité?

CU-SU.

Ce n'est peut-être pas une conséquence. Ce morceau de verre est pénétré de toutes parts de la lumière ; est-il lumière cependant lui-même? ce n'est que du sable, et rien de plus. Tout est en Dieu, sans doute ; ce qui anime tout doit être partout. Dieu n'est pas comme l'empereur

[1] 1764.

de la Chine, qui habite son palais, et qui envoie ses ordres par des colaos. Dès là qu'il existe, il est nécessaire que son existence remplisse tout l'espace et tous ses ouvrages; et puisqu'il est dans vous, c'est un avertissement continuel de ne rien faire dont vous puissiez rougir devant lui.

KOU.

Que faut-il faire pour oser ainsi se regarder soi-même sans répugnance et sans honte devant l'Être suprême?

CU-SU.

Être juste.

KOU.

Et quoi encore?

CU-SU.

Être juste.

KOU.

Mais la secte de Laokium dit qu'il n'y a ni juste ni injuste, ni vice ni vertu.

CU-SU.

La secte de Laokium dit-elle qu'il n'y a ni santé ni maladie?

KOU.

Non, elle ne dit point une si grande erreur.

CU-SU.

L'erreur de penser qu'il n'y a ni santé de l'ame ni maladie de l'ame, ni vertu ni vice, est aussi grande et plus funeste. Ceux qui ont dit que tout est égal sont des monstres: est-il égal de nourrir son fils ou de l'écraser sur la pierre, de secourir sa mère ou de lui plonger un poignard dans le cœur?

KOU.

Vous me faites frémir; je déteste la secte de Laokium; mais il y a tant de nuances du juste et de l'injuste! on est souvent bien incertain. Quel homme sait précisément ce qui est permis ou ce qui est défendu? Qui pourra poser sûrement les bornes qui séparent le bien et le mal? quelle règle me donnerez-vous pour les discerner?

CU-SU.

Celle de Confutzée, mon maître : « Vis comme en mou- « rant tu voudrais avoir vécu; traite ton prochain comme « tu veux qu'il te traite. »

KOU.

Ces maximes, je l'avoue, doivent être le code du genre humain; mais que m'importera en mourant d'avoir bien vécu? qu'y gagnerai-je? Cette horloge, quand elle sera détruite, sera-t-elle heureuse d'avoir bien sonné les heures?

CU-SU.

Cette horloge ne sent point, ne pense point; elle ne peut avoir des remords, et vous en avez quand vous vous sentez coupable.

KOU.

Mais si, après avoir commis plusieurs crimes, je parviens à n'avoir plus de remords?

CU-SU.

Alors il faudra vous étouffer; et soyez sûr que parmi les hommes qui n'aiment pas qu'on les opprime, il s'en trouvera qui vous mettront hors d'état de faire de nouveaux crimes.

KOU.

Aînsi Dieu, qui est en eux, leur permettra d'être méchans après m'avoir permis de l'être?

CU-SU.

Dieu nous a donné la raison : n'en abusez ni vous ni eux. Non seulement vous serez malheureux dans cette vie, mais qui vous a dit que vous ne le seriez pas dans une autre?

KOU.

Et qui nous a dit qu'il y a une autre vie?

CU-SU.

Dans le doute seul, vous devez vous conduire comme s'il y en avait une.

KOU.

Mais si je suis sûr qu'il n'y en a point?

KU-SU.

Je vous en défie.

LE PHILOSOPHE IGNORANT.[1]

XXXI. *Y a-t-il une morale?*

Plus j'ai vu des hommes différens par le climat, les mœurs, le langage, les lois, le culte, et par la mesure de leur intelligence, et plus j'ai remarqué qu'ils ont tous le

[1] 1767.

même fonds de morale ; ils ont tous une notion grossière du juste et de l'injuste, sans savoir un mot de théologie ; ils ont tous acquis cette même notion dans l'âge où la raison se déploie, comme ils ont tous acquis naturellement l'art de soulever des fardeaux avec des bâtons, et de passer un ruisseau sur un morceau de bois sans avoir appris les mathématiques.

Il m'a donc paru que cette idée du juste et de l'injuste leur était nécessaire, puisque tous s'accordaient en ce point dès qu'ils pouvaient agir et raisonner. L'Intelligence suprême qui nous a formés a donc voulu qu'il y eût de la justice sur la terre, pour que nous pussions y vivre un certain temps. Il me semble que, n'ayant ni instinct pour nous nourrir comme les animaux, ni armes naturelles comme eux, et végétant plusieurs années dans l'imbécillité d'une enfance exposée à tous les dangers, le peu qui serait resté d'hommes échappés aux dents des bêtes féroces, à la faim, à la misère, se seraient occupés à se disputer quelque nourriture et quelques peaux de bêtes, et qu'ils se seraient bientôt détruits comme les enfants du dragon de Cadmus, sitôt qu'ils auraient pu se servir de quelque arme. Du moins il n'y aurait eu aucune société, si les hommes n'avaient conçu l'idée de quelque justice, qui est le lien de toute société.

Comment l'Égyptien qui élevait des pyramides et des obélisques, et le Scythe errant qui ne connaissait pas même les cabanes, auraient-ils eu les mêmes notions fondamentales du juste et de l'injuste, si Dieu n'avait donné de tout temps à l'un et à l'autre cette raison qui, en se développant, leur fait apercevoir les mêmes principes nécessaires, ainsi qu'il leur a donné des organes qui, lorsqu'ils ont atteint le degré de leur énergie, perpétuent nécessairement et de la même façon la race du Scythe et de l'Égyptien ?

Je vois une horde barbare, ignorante, superstitieuse, un peuple sanguinaire et usurier, qui n'avait pas même de terme dans son jargon pour signifier la géométrie et l'astronomie : cependant ce peuple a les mêmes lois fondamentales que le sage Chaldéen qui a connu les routes des astres, et que le Phénicien plus savant encore, qui s'est servi de la connaissance des astres pour aller fonder des colonies aux bornes de l'hémisphère où l'Océan se confond avec la Méditerranée. Tous ces peuples assurent qu'il faut respecter son père et sa mère, que le parjure, la calomnie, l'homicide, sont abominables. Ils tirent donc tous les mêmes conséquences du même principe de leur raison développée.

XXXII. *Utilité réelle. Notion de la justice.*

La notion de quelque chose de juste me semble si naturelle, si universellement acquise par tous les hommes, qu'elle est indépendante de toute loi, de tout pacte, de toute religion. Que je redemande à un Turc, à un Guèbre, à un Malabare, l'argent que je lui ai prêté pour se nourrir et pour se vêtir, il ne lui tombera jamais dans la tête de me répondre : Attendez que je sache si Mahomet, Zoroastre ou Brama ordonnent que je vous rende votre argent. Il conviendra qu'il est juste qu'il me paie; et, s'il n'en fait rien, c'est que sa pauvreté ou son avarice l'emporteront sur la justice qu'il reconnaît.

Je mets en fait qu'il n'y a aucun peuple chez lequel il soit juste, beau, convenable, honnête, de refuser la nourriture à son père et à sa mère quand on peut leur en donner; que nulle peuplade n'a jamais pu regarder la calomnie comme une bonne action, non pas même une compagnie de bigots fanatiques.

L'idée de justice me paraît tellement une vérité du premier ordre, à laquelle tout l'univers donne son assentiment, que les plus grands crimes qui affligent la société humaine sont commis sous un faux prétexte de justice. Le plus grand des crimes, du moins le plus destructif, et par conséquent le plus opposé au but de la nature, est la guerre; mais il n'y a aucun agresseur qui ne colore ce forfait du prétexte de la justice.

Les déprédateurs romains fesaient déclarer toutes leurs invasions justes par des prêtres nommés *Féciales*. Tout brigand qui se trouve à la tête d'une armée commence ses fureurs par un manifeste, et implore le Dieu des armées.

Les petits voleurs eux-mêmes, quand ils sont associés, se gardent bien de dire : Allons voler, allons arracher à la veuve et à l'orphelin leur nourriture; ils disent : Soyons justes, allons reprendre notre bien des mains des riches qui s'en sont emparés. Ils ont entre eux un dictionnaire qu'on a même imprimé dès le seizième siècle; et dans ce vocabulaire, qu'ils appellent *argot*, les mots de *vol, larcin, rapine*, ne se trouvent point; ils se servent des termes qui répondent à *gagner*, *reprendre*.

Le mot d'injustice ne se prononce jamais dans un conseil d'état où l'on propose le meurtre le plus injuste; les conspirateurs, même les plus sanguinaires, n'ont jamais dit : Commettons un crime; ils ont tous dit : Vengeons la patrie des crimes du tyran; punissons ce qui nous paraît une injustice. En un mot, flatteurs lâches, ministres barbares, conspirateurs odieux, voleurs plongés dans l'iniquité, tous rendent hommage, malgré eux, à la vertu même qu'ils foulent aux pieds.

J'ai toujours été étonné que, chez les Français, qui sont éclairés et polis, on ait souffert sur le théâtre ces maximes aussi affreuses que fausses, qui se trouvent dans la première scène de *Pompée*, et qui sont beaucoup plus outrées que celles de Lucain dont elles sont imitées :

> La justice et le droit sont de vaines idées...
> Le droit des rois consiste à ne rien épargner.

Et on met ces abominables paroles dans la bouche de Photin, ministre du jeune Ptolémée. Mais c'est précisément parce qu'il est ministre qu'il devait dire tout le contraire; il devait représenter la mort de Pompée comme un malheur nécessaire et juste.

Je crois donc que les idées du juste et de l'injuste sont aussi claires, aussi universelles que les idées de santé et de maladie, de vérité et de fausseté, de convenance et de disconvenance. Les limites du juste et de l'injuste sont très difficiles à poser; comme l'état mitoyen entre la santé et la maladie, entre ce qui est convenable et la disconvenance des choses, entre le faux et le vrai, est difficile à marquer. Ce sont des nuances qui se mêlent, mais les couleurs tranchantes frappent tous les yeux. Par exemple, tous les hommes avouent qu'on doit rendre ce qu'on nous a prêté; mais si je sais certainement que celui à qui je dois deux millions s'en servira pour asservir ma patrie, dois-je lui rendre cette arme funeste? Voilà où les sentimens se partagent : mais en général je dois observer mon serment quand il n'en résulte aucun mal; c'est de quoi personne n'a jamais douté.

XXXIII. *Consentement universel est-il preuve de vérité?*

On peut m'objecter que le consentement des hommes de tous les temps et de tous les pays n'est pas une preuve de la vérité. Tous les peuples ont cru à la magie, aux sortiléges, aux démoniaques, aux apparitions, aux influences des astres, à cent autres sottises pareilles : ne pourrait-il pas en être ainsi du juste et de l'injuste?

Il me semble que non. Premièrement, il est faux que tous les hommes aient cru à ces chimères. Elles étaient, à la vérité, l'aliment de l'imbécillité du vulgaire, et il y a le vulgaire des grands et le vulgaire du peuple; mais une multitude de sages s'en est toujours moquée : ce grand nombre de sages, au contraire, a toujours admis le juste et l'injuste tout autant et même encore plus que le peuple.

La croyance aux sorciers etc. est bien éloignée d'être nécessaire au genre humain; la croyance à la justice est d'une nécessité absolue ; donc elle est un développement de la raison donnée de Dieu; et l'idée des sorciers etc. est au contraire un pervertissement de cette même raison.

XXXIV. *Contre Locke.*

Locke, qui m'instruit, et qui m'apprend à me défier de moi-même, ne se trompe-t-il pas quelquefois comme moi-même? Il veut prouver la fausseté des idées innées; mais n'ajoute-t-il pas une bien mauvaise raison à de fort bonnes? Il avoue qu'il n'est pas juste de faire bouillir son prochain dans une chaudière et de le manger. Il dit que cependant il y a eu des nations d'anthropophages, et que ces êtres pensans n'auraient pas mangé des hommes s'ils avaient eu les idées du juste et de l'injuste, que je suppose nécessaires à l'espèce humaine. (Voy. *quest.* XXXVI.)

Sans entrer ici dans la question s'il y a eu en effet des nations d'anthropophages, sans examiner les relations du voyageur Dampierre, qui a parcouru toute l'Amérique, et qui n'y en a jamais vu, mais qui au contraire a été reçu chez tous les sauvages avec la plus grande humanité, voici ce que je réponds :

Des vainqueurs ont mangé leurs esclaves pris à la guerre ; ils ont cru faire une action très juste ; ils ont cru avoir sur eux droit de vie et de mort; et comme ils avaient peu de bons mets pour leur table, ils ont cru qu'il leur était permis de se nourrir du fruit de leur victoire. Ils ont été en cela plus justes que les triomphateurs romains, qui fesaient étrangler sans aucun fruit les princes esclaves qu'ils avaient enchaînés à leur char de triomphe. Les Romains et les sauvages avaient une très fausse idée de la justice, je l'avoue; mais enfin les uns et les autres croyaient agir justement, et cela est si vrai, que les mêmes sauvages, quand ils avaient admis leurs captifs dans leur société, les regardaient comme leurs enfans, et que ces mêmes anciens Romains ont donné mille exemples de justice admirables.

XXXV. *Contre Locke.*

Je conviens, avec le sage Locke, qu'il n'y a point de notion innée, point de principe de pratique inné; c'est une vérité si constante, qu'il est évident que les enfans auraient tous une notion claire de Dieu s'ils étaient nés avec cette idée, et que tous les hommes s'accorderaient dans cette même notion, accord que l'on n'a jamais vu. Il n'est pas moins évident que nous ne naissons point avec des principes développés de morale, puisqu'on ne voit pas comment une nation entière pourrait rejeter un principe de morale qui serait gravé dans le cœur de chaque individu de cette nation.

Je suppose que nous soyons tous nés avec le principe moral bien développé qu'il ne faut persécuter personne pour sa manière de penser ; comment des peuples entiers auraient-ils été persécuteurs ? Je suppose que chaque homme porte en soi la loi évidente qui ordonne qu'on soit fidèle à son serment ; comment tous ces hommes réunis en corps auront-ils statué qu'il ne faut pas garder sa parole à des hérétiques ? Je répète encore qu'au lieu de ces idées innées chimériques, Dieu nous a donné une raison qui se fortifie avec l'âge, et qui nous apprend à tous, quand nous sommes attentifs, sans passion, sans préjugé, qu'il y a un Dieu, et qu'il faut être juste ; mais je ne puis accorder à Locke les conséquences qu'il en tire : il semble trop approcher du système de Hobbes, dont il est pourtant très-éloigné.'

Voici ses paroles, au premier livre de *l'Entendement humain* : « Considérez une ville prise d'assaut, et voyez s'il « paraît dans les cœurs des soldats animés au carnage et « au butin quelque égard pour la vertu, quelque principe « de morale, quelques remords de toutes les injustices qu'ils « commettent. » Non, ils n'ont point de remords ; et pourquoi ? c'est qu'ils croient agir justement. Aucun d'eux n'a supposé injuste la cause du prince pour lequel il va combattre : ils basardent leur vie pour cette cause, ils tiennent le marché qu'ils ont fait ; ils pouvaient être tués à l'assaut, donc ils croient être en droit de tuer ; ils pourraient être dépouillés, donc ils pensent qu'ils peuvent dépouiller. Ajoutez qu'ils sont dans l'enivrement de la fureur, qui ne raisonne pas ; et, pour prouver qu'ils n'ont point rejeté l'idée du juste et de l'honnête, proposez à ces mêmes soldats beaucoup plus d'argent que le pillage de la ville ne peut leur en procurer, pourvu seulement qu'au lieu d'égorger, dans leur fureur, trois ou quatre mille ennemis qui font encore résistance, et qui peuvent les tuer, ils aillent égorger leur roi, son chancelier, ses secrétaires d'état et son grand aumônier, vous ne trouverez pas un de ces soldats qui ne rejette vos offres avec horreur. Vous ne leur proposez cependant que six meurtres au lieu de quatre mille, et vous leur présentez une récompense très forte. Pourquoi vous refusent-ils? c'est qu'ils croient juste de tuer quatre mille ennemis, et que le meurtre de leur souverain, auquel ils ont fait serment, leur paraît abominable.

Locke continue, et, pour mieux prouver qu'aucune règle de pratique n'est innée, il parle des Mingréliens, qui se font un jeu, dit-il, d'enterrer leurs enfans tout vifs.

On a déjà remarqué ailleurs que ce grand homme a été trop crédule en rapportant ces fables : Lambert, qui seul impute aux Mingréliens d'enterrer leurs enfans tout vifs pour leur plaisir, n'est pas un auteur assez accrédité.

Chardin, voyageur qui passe pour si véridique, et qui a été rançonné en Mingrélie, parlerait de cette horrible coutume si elle existait; et ce ne serait pas assez qu'il le dît pour qu'on le crût, il faudrait que vingt voyageurs, de nations et de religions différentes, s'accordassent à confirmer un fait si étrange pour qu'on en eût une certitude historique. Il faut mettre ces contes avec celui du perroquet qui eut une si belle conversation en langue brasilienne avec le prince Maurice; conversation que Locke a la simplicité de rapporter, sans se douter que l'interprète du prince avait pu se moquer de lui. C'est ainsi que l'auteur de l'*Esprit des lois* s'amuse à citer de prétendues lois de Tunquin, de Bantam, de Bornéo, de Formose, sur la foi de quelques voyageurs, ou menteurs ou mal instruits. Locke et lui sont deux grands hommes en qui cette simplicité ne me semble pas excusable.

XXXVI. *Nature partout la même.*

En abandonnant Locke en ce point, je dis avec le grand Newton : *Natura est semper sibi consona*, la nature est toujours semblable à elle-même. La loi de la gravitation qui agit sur un astre agit sur tous les astres, sur toute la matière : ainsi la loi fondamentale de la morale agit également sur toutes les nations bien connues. Il y a mille différences dans les interprétations de cette loi, en mille circonstances; mais le fond subsiste toujours le même, et ce fond est l'idée du juste et de l'injuste. On commet prodigieusement d'injustices dans les fureurs de ses passions, comme on perd sa raison dans l'ivresse; mais quand l'ivresse est passée, la raison revient, et c'est, à mon avis, l'unique cause qui fait subsister la société humaine, cause subordonnée au besoin que nous avons les uns des autres.

Comment donc avons-nous acquis l'idée de la justice? Comme nous avons acquis celle de la prudence, de la vérité, de la convenance : par le sentiment et par la raison. Il est impossible que nous ne trouvions pas très imprudente l'action d'un homme qui se jetterait dans le feu pour se faire admirer, et qui espérerait en réchapper. Il est impossible que nous ne trouvions pas très injuste l'action d'un homme qui en tue un autre dans sa colère. La société n'est fondée que sur ces notions qu'on n'arrachera jamais de notre cœur, et c'est pourquoi toute société subsiste, à quelque superstition bizarre et horrible qu'elle se soit asservie.

Quel est l'âge où nous connaissons le juste et l'injuste? L'âge où nous connaissons que deux et deux font quatre.

XXXVII. *De Hobbes.*

Profond et bizarre philosophe, bon citoyen, esprit hardi,

ennemi de Descartes, toi qui t'es trompé comme lui, toi dont les erreurs en physique sont grandes, et pardonnables parce que tu étais venu avant Newton, toi qui as dit des vérités qui ne compensent pas tes erreurs, toi qui le premier fis voir quelle est la chimère des idées innées, toi qui fus le précurseur de Locke en plusieurs choses, mais qui le fus aussi de Spinosa, c'est en vain que tu étonnes tes lecteurs en réussissant presque à leur prouver qu'il n'y a aucunes lois dans le monde que des lois de convention ; qu'il n'y a de juste et d'injuste que ce qu'on est convenu d'appeler tel dans un pays. Si tu t'étais trouvé seul avec Cromwel dans une île déserte, et que Cromwel eût voulu te tuer pour avoir pris le parti de ton roi dans l'île d'Angleterre, cet attentat ne t'aurait-il pas paru aussi injuste dans ta nouvelle île qu'il te l'aurait paru dans ta patrie?

Tu dis que, dans la loi de nature, « tous ayant droit à tout, chacun a droit sur la vie de son semblable ». Ne confonds-tu pas la puissance avec le droit? Penses-tu qu'en effet le pouvoir donne le droit, et qu'un fils robuste n'ait rien à se reprocher pour avoir assassiné son père languissant et décrépit? Quiconque étudie la morale doit commencer à réfuter ton livre dans son cœur; mais ton propre cœur te réfutait encore davantage, car tu fus vertueux ainsi que Spinosa, et il ne te manqua, comme à lui, que d'enseigner les vrais principes de la vertu que tu pratiquais, et que tu recommandais aux autres.

XXXVIII. *Morale universelle.*

La morale me paraît tellement universelle, tellement calculée par l'Être universel qui nous a formés, tellement destinée à servir de contrepoids à nos passions funestes, et à soulager les peines inévitables de cette courte vie, que, depuis Zoroastre jusqu'au lord Shaftesbury, je vois tous les philosophes enseigner la même morale, quoiqu'ils aient tous des idées différentes sur les principes des choses. Nous avons vu que Hobbes, Spinosa et Bayle lui-même, qui ont ou nié les premiers principes, ou qui en ont douté, ont cependant recommandé fortement la justice et toutes les vertus.

Chaque nation eut des rites religieux particuliers, et très souvent d'absurdes et de révoltantes opinions en métaphysique, en théologie : mais s'agit-il de savoir s'il faut être juste, tout l'univers est d'accord, comme nous l'avons dit à la *quest.* XXXVI, et comme on ne peut trop le répéter.

DICTIONNAIRE PHILOSOPHIQUE.

DU JUSTE ET DE L'INJUSTE.

Qui nous a donné le sentiment du juste et de l'injuste? Dieu qui nous a donné un cerveau et un cœur. Mais quand votre raison vous apprend-elle qu'il y a vice et vertu? Quand elle nous apprend que deux et deux font quatre. Il n'y a point de connaissance innée, par la raison qu'il n'y a point d'arbre qui porte des feuilles et des fruits en sortant de la terre. Rien n'est ce qu'on appelle inné, c'est-à-dire, né développé : mais, répétons-le encore, Dieu nous fait naître avec des organes qui, à mesure qu'ils croissent, nous font sentir tout ce que notre espèce doit sentir pour la conservation de cette espèce.

Comment ce mystère continuel s'opère-t-il? Dites-le-moi, jaunes habitans des îles de la Sonde, noirs Africains, imberbes Canadiens, et vous Platon, Cicéron, Épictète. Vous sentez tous également qu'il est mieux de donner le superflu de votre pain, de votre riz ou de votre manioc au pauvre qui vous le demande humblement, que de le tuer ou de lui crever les deux yeux. Il est évident à toute la terre qu'un bienfait est plus honnête qu'un outrage, que la douceur est préférable à l'emportement.

Il ne s'agit donc plus que de nous servir de notre raison pour discerner les nuances de l'honnête et du déshonnête. Le bien et le mal sont souvent voisins ; nos passions les confondent : qui nous éclairera? nous-mêmes quand nous sommes tranquilles. Quiconque a écrit sur nos devoirs a bien écrit dans tous les pays du monde, parce qu'il n'a écrit qu'avec sa raison. Ils ont tous dit la même chose : Socrate et Épicure, Confutzée et Cicéron, Marc-Antonin et Amurath II, ont eu la même morale.

LOI NATURELLE.

Dialogue.

B. Qu'est-ce que la loi naturelle?

A. L'instinct qui nous fait sentir la justice.

B. Qu'appelez-vous juste et injuste?

A. Ce qui paraît tel à l'univers entier.

B. L'univers est composé de bien des têtes. On dit qu'à Lacédémone on applaudissait aux larcins, pour lesquels on condamnait aux mines dans Athènes.

A. Abus de mots, logomachie, équivoque ; il ne pouvait se commettre de larcin à Sparte, lorsque tout y était commun. Ce que vous appelez *vol* était la punition de l'avarice.

B. Il était défendu d'épouser sa sœur à Rome. Il était permis chez les Égyptiens, les Athéniens et même chez les Juifs, d'épouser sa sœur de père.

A. Lois de convention que tout cela, usages arbitraires, modes qui passent; l'essentiel demeure toujours. Montrez-moi un pays où il soit honnête de me ravir le fruit de mon travail, de violer sa promesse, de mentir pour nuire, de calomnier, d'assassiner, d'empoisonner, d'être ingrat envers son bienfaiteur, de battre son père et sa mère quand ils vous présentent à manger. Oui, oui encore une fois, il y a une loi naturelle, et elle ne consiste ni à faire le mal d'autrui ni à s'en réjouir.

B. Je conçois que l'homme n'aime et ne fait le mal que pour son avantage. Mais tant de gens sont portés à se procurer leur avantage par le malheur d'autrui, la vengeance est une passion si violente, il y en a des exemples si funestes; l'ambition, plus fatale encore, a inondé la terre de tant de sang, que, lorsque je m'en retrace l'horrible tableau, je suis tenté d'avouer que l'homme est très diabolique.

A. Hé bien, les orages empêchent-ils que nous ne jouissions aujourd'hui d'un beau soleil? Le tremblement qui a détruit la moitié de la ville de Lisbonne empêche-t-il que vous n'ayez fait très commodément le voyage de Madrid? Si Attila fut un brigand et le cardinal Mazarin un fripon, n'y a-t-il pas des princes et des ministres honnêtes gens? N'a-t-on pas remarqué que, dans la guerre de 1701, le conseil de Louis XIV était composé des hommes les plus vertueux, le duc de Beauvilliers, le marquis de Torci, le maréchal de Villars, Chamillart enfin qui passa pour incapable, mais jamais pour malhonnête homme. L'idée de la justice ne subsiste-t-elle pas toujours? C'est sur elle que sont fondées toutes les lois. Les Grecs les appelaient *filles du ciel,* cela ne veut dire que les filles de la nature.

N'avez-vous pas des lois dans votre pays ?

B. Oui, les unes bonnes, les autres mauvaises.

A. Où en auriez-vous pris l'idée, si ce n'est dans les notions de la loi naturelle, que tout homme a dans soi quand il a l'esprit bien fait? Il faut bien les avoir puisées là, ou nulle part.

FIN.

TABLE DES MATIÈRES.

FIN DE LA TABLE DES MATIÈRES.

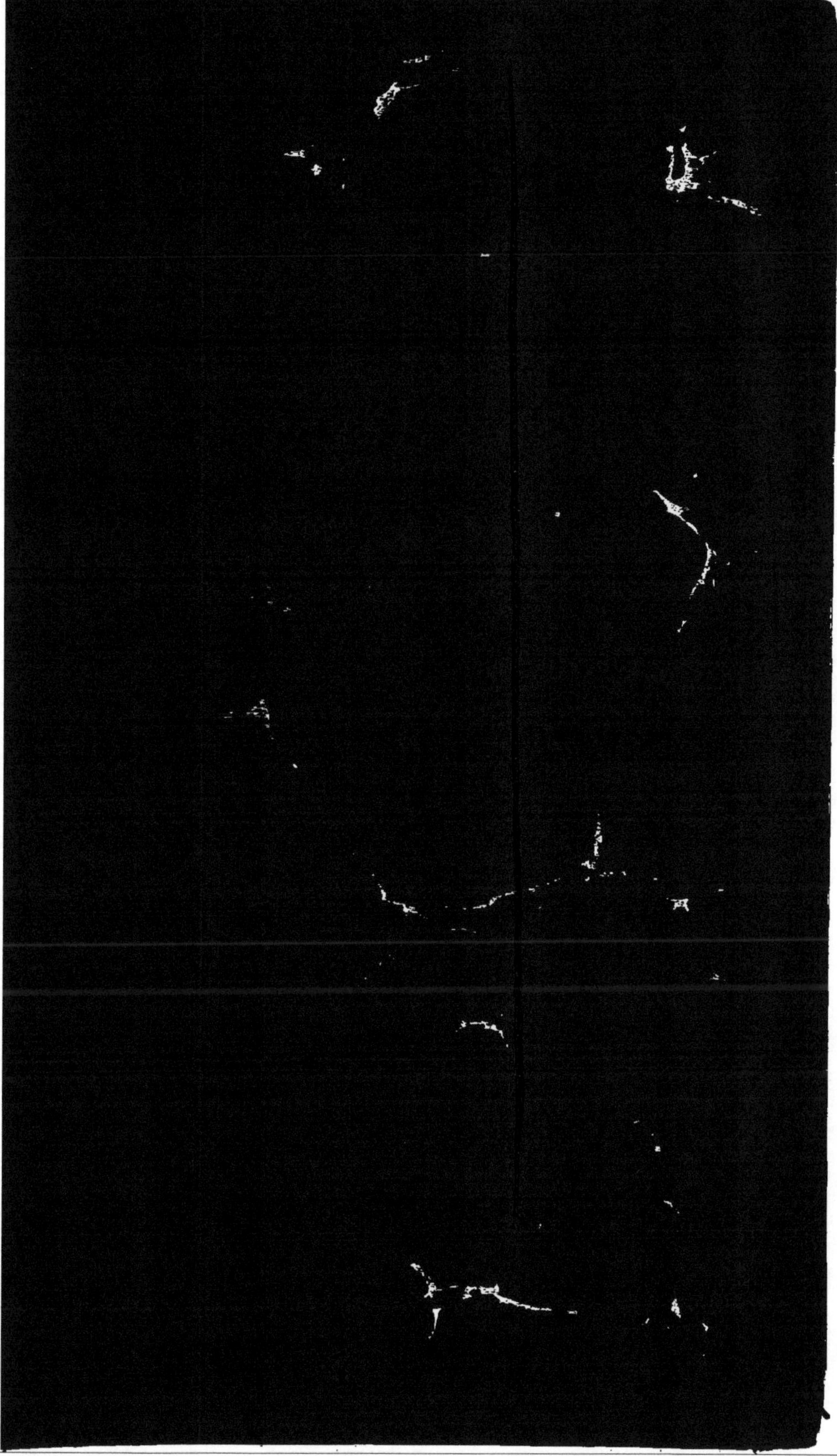

www.ingramcontent.com/pod-product-compliance
Ingram Content Group UK Ltd.
Pitfield, Milton Keynes, MK11 3LW, UK
UKHW020119240726
13926UKWH00011B/2238